父與子

信仰與偏見

英國傳記文學史上
著名的父愛創傷故事

Father and Son:
Biographical Recollections

戈斯在這部自傳中，一反隱晦和溢美的維多利亞時代傳記文風，
圍繞父子之爭，建構了一個偏執、狹隘的父親形象，
顛覆了維多利亞時代父權至上的倫理觀。

艾德蒙・戈斯——著
王少凱——譯

時下，小說的創作形式日新月異，卻也往往因過於粉飾美化而變得似是而非，因此也許有必要做出聲明：作者在講述下面的故事時，為了確保故事的嚴謹和真實，自始至終都在保持一種謹慎的態度。從嚴格意義上講，如果故事不真實可靠，就是對那些有興趣拜讀本書的讀者的一種輕視。作為一種文獻資料，本書記載了那些早已匆匆而過、無可挽回的教育問題和宗教事宜。從這方面來說，它是對漸趨消亡的清教主義觀念開出的一份診斷；同時，作者也希望藉此令讀者有所獲益。

其次，本書還將作者嬰幼兒時期的道德和思想的演變過程呈現出來，這些非同尋常的境遇別具深意，定會讓那些有心之人獲得啟迪。作者注意到，寫過自己真實童年經歷的人，通常最初是不願下筆的，往往是在歲月匆匆而過、記憶變得模糊之後，才想起拾筆追憶。也許這類自傳會走入一些常見的誤區，它們要麼過於多愁善感，要麼過於沉溺自我、不能自拔。這篇回憶錄的作者認為，如果有必要對自己的早年時光進行反省，就該在記憶猶然鮮活之時進行，因為這時的他還未因歲月流逝而變得健忘或敏感，更不會滋生偏見。

書中提及的人物，除了兒子之外，沒有一個人健在了。只有這一點，可能對事實有所損害。

雖然如此，為了避免出現任何冒犯行為，經過深思熟慮，作者還是對書中談及的大多數人物的名字都進行了處理。

作者本人也是匿名的，讀者無論認為他是熟稔的老相識也好，還是萍水相逢的過客也罷，都無足輕重，因此不必費盡心思加以掩飾或明確。

也許對思想衝突的描述，在雜糅著快樂和幽默的同時，還應融入對最嚴肅話題的討論，但這並非是通常之法。本書講述的故事，卻無可避免地將兩者交織併行起來。誠然，有趣的書籍總想將趣味貫穿始終，可一旦神學驚醒了一絲笑容，就會遭到非議。生活的構成並非總是如此隨心所願，如果本書不能反映真實生活的一面，它就毫無意義可言。在本書描寫的故事中，悲喜交融的情景隨處可見，那些為故事的悲愴所感染的人們，不必努力尋求解釋：為何喜劇膚淺蒼白，而悲劇又總難以或缺？

一九〇七年九月

目 錄 Contents

第一章　靈魂深處的力量

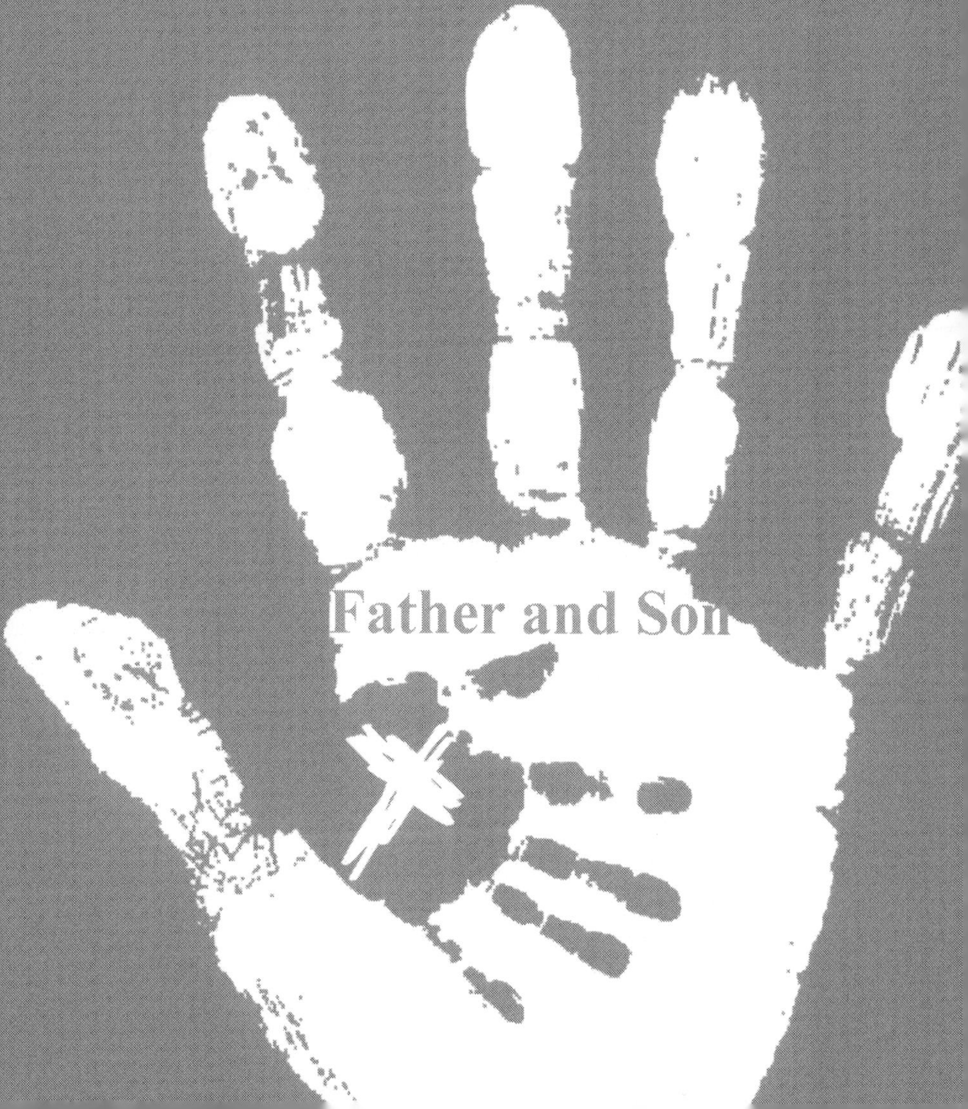

第一章　靈魂深處的力量

這本書記錄的是兩種氣質、兩類內心，甚至是兩個時代的鬥爭。鬥爭的結果，不可避免地造成兩者的決裂。這裡講述的兩個人，一人生來就要飛回起點，而另一人則身不由己地要被帶向前方。有時，兩人都無法用同樣的語言溝通；他們從未懷揣共同的希望，當然也不會為共同的渴望所激勵。但至少，即使在最後時刻，沒有一個人對另一方表現出怠慢，也未以一種可悲的遷就審視對方，這對生者而言，無疑是種慰藉。兩人之間的情感，不斷受到外部力量的衝擊；相比之下，健康、命運或環境引起的變化已無足輕重。兩人都能篤守一個信條：血濃於水（緊密的家庭關係必須得到珍惜和維繫），這也算是一種慰藉吧！雖然這種慰藉令人唏噓感歎，但不管怎樣，終究是一種慰藉。若非如此，本書的故事也就無從談起。

兩人的摩擦發端很早，但顯然不可能在作者的嬰幼年時期。為了讓讀者瞭解兩個人的情況（非同尋常）和大致的氣質（也許天生就是對頭），有必要在開篇時盡己所能進行一番回憶，以期呈現一個真實而完整的畫面。另外需要特別注意的，就是為了尊重家族傳統，作者在講述故事中還做了一些必要的解釋。

父母都是清貧、溫厚之人，年事已高，孤獨、敏感而且清高——雖然他們都未意識到這一點。兩人都屬於所謂的中產階級，有一個共同之處：祖輩都曾在十八世紀時大富大貴，只是後來家族逐漸沒落衰敗了。這兩個家族都是在健康方面先出了問題，才導致財富的衰敗。父親的家族，衰敗的過程緩慢持久；而母親的家族衰敗的過程則快速迅捷。外祖父生來富有，十九世紀初結婚不久，就在北威爾斯的斯諾登峰[1]的山坡上買了一小塊土地，過上了似乎有些驕奢的生活，養了一群獵犬，享受著揮金如土的快樂。他的妻子對他過這種大手大腳的生活並不反對。他有三個孩子：我母親和兩個弟弟。他聲稱自己是盧梭[2]的信徒，極力督促孩子們接受教育，這也算是他性格中屈指可數的優點了。但他自己卻難以篤守《愛彌兒》[3]的教導，在女兒很小的時候，就雇用了家庭教師教授盧梭一心想要阻止的課程——歷史、文學和外語。

母親是外祖父的掌上明珠，能讓她出人頭地是他最值得炫耀的事。她學習希臘語、拉丁語，甚至還接觸了一點希伯來語。但最重要的是，她學會了獨立思考，這也直接導致了在一些關係重大的問題上，總與她那隨和、奢侈和放縱的父母勢不兩立。母親到了三十歲，在回顧人生時，曾私下裡寫過這樣的話：「回想起來，我從未有過一刻不摯愛宗教。」她的想法與眾不同：「如

1　英國威爾斯西北部，海拔一〇八五公尺。
2　一七一二—一七七八年，啟蒙時代瑞士裔的法國思想家、哲學家、政治理論家和作曲家。
3　盧梭的重要著作。

果必須追溯自己獻身宗教的起端，我最初的願望和嘗試應該開始於嬰幼兒時期。假如要把我的悔改一直推遲下去，直到我不再犯下罪過，那麼我就永遠都不可能獻身宗教了。」當時，如很多年輕人一樣，她的道德意識已然復蘇，因此她對父母恣意妄為的尋歡作樂深惡痛絕。外祖父因毫無節制且肆無忌憚地揮霍，最終敗光了家業，不得不賣掉地產，過上了一貧如洗的生活；母親是家裡唯一不為這種衰敗而感到懊悔的人。而我，儘管外祖父的所作所為實在有些離譜，可以說罪孽深重，但我想，自己應該還會喜歡他的。可惜他八十歲去逝時，我才九個月大。

就宗教信仰而言，父母幾乎是沿著同樣的路徑走到了同一地點，這種人生交集，也算冥冥之中的定數吧。母親最初入的是英國國教，而父親則起源於衛斯理宗，兩人都在未徵求對方意見的前提下，在體驗了千奇百怪的神學經歷後，不約而同地對新教的所有教宗，取得了幾乎截然一致的態度：於超然孑立和毫無偏見之中，投入自我冥思。父母所認同的那些教宗，應該行走於光明之中。而每個與他們意見相左的宗教，都幾乎確定無疑地滑落到其宗教界限的邊緣，那裡漆黑一片，父母是永遠不會跟隨的。因此透過不斷抉擇，兩人完全出自於個人意願，將自己關在了任何新教的大門之外，最終，只與一些與他們持同樣觀點的極端加爾文宗的信徒聚會，他們一致奉行的是所謂的「摒棄」信念——摒棄牧師、摒棄儀式、摒棄節日，摒棄任何形式的教堂用品。只有上帝的晚餐和研習《聖經》，才能令這些古板苛責的靈魂凝聚成一體。他們互稱「弟兄」，是外界把他們誇大為「普里茅斯弟兄會」[4]。

正是在這些教友的聚會中，父母才偶然邂逅，並因共同的境遇走到了一起。兩個人，每人都寂寞、每人都清苦，每人都執著地尋求精神獨立。結婚時，父親接近三十八歲，而母親已過了四十歲。父親把母親從一個郊區農舍，接到奶奶位於倫敦東北部的一所小房子裡就算結婚了，他們沒過上一天蜜月。父親是位動物學家，也寫過一些有關自然史方面的書。母親是位作家，寫過兩本薄冊的宗教詩集——我猜測，第一本詩集一定小有成功，因為它還出了第二版——此後，她便投筆於時下流行的啟迪類創作了。雖然都可以稱為「文人」，但他們的目標、他們的習慣、他們的抱負，卻與當前的「文人」有著天壤之別，無法用語言描述。兩人對現代文學都漠不關心，他們最近讀過的詩人只有班揚。他們童年時從未讀過浪漫小說，都只對一版再版的《維佛理故事集》[5]情有獨鍾。他們認為，形式多樣且富有想像力的科幻作品，只是提升和獲利的手段，能讓學習者「出世」，以保持自我，有所作為。真正讓他們獲得喜樂的，只有上帝的神諭。所以每天工作一結束，他們就急不可待地投入到皓首窮經般的《聖經》研讀中。

4　開始於十九世紀二〇年代後期，在愛爾蘭和英國進行的基督教改革運動，特別強調遵守《聖經》的話，棄掉形式上的組織，沒有總會、分會，沒有牧師、信徒，所有信徒稱對方為「弟兄」或「姐妹」。

5　一部長篇系列小說，曾流行歐洲近百年，作者為沃爾特．斯科特爵士。

在這個與眾不同的家中，孩子並不受歡迎，只是出於無奈才讓他降生。父親是這樣在日記中記錄我的降生的：

「艾米生了個兒子。收到了一隻牙買加雛燕。」

他的這種記法，讓人忍俊不禁，說明他對小鳥和男孩的喜愛別無二致。但這不是關鍵，重要的是，這段措辭還充分表明了父親對細節，已拘泥到錙銖必較的地步，因為那一天，牙買加雛燕剛好比兒子來的晚了一些，他就按先來後到的次序，把先到的先記錄下來；對物種的排列順序，父親向來一絲不苟。

很久之後，父親才告訴我，母親在產我時遭了不少罪，而我卻始終一聲不吭，大家還以為我不幸夭折了呢。我被孤零零地放在另 一個房間裡，所有的焦慮和關注都集中在了母親身上。萬幸的是，一位老奶奶碰巧在場，閑著無事時注意到了我，就想方設法喚起我身上僅存的一星半點的生命力。她成功地救活了我，連醫生都誇讚她妙手回春。可父親——當他告訴我這個故事時——卻說什麼都想不起我救命恩人的名字了，我經常渴望知道她是誰。無論生活中有多少欣喜若狂、有多少變幻跌宕，充滿了多少焦慮期盼，又包含了多少變化萬千的愉悅，甚至不管在生活中飽嚐多少悲傷與折磨，我都要由衷地祝福和讚頌這位不知名的老奶奶。

六周後，母親才走出房間，當時還特意為她舉行了隆重的安產感恩儀式。巴爾弗先生，一位上了年紀的本教牧師，專門辦了個私人儀式，「把聖水灑給我們的孩子，他會成為主的孩子」。這個儀式揭開了我「奉獻上帝」的帷幕，它給我留下終生難忘的印記。在下面的章節裡，我也會不遺餘力地將接下來發生的事情呈現給大家。在我那柔軟且懵懂的思想周圍，掛滿了光彩四溢的織網，它們似薄如蟬翼，卻是彈性十足、難以穿透的面紗，人們希望藉此讓我「永不受外界的玷污」。

此前，祖母一直住在我們家裡幫助打理家務。現在她可以放心地離開我們，讓我們獨自生活了。毫無疑問，祖母搬出去住，讓母親如釋重負，因為強壯而豐滿的祖母講究實際，脾氣暴躁，喜歡說一不二，根本不可能跟她進行思想交流。她的媳婦雖為人溫柔，舉止和外表看起來有些神經質——她的金髮和白色的皮膚散發出的色澤，與祖母粗糙的膚色和黝黑的髮色，不可思議地形成了鮮明的對比（的確如此）——卻擁有鋼鐵般的意志。兩人分開住之後，反而成為了摯友。祖母住在附近，房間明亮，裡面擺放著她的守護神和幾件做工精緻的傢俱，都是十八世紀的，她那些小巧而光燦燦的瓷器，則放在了架子上。

留下母親一人打理家務後，我成了母親牽掛的中心。這種牽掛，交織著動物般的本能，維繫著每個母親的力量和耐心。她身上也充溢著這些本能——還融合了某種雖罕見但仍存的堅毅。我想，雖然這些本能的輪廓模糊不清，但的確有些虔誠的母親——雖然寥寥無幾——能夠為這些模糊的輪廓，填補上堅實的細節。我還要感謝母親的一本日記，它一直上鎖封存著。直到今天，在六十年之後，才有除她之外的人讀到它。我兩個月大時，她是這樣記錄的：

「我們把他奉獻給上帝，我們相信，他長大後必會表明他是上帝的人；若上帝早日帶他走，我們相信，上帝一定是要把他帶到自己身邊。只要帶走他能取悅上帝，我就認為，上帝是不想讓我們看見他遭受折磨，在綿延的疾病和難忍的痛苦中苟延殘喘。在這件事上，如同其他的萬物一樣，上帝的意願超越我們的選擇。無論孩子的生命得以延續與否，對我們和其他聖徒而言，都是一種賜福，它引領我們更努力地祈禱，直面各種需求和考驗。」

最後一句話的意思有些模糊，我沒太明白。幼小的我懵懂無知，怎樣才能成為對「聖徒」的賜福，既讓其他人感到不可思議，也令自己困惑不解。「聖徒」，習慣上指的是那些經常與父母在祈禱活動中見面的朋友。他們參加的活動，包括星期天早晨的聖餐儀式，還有在其他時間舉行的祈禱和研習《聖經》的活動，再就是在哈克尼區[6]租來的小禮堂裡進行的禮拜了。把我莊重地奉獻給上帝，還在繈褓中時，這句話就在公共場合不斷地重複著；我猜想，即使在教友看來，這種奉獻行為定有其與眾不同之處。所以大家都對這個即將舉行的儀式，產生了某種

6　英國英格蘭大倫敦內倫敦的自治市。

好奇和期盼；有人認為，這是出於母親的寵愛或偏心。母親一向離群索居，現在要照顧孩子，更讓她有了藉口，可以更久地遠離大眾，過上默默無聞的生活。與那些在簡陋的小禮拜堂裡遇見的信徒，她既無精神上的共鳴，也無思想上的交流。她記道：

「與哈克尼區的聖徒交往，我並未認為自己的幸福感增加了；於是我決心把整個冬天都交給這個孩子，不接受任何邀請，只在萬不得已的情況下，才去參加星期天的早禱，再就是看望媽媽。」

她單調的生活已達極致，但她似乎很快樂，整天都在忙著照顧我和調教一個年輕女傭。而父親，則總待在自己的書房裡，寫作、繪圖、解剖。他永遠保持著一動不動的坐姿——對這個姿勢，我後來已習以為常了——眼睛死死地盯著顯微鏡，每次都要持續二十分鐘。他一周的大部分時間都是以這種方式度過的。周日，他臨時會進行一次佈道，有時是兩次。他對工作的付出，獲得了學術界的讚揚，而他對此卻並不在乎，因為他獲得的經濟回報很低，而他的需求卻很高。

婚後三年多，因為支付不起出行的費用，父母從未離開過倫敦。他們幾乎不接待任何訪客，從未在外用過一次餐，也從未參加過一次社交晚會。夜晚，他們研討神學，互相朗讀《聖經》，再就是把科普小冊子從法文翻譯成德文。表面看來，這種生活似乎充滿壓力和艱辛；從物質角度上講，對身體也是有害無益。可他們卻感到無比的滿足，而且這種滿足感，根本不摻雜任何虛假的成分。我一歲時，是他們生活最為拮据的時期，這時，我們離開了倫敦。對於這件事，母親私下裡是這樣記錄的：

「我們快樂而滿足，擁有所需的且令人愉悅的一切。我們的住處因帶上了許多美好的回憶而變得神聖起來；我們擁有自己的家，享受著相互間的依賴。如果搬家，我們就不再獨立了；但是這也許對孩子有好處，因為鄉下更有利於孩子的成長。我希望在此事上無權選擇，因為不知道哪種選擇對我們更好；可上帝卻一清二楚，所以我渴望讓上帝去選擇。如果上帝不願我們搬家，他會提出異議並設法阻礙；如果上帝希望如此，他會讓亨利（我父親）立即行動起來。無論結果如何，全由上帝裁決，我們絕不後悔。」

任何通情達理之人，都不會將這種任由上帝評判的態度，當成一種胸無大志的表現。這不是意志薄弱，而是一種自我克制，一種毫無怨言的心甘情願。母親在其優雅端莊的外表下，隱藏著一顆堅韌的心，表現出的是一種恒久的自我忍耐。每當她萌發了某種願望，她的意識就會覺醒，讓她拋棄這個願望，或更準確地說，讓她將願望交給她所信賴的上帝，讓上帝的意志做出裁斷。也許我該說，直到她去逝的那一刻，她都確切無疑地對父親的意志和本性，施加了一道磁力；兩人的磁場都很強，但母親無疑是兩人之間較有力的強者。正是來自她的思想磁力，才逐漸將父親的思想拉到她這邊，讓他明確且堅定了自己的立場。

雖然她主導著磁場，可她卻總是很早地化解掉磁力；這是他們之間達成的一種恒久不變的默契。因此，儘管我所敘述的是自己與父親之間的長久衝突，但其實在父親身後，永遠屹立著母親的意志，它總縈繞在父親那若有若無的記憶之中，牽引著他、鞭策著他、支撐著他，讓他堅守她塑造並確定的意志毫不動搖。當命中註定的決裂時刻來臨時，我心中裝滿淒苦，卻又無法言表，因為我意識到，自己要與之決裂的，絕不是一個人的意志，而是父母兩人共同的意志。

母親的清教觀念根深蒂固。我們生活清苦，需要忍耐，她卻從無怨言，日記裡也不會出現一句抱怨的話。外表看來，母親意志堅強、身體健康，而我也是如此。我們三人之中，要是有一個人先行崩潰，那一定是父親。雖然他患的急性神經性消化不良沒有痊癒，可他的收入卻意外地有所增加。我三歲時，我們終於能在德文郡[7]過上了十個月的假期。出離的與世隔絕，一直緊繃的緊張情緒都一去不復返了。返回倫敦時，再沒有了「遺忘了世人，又被世人遺忘」[8]的那種感覺，我們有了更為寬鬆愜意的環境。但是這種表面上的輕鬆，雖說值得欣慰，可也只是相對而言，在他們的思想深處，仍有一座底比斯城，任何誘惑都無法讓父母從這古城的洞穴

7　英格蘭西南部的州。

8　出自英國十八世紀大詩人亞歷山大．蒲柏的一首詩《艾洛伊斯致亞伯拉德》。

中探身出來[9]。可喜的是，受環境影響，兩人已或多或少地開始走進一些公共場合，再也不無視周圍的世界了。

在此，我想沒有必要再寫一遍父母的生平了。在某種意義上，他們都是名人，即使在今天，也時常出現在公眾的談論話題之中。而在半個世紀前，在各自的圈中，他們也同樣惹人注目。他們思維活躍、成就突出。因此，把他們的思想與今天同一階層的人的思想進行比較，兩者間的差異就變得別有一番情趣了。而且我希望，這種差異還有一定的教育意義。但是，對於接受過不只一位傳記作者採訪的公眾人物而言，本書並不是他們的另一部回憶錄。我的職責是嚴肅的，我必須敢於恪守自己的職責，去講述一個截然不同的故事。

那是展示給世界的一面，人們看見了他們，就以為認識了他們，還發出聲聲讚揚！於是我也站到一旁，對他們稱頌歌唱！發自我的本心，大膽激昂。

可是，這次審視的角度卻完全不同，它探尋的是小說的另一面，那淒冷的銀光，還有那從未入夢的黑暗。

本書記錄的是一種靈魂的狀態；曾經一時，這種狀態遍佈於新教主導的歐洲；擁有了這種

9 選自羅馬帝國時期的作家斯塔提烏斯的作品《底比斯戰紀》。

狀態，就擁有了光明和領袖的風範，父母躋身其間，也許也成為它的最後堅守者。

建立在如此信念之上的家庭生活，對於一個孩子而言，其與眾不同之處顯而易見。但請允許我強調一下，這個家純潔無瑕、堅韌無畏、克己自制；當然，它也有狹隘、封閉、短視之處；坦率地說，它缺少一點人情世故。這個家庭，既謙卑又驕傲，既完全服從於上帝的意志，又對人類的判斷和觀點極盡推崇。父母將《聖經》奉為圭臬，每一行動、每次表態，都完全聽從上帝意志的引導，從禱告中獲得的永遠是終極答案，面對兩難的困境時，他們會本能地呼喊：「讓上帝做出裁決吧！」

他們信心滿滿，認為自己完全能與上帝交流，所以從不尋求任何其他的指引。他們不認可任何精神權威、不聽從任何牧師，對當前任何「宗教信仰」的表白都不屑一顧。他們生活在自己思想的囹圄之中，為自己建造的圍牆所禁錮，只在房頂打開一扇窗，去直視世界的本性。

這就是一個幼童栽種心靈的環境，它不同於普通的花盆，也不是經過精心培育的公共花壇。心靈，被栽種在一塊岩脊之上，它從花崗岩般堅硬的山上劈鑿而出，一面懸於夜晚與冬雪之間，另一面懸於夜晚與迷蒙的世界奧秘之間。它的周圍有土壤點綴，但只能容納下一根龍膽草，准許它向上掙扎、破土而出，頑強地綻開那湛藍如星般的花朵。如果有雜根野蔓認為這岩脊冷酷無情，感覺受到了羈絆，想要逃離，它將不會為之提供任何容身之處，更不會給予救贖的希望。

第二章　叛逆的祈禱

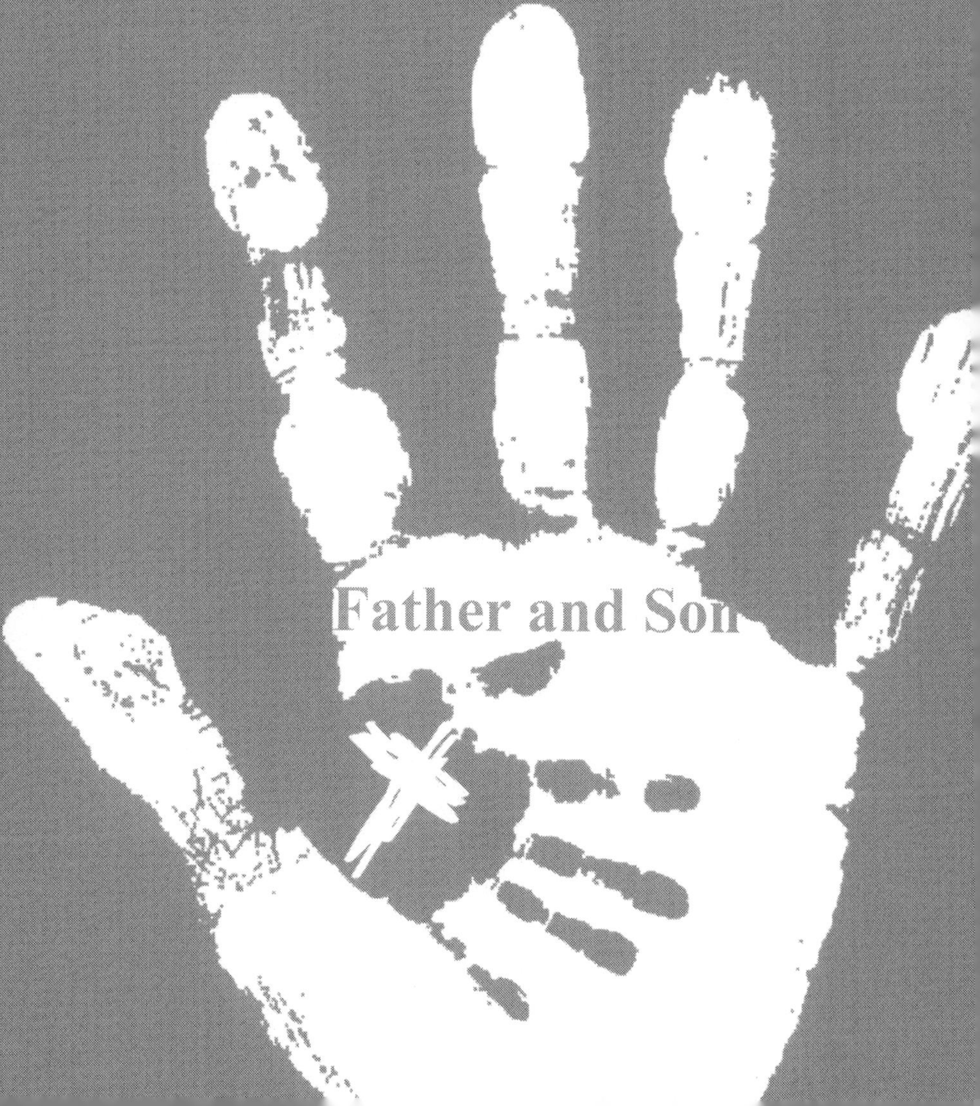

第二章　叛逆的祈禱

我對整個嬰兒時期的記憶都有些模糊不清，而在這模糊不清之中，只有一次記憶的閃光。當時我獨自坐在嬰兒椅中，椅子放在多人台的晚餐桌旁。這時有人拿進來一條羊腿，放在我近前，然後就走開了，只剩下我孤獨一人，呆呆地看著兩扇通向花園低矮卻寬敞的窗戶。突然，悄無聲息地，一條又大又長的動物（顯然是一條獵犬）出現在窗臺，隨後溜進了屋裡，奪走了羊腿，又悄悄溜了出去。這件事發生時，我還不會說話。因為從未聽過任何孩童的聲音，我的語言能力姍姍來遲。許多年後，我提到這件事時，大家先是露出了驚訝的神情，然後爆發出一陣哄堂大笑：

「那麼，羊肉是這麼沒的了！不是你吃了它，你A舅舅還以為你吃的呢，一眨眼間就只剩下骨頭了！」

顯然，這件事讓我受了不小的驚嚇，所以，雖然其他幼年的記憶都蕩然無存了，但只有它令我終生難忘。

羊腿的危險經歷，顯然發生在舅舅家裡，因為父親在此期間，從不到其他人家做客。舅舅們雖然不信教，但都對母親懷有深深的敬畏。母親比大舅還年長幾歲。外祖父落魄時，他們還沒有畢業。儘管母親打心眼裡不愛教書，卻毫不猶豫地接受了一份愛爾蘭貴族的家教工作。如埃奇沃斯小姐所言，只有「闖過十八道泥潭，經歷過命運攸關的考驗」，才可以靠近這貴族家的深宅大院。而當走進去之後，仍會發現其間隱藏著說不清、道不明的複雜神秘：富足交織著骯髒，文明糅雜著野蠻。但他們給母親的薪水卻很高，她也因此留在了這個令她厭惡的環境中，做著她最討厭的工作。其間，她用富餘的錢接連幫助兩個弟弟，攻讀了劍橋大學的課程。他們都非常努力，成績也不錯。當小弟最終獲得了學位這一消息，傳到了他們遠在天涯海角的姐姐那裡時，她長長地舒了一口氣，果斷地辭去了工作，頭也不回地返回了英格蘭。

所以，舅舅們總是帶著特別崇敬的眼光看待他們的姐姐，也就毫不奇怪了。他們不習慣、也沒有這個資格，對姐姐的思維方式說三道四。他們是紳士，隨和、友善、彬彬有禮，見識卻有限，完全看不到一絲他們姐姐的那種高智商或堅韌的秉性。E舅舅長的像姐姐，高個，白皙，紅褐色的卷髮，養成了帶有些許拜倫風格的那種鬱鬱寡歡的性格。A舅舅個頭矮小，棕色的皮膚，愛開玩笑，直率而健談，張口閉口談常識。我還是個孩子時，崇拜的是E舅舅，他經常默默地坐在爐邊，把我抱在膝上，一言不發，看起來無比憂鬱，只是偶爾才撩動一下暖色的卷髮。

相反，我卻無緣無故地討厭A舅舅。他愛開玩笑，開玩笑的方式也讓我厭煩。他還經常肆無忌憚地追我，撓我癢癢，哪怕出於好心，我也不喜歡。兩個舅舅都終身未婚，生活的比較自在。

E舅舅教書，A舅舅做的是「城裡的事情」，居住在克拉普頓[1]一所凌亂的房子裡（就是我看見獵犬的那所房子）。房間裡有一股奇怪的香味，是我從未聞過的，常讓我滿眼淚水，充滿了無法言表的喜悅。現在我明白了，這是雪茄的味道，在我們家，基於虔誠的宗教原因，煙草的香氣成了一種禁忌。

據大人說，我學說話的時間比較晚，我常需在大人的懇求下，才會或認真或冷漠地重複說「爸爸」、「媽媽」這樣的詞語。但有一天，我卻把一大本書拽到了身旁，然後清晰地發出了「書」的聲音，這讓所有人都大吃一驚。我絕非早熟，但我想，在相對較小的年紀，大約快四歲時我就學會了識字。記不清楚什麼時候接觸英文書的，但也許比母親經常給我反複念一首詩的時間還早。那首詩，我總以為是她自己寫的，有種浪漫的情趣，一直在我幼年的心路歷程中，佔據著不可或缺的地位。我記得它是這樣寫的：

噢，美麗的月兒，你的光芒如此明亮！我要與媽媽道聲晚安，然後躺在床上，看著你在我的頭頂旋轉。啊！在那裡，有一朵烏雲遮擋住了你！可我仍能看見你依稀透過來的光芒！雲兒

1　位於英國英格蘭大倫敦內哈克尼區內。

試圖遮住你——終是徒勞，因為，你又飛快地露出頭來！

我知道，是上帝讓你照耀我的這張小床；但要徹底瞭解你的一切，只能等我識字、長大之後。

不知過了多少年，詩的最後一行所寫的事情早已變成了過去，可我仍習慣在入睡前大聲地在床上朗讀這首詩，無論那夜有沒有月光。

一定是父親教會我識字的。我說過，雖然母親學習又快又有門道，可她厭惡教書。與她相反，父親卻很樂意教書，只不過有些忽冷忽熱的。值得一提的是，他非常擅長將地理知識條理化，這一點很令我欽佩。我趴在一把椅子上，父親站在我身旁，用手中的鉛筆和紙畫張草圖，然後在上面標出地毯的位置。在我理解了他的意圖之後，他會再畫出一張小圖紙，標記上屋中的傢俱、地板、花園，還有部分街路。最後，我輕輕鬆鬆就掌握了地理的概念：它是物體在純自然狀態下的縮微佈局。直到今天，地理仍是我不費吹灰之力就能學會的科目。父親還教了我一些簡單的算術、一點博物學的知識以及一些基本的繪畫技法。可是無論他如何絞盡腦汁，也教不會我背誦讚美詩、《詩篇》和《聖經》中的一些章節；而我也總因背誦不上來這些而羞愧不已、滿眼噙淚。父親有著超強的文本記憶能力，所以我的表現令他既困惑不解又心煩意亂，總情不自禁地認為，是我淘氣不願意學習《聖經》。最後他終於放棄了努力。這就是我早期教育的大致情況；直到母親去逝，這種狀況都沒有得到改善。

因為會識字，我在書頁中找到了更多的樂趣。但可看的書卻寥寥無幾：任何形式的故事書都是絕對禁止的。所有的小說，無論宗教的還是非宗教的，都不允許帶入房間。做出這個禁令的，不是父親，而是母親。坦白地說，她有一種成見，認為「講故事」就是胡編亂造，是一種罪過。她的這種看法有違常理、令人費解。她頑固地堅守著這種看法，甚至到了極端的程度。

父親晚年時，給我講了一些母親令人啼笑皆非的事情，從中可以看出母親的固執個性。父親年輕時，曾在美國待過，深深地迷上了《撒拉鐵》。這首詩富有傳奇色彩，表達的是虔敬之心，由當時非常受歡迎的作家克羅理牧師[2]所做。第一次遇見母親時，父親就把這首詩推薦給她，可她堅決不同意翻開書看。她也不願讀沃爾特．司各特爵士[3]的那些俠義詩，她固執地認為：這些都是「虛假的」。除了那些有主觀色彩的抒情詩外，她不讀任何詩歌。雖然不能完全瞭解其中的緣由，但母親私下記的日記還是揭示了一些端倪：她對虛構故事深惡痛絕的歷史由來已久。孩提時，她特別喜歡編故事，因為編的特別有趣，就經常有人懇求她編故事消遣。她的這

2　喬治．克羅理，一七八〇——一八六〇年，愛爾蘭詩人、小說家、歷史學家和英國聖公會的牧師。

3　一七七一——一八三二年，十八世紀末蘇格蘭著名歷史小說家和詩人。

種經歷很特殊，所以，我還是想讓她親口告訴讀者：

「很小的時候，我常編些故事供自己和弟弟們消遣，謊稱這些故事是我讀到的。我想，我天生思想就不安分，總好幻想，所以才以編故事為樂。於是它成了我生活中最主要的樂趣所在。我的這種愛好受到弟弟們的歡迎，尤其是我的女僕，泰勒小姐，更是喜歡的不得了。這真是一種不幸。當時我還不知道這麼做的害處。終於，肖爾小姐（一位加爾文派的家庭女教師）發現了這件事，她嚴厲地教訓了我，告訴我這是一種邪惡。從此之後，只要一編故事，我就想到罪過。但編故事的欲望還是深深紮根於我的情感之中，讓我無力自拔（她當時是九歲）。更可悲的是，我還不知道自己在墮落，在變得軟弱、更不清楚如何獲取力量來抗拒它們。編故事的欲望不斷增長，逐漸產生了暴力傾向，以致變成了一種病態。但凡聽到或讀到一件事，就情不自禁地想要編成故事講述出來。簡單明瞭地說出事實，根本不會打動我，我必須把想像力編織到事實之上。這種蠢行、虛榮和邪念，讓我內疚不已，卻又無法向人言說。即使現在[4]（二十九歲時），雖然我小心謹慎，不停地禱告和掙扎，可這種欲望仍然存在，仍是困擾著我且揮之不去的罪過，它讓祈禱變得軟弱無力，阻礙了我獲得精神上的昇華，令我心中無限愧疚。」

4　一八〇三—一八七三年，英國多產小說家、政治家、詩人和劇作家。

毋庸諱言，這是一次次壓抑本能的痛苦經歷。在諸如此類的事情上，似乎總有一種天性在召喚。現在，這種事已很少聽說，更不會有人對此妄加藐視、將其湮滅。母親原本要成為小說家嗎？這是經常躍入我腦海中的問題。她的才華與決心一直引導著她，沿著隨時建構「人生最大的愉悅」這一路線行進，她註定會功成名就。她比李頓．愛德華[5]更風華正茂，比蓋斯凱爾夫人更成熟老到——但這一切終歸是虛妄而無謂的想像啊！

我應該想到，在所有父母教養良好的孩子當中，唯有我的狀況與眾不同。我已說過，由於家教嚴厲，幼年時的我根本就讀不到故事書，也沒人給我講故事。孩子不願上床睡覺時，會撒嬌地對媽媽或保姆說「就一個故事」的那種樂趣——這時，孩子往往會坐在媽媽或保姆的膝上，她們把孩子的被子裹得緊緊的，兩人一起圍坐在嬰兒室的爐火旁——我一無所知。幼年時，從未聽人說過那激動人心的開場白「從前」！所有人告訴我的，只有使命，卻從未有人給我講過海盜；我熟悉蜂鳥，卻從未聽說過童話；我知道狼，卻對巨人捕手傑克、侏儒怪和羅賓漢的故事茫然不知，甚至連小紅帽的名字都感到陌生。單就「奉獻」而言，我只會想到父母錯了，因為他們將想像力從我的世界觀中剔除了。他們渴望我真實，因為只要我一直真實下去，就會成

5　一八一〇—一八六五年，英國女小說家。

為積極而又勇於質疑的人。若父母將我包裹在幻想的繈褓之中，繈褓的柔軟和超脫就會令我感到滿足，我的思想也就容易更為長久、更為確定無疑地秉持他們的傳統。

說出那段幼年時光裡我沒讀過的書很容易，但要說出我讀過的書卻難上加難。雖說大腦還未完全開竅，可我仍記得那些稀奇古怪的博物學內容；還有各種各樣的遊記，主要是一些科普類型的，其中就有關於南海航行的新發現；這些都讓我的大腦填滿了雖說模糊卻煞是壯觀的場景；再就是一些地理和天文學知識，我打心眼裡喜歡它們。此外還有很多神學知識，我渴望去喜歡，卻難以深入（請允許我冒昧地這麼說）；學習它們時，我的眼睛和舌頭學會了蜻蜓點水般地掠過；我還會一頁一頁地讀，而且是大聲地朗讀，抑揚頓挫也能做到恰到好處，可讀的內容卻沒在腦海裡留下任何印象，也沒有記住一句話。比如，有一位研究語言的作家，叫朱克斯，父母對他的作品愛不釋手，所以我很小的時候，就要為父母朗讀朱克斯的書。我流利地讀著，像台機器；事實上，一看見朱克斯的書，我就從心底感覺厭惡，因此從未對這些書的大概有所記憶。後來，有一本叫《便士百科》（Penny Encyclopedia）的書出版了，它成了我的每日必讀，在很長時間內，幾乎成了我唯一的功課。關於這部傑作，我以後再談。

按年代順序記下我幼年的點點滴滴，絕非易事；談論父母推薦給我的那些涉獵廣泛的書籍，也並不容易。實際上，我的記憶從五歲時才剛剛起步。當時為了動物學研究，我們去了幾次德文郡和多塞特郡[6]海岸；之後，在倫敦北部的伊斯靈頓倫敦區[7]的一處住所安頓下來。那時的家境好轉了，父親有了固定且薪水高的文職工作，房子也比以前任何時候都大，而且舒適得多，儘管仍稍顯簡陋和逼仄。雖然記憶還得依靠實例才能變得明晰起來，但可以說，從那時起，我的記憶就已經非常清晰和豐滿了。我幼年沒有什麼出色的地方，有些我不記得的事情，經過人們的不斷提醒，我也恢復了些記憶。我曾說過一句話，被大家當成我唯一一次說出來的「機靈話」。其實，這話並非機靈得令人拍案叫絕，只是勉強稱得上機靈而已。

我剛四歲時，一位女士非常不明智地，給我看一幅人體骨骼圖，問道：「喂，小傢伙，你不認識這是什麼吧，對不？」我隨即俏皮地答道：「這不就是去掉了肉的人嗎？」大家都認為這回答妙絕了；這種人體現象，應該從沒有人向我解釋過，而我的這個回答，也顯示了自己敏銳的類比分析能力。我經常觀看父親把肉從魚類和哺乳動物的骨頭上剔下來浸泡。如果我再冒天下之大不韙，把這些細枝末節重複一遍，就只會說明：我所接受的教育體系，剝奪了所有事物——包括人類在內的神秘感。「赤裸裸的死亡骷髏」，對我而言，只是沒有了毛、用腳掌撐地行走的脊椎動物——智人——已備好的樣本而已。

6 英國英格蘭西南部的郡，在英吉利海峽北岸。

7 聯合王國英格蘭大倫敦下屬的三十二個倫敦自治市之一。

我剛才說過的那件趣事，值得再提一次，因為這類誇獎孩子的話，經常是假惺惺的，只是為了滿足父母的虛榮心罷了；但哪怕這樣，據我回憶，我得到的誇獎，恐怕這也是絕無僅有的一次。母親偶爾會把我——她那孤獨的小鴨子——幻想成一隻幼天鵝，這是她逗自己開心的一種方式；否則，她就真的有點不食人間煙火了。父親並不贊同她這樣，他會一邊撫弄我的下巴，一邊滿懷愛意地說我只是「一個可愛而普通的小男孩」。這番不解風情的話，讓母親聽到很受傷，她會立刻聲明：她相信，作為未來的皇家學會會員，父親一定會因他的兒子而名聞天下（在所有以事業為重的家庭中，這是常見的開心話）！對此，父親無論贊同與否，都不會提出異議，於是，夫妻倆就會當著我的面討論如何讓我走上正途、發揮才幹。由於我致力於「服務上帝」，發展空間自會受到很大的約束。父親曾長期在熱帶地區生活過，對那些「開著蘭花的慵懶的小島」懷有恆久的依戀，傾向於讓我做傳教工作。母親則對出國傳教不置可否，認為我更應該成為同齡人中的查理．衛斯理[8]，「或許，」她坦誠地說，「成為喬治．懷特菲爾德[9]也行。」記不得是什麼時候了，我知道自己將成為一名福音會牧師，但這究竟意味著什麼，當時的我卻渾然不知。

8 一七〇七—一七七八年，十八世紀英國循道運動的領袖之一，以創作大量聖詩著稱。

9 一七一四—一七七〇年，英國教士和福音傳道者，是美國信仰復興運動，即著名的「大覺醒運動」中舉足輕重的人物。

人們常想當然地認為，畢恭畢敬地奉獻於宗教的人，其生活必然呆板而單調；但其實讀者很難相信，在我幼年時，在疾病和死亡侵入這個柔弱的社群之前，我們一直是快樂的，而且說得上是其樂融融。父母間總愛互相逗趣，總有些屢試不爽的家庭笑話，很難不讓早餐桌熱鬧起來。父母之間充分信賴，在這種氛圍中生活，讓他們能一心一意地致力於與上帝的交流，所以只要這種交流未被罪惡籠罩——他們對此極其敏感——他們就有足夠的本錢，讓流逝的時光變得輕鬆愜意起來。某些時候，他們甚至把宗教氛圍當成笑料，對於諸如祈禱的態度或祈禱的本質這樣的事情，開著無傷大雅的玩笑。他們對儀式不屑一顧。與那些跪著祈禱的人相比，他們採取的是截然不同的做法：祈禱時總是隨性地坐在椅子裡。對他們而言，任何儀式都無足輕重。母親有時甚至會高興的忘形，發出輕柔快樂的笑聲。後來，有人給我講了有關修道院中修女們的事情，她們總能無憂無慮，時刻保持著快樂，這讓我想起了幼年時父母的快樂。

只要我從屬於他們，就不存在所謂的個體；我就像顆衛星，在他們的世界裡如影隨形，他們快樂時我快樂，他們悲傷時我悲傷。事實上，我沒有一個小夥伴，沒有一本故事書，沒有任何的戶外娛樂，沒有傳統家庭為孩子提供的成百上千的遊戲，但這些都不會讓我心生不滿，因為我壓根就不知道這些事物的存在。因此，對於那些為我開放的有限空間，我表現出極大的興趣，也算是一種慰藉吧。

很奇怪，我不記得自己對其他孩子感興趣，既不想與他們說話，也不想與他們玩耍。他們從未進入過我的夢中，進入我夢中的都是大人和動物。我曾有過三個洋娃娃，已記不清它們長什麼樣子了。兩個是女娃娃，其中一個是臉部辨不清形狀的布娃娃，另一個是蠟做的。

我五歲時，克里米亞戰爭[10]爆發了，這時有人送給了我第三個洋娃娃，是一個士兵，穿著猩紅色的緊身短布上衣，非常帥氣。我常把娃娃們放在三把椅子上，然後煞有介事地對它們訓導一番。我對它們的感情從來都一視同仁。直到有一天，我家的女僕莉齊，由於誤會傷害到了我的聽眾，她居然說：「什麼？他是個男孩子，明明還有兩個女娃娃，他卻和士兵娃娃玩？」之前，我從未對士兵娃娃另眼相看，但從那時起，為了彌補莉齊無理的羞辱，我對士兵娃娃尤為偏愛起來。

對俄國宣戰，把外部世界的第一股氣息，帶入了我們這個加爾文主義主宰的幽閉之所。有一天，父母帶回家一張日報，這在過去是從未有過的事情。父親和我不但在那些風景如畫的地方，搜索著發生了的事件，還熱烈地進行著討論。直到今天，我仍可以回想起一段栩栩如生的童年記憶。我在房子裡玩耍，無意間闖入了早餐間；在靠近門的地方，坐著一個氣質不凡的年

10 指一八五三年十月二十日因爭奪巴爾幹半島的控制權，而在歐洲大陸爆發的一場戰爭，奧斯曼帝國、英國、法國、撒丁王國等先後向俄國宣戰，戰爭一直持續到一八五六年才結束，以俄國的失敗而告終。

輕人。他個頭高高的，身板像我的娃娃那樣挺直，穿著華麗的猩紅色短上衣。在離他很遠的地方，有一張寫字臺，母親坐在旁邊，面前是打開著的《聖經》，母親正向他傳授福音救贖計畫。她看見我，立刻讓我出去玩，但我還是目睹了這一難忘的場景。

那個士兵正要參加克里米亞戰爭，他是在母親的勸導下悔改入教的；很久之後，他的冒險經歷被母親編成了小冊子向世人講述出來，小冊子取名為《阿爾瑪的衛兵》，我想賣了五十多萬冊吧。他在那場戰爭中犧牲了，這讓我再夢見他時感覺他尤其光芒耀眼。在我的腦海裡，常出現他的身影，高大、挺拔，有著說不出的颯爽英姿。他很懂禮節，到我家做客時，為了表示尊重，盡可能坐在靠近客廳門的地方。這一夢中奇異的場景，讓我後來與士兵娃娃之間的對話，增添了不少現實感。

五歲生日時，倫敦報導了這場阿爾瑪戰爭的勝利，令我記憶猶新。當時我們正圍坐在小圓桌旁吃早飯，桌子被拉到了靠近窗戶的位置，父親背對著光線。突然他發出了一種類似尖叫的聲音，然後大聲讀出一則《泰晤士報》登載的消息，是有關阿爾瑪山谷之戰的。那時，全國都處於緊張和焦慮之中，所以一聽到這則勝利的消息，父母都激動不已。在確定戰役取得了決定性勝利後，父親就停了下來，和母親一起如釋重負般跪在茶點和黃油麵包前面祈禱，父親高聲感謝著戰爭之神。他的這種愛國熱情尤為可貴，因為他一直教導自己，要把「天國居民的責任」

放在所有世俗的責任之上。有人問他：「你已是基督徒了，可以算個地道的英國人了吧？」對此，他一邊搖頭，一邊回答道：「我不是任何世俗國家的居民。」實際上，他自己並未意識到，他使用的這個冠冕堂皇的用語，在一八五四年之前還沒有人用過。可以說，在大不列顛，任何一個沙文主義者，無論有多麼愛國，都難以與他相提並論。

在我的記憶中，還有另外一件事，能說明日常生活的情趣與宗教行為，可以在我們這個奇怪的家庭完美融合起來。有報導說，在伊斯靈頓一所馬廄的地下室，發現了一種深色的尺蛾，這讓我們三人都興奮不已。它的名字，我想是叫 boletobia fuligniaria；這種尺蛾在英格蘭極其罕見。在一個星期天早晨，大概是在一八五五年吧，我們在家進行禱告時，從窗外飛進來一隻棕色的蛾子。母親馬上打斷正在讀《聖經》的父親，問道：「噢！亨利，這能是 boletobia 嗎？」父親放下《聖經》站了起來，仔細地觀察著那隻蛾子——這時它已經落了下來——然後答道：「不！它只是普通的大毒蛾，叫作 orgygia antiqua。」隨後重新坐下去繼續講解《聖經》，沒有表現出絲毫的尷尬或歉意。

六歲時，發生了一系列的事情，它們都瑣碎、無聲，講出來的話似乎有些枯燥，但對我的思想發展卻起著至關重要的作用。每次回想起這些事情，都會讓我確信：人的某些重要特徵與生俱來，無論後天如何培養，都無法解釋其中的奧秘。就拿我來說，我就像白蘭公主[11]一樣，躲在大理石城堡之中，與世隔絕；冥冥之中似有定數，命運竟以意想不到的方式降臨到我身上，恰如公主的情人藏在玫瑰花籃中突然而至。降臨到我身上的是自我意識，它是一股力量，也是一個夥伴，在經歷了一兩次震驚之後才猛然覺醒。下面我就談談我的自我意識的覺醒。

聽說過許多有關上帝的事情，知道他擁有超自然的智慧和洞察力，無所不知、無所不在，實際上，他已成為我們家的第四名成員。所以每當想到他時，在敬畏之中更充滿了對他的絕對信任。父母從不爭吵，甚至從未有過不同意見，似乎總能達成絕對一致；他們也以這種安靜平和的方式教育著我。母親非常尊重父親，即使父親沒在場，在談到父親時，也讓我感覺好像他無所不知似的。在某種意義上，我把他與上帝混為一談；至少我認為，父親無所不知、無所不能。

六歲時的一天清晨，母親和我待在早禱室時，父親走了進來，向我們講一件事。我當時站在地毯上，認真聆聽著。當他講完之後，我記得自己因尷尬而背過身來，愣愣地盯著爐火。父親宣佈的事情，對我來說就是晴天霹靂，讓我震驚不已，因為他說的不是事實。他提到的那件

11 Princess Blanchefleur，英國傳說中亞瑟王與圓桌騎士故事裡的人物。

事，其實微不足道，事情發生時，母親和我都在場，我們知道，事情的真相與他所瞭解到的並不完全一致。母親柔聲地講出了真相，父親也接受了母親的說法。對父母而言，這件事真的不值一提，可對我，它卻有著里程碑般的意義。我震驚地發現，父親不是上帝，他並非無所不知——而這是我之前從未懷疑過的事情。我之所以震驚，不是懷疑他沒有講出真相，而是一個可怕的事實：他並不像我之前認為的那樣無所不知。

接下來發生了另一件事，也印證了我在第一件事中的感受，而它的發生，也把我帶的離父親更遠了。在我們狹小的後花園，父親建了一座假山，用來種植蕨類和苔蘚。他從房子裡用鉛管將水接了出來，這樣水龍頭裝上後，水就從假山噴灑出來，形成一道漂亮的銀色花傘，鉛管裸露著放在假山腳下。一天，兩個在家裡做維修的工人，吃飯時將工具落在了後花園，我正在四處閒逛，突然想去看看這些工具中，是否有一個可以在管子上弄個洞，我想水從洞中噴出來的樣子一定非常好看。確實有個工具可以弄個洞來，而且很容易；之後，我就把這件事忘的一乾二淨。但是過了一兩天，父親進屋吃飯時非常生氣。原來他打開水龍頭時，噴泉非但沒有噴湧出來，反倒是一股水流從假山腳下的洞中噴了出來，把假山沖的面目全非。我當時馬上意識到自己做了什麼，驚愕的目瞪口呆，只等著父親的訓斥。但母親談到兩三天前有兩個維修工來家裡的事情，父親馬上認為就是他們幹的。毫無疑問，就是他們，這兩個淘氣的傢伙認為在水管上扎個洞，讓水噴到假山上很好玩。沒有人懷疑我，也沒有任何人問過我。我坐在那裡，早已心亂如麻，但看起來卻一臉無辜，食欲也突然好的驚人。

我想，我們讓孩子承載了過多道德的重負。顯然，在這種關鍵時刻，我要麼受良心的驅使挺身而出，要麼因內疚而畏葸不前。但我敢肯定，我一剎那間所體會到的那種稍縱即逝的恐懼，純粹來自身體，與內心的懊悔毫無關聯。因為自己的緣故，假山毀掉了，我感覺後悔，我也非常喜歡那跳躍的噴泉，完全沒料到會毀掉它的表演。但當時填塞我內心的情感，以及那驅使我幾乎不打自招般、迅速逃到後花園尋找避身之所的情感，都與道德無關，它們純粹來自理智。依靠狡猾的沉默，我成功地騙過了父親，我對此毫無愧疚之心；我把它當成一次勝利大逃亡，馬上就置諸於腦後了，因為我還有其他的事情要思考。

首先，父親那無所不能、顛撲不破的神話破滅了；可他自己很可能卻對此一無所知。在這件事上，有個非常重要的事實他還不清楚：如果你不知道這件事，那麼你所知道的其他事都無足輕重了。曾經心目中神一般的父親，因擁有與生俱來的能力，令我欽佩的五體投地的父親，現在在我眼中已走下神壇。今後無論他再說什麼，都不能再不問青紅皂白地去接受。在這場信任危機中，在湧入我那尚未開化的小腦瓜裡的所有想法當中，有一個最令人感覺不可思議：我在自己身上找到了一個夥伴、一位知己。在這個世界上，但凡有一個秘密，那麼，這個秘密不但屬於我，也屬於另一個與我分享同一軀體之人。我們是兩個人，可以互相交談。將如此粗淺的印象明晰起來並不容易；但有件事可以確定，正是在這種雙重人格之中，我的個體意識突然降臨到我身上。還可以確定的是，能在自己的心中找到一個靈魂夥伴，對我不啻是一種莫大的安慰。

這段時間裡，母親一門心思忙碌著她的文學創作和慈善工作，留給我越來越多的閒置時間。她情緒高漲，正如她的一位信徒兼仰慕者所寫的那樣：「她一路行來，在所有的水邊都撒下了種子。」我一刻也不願讓她認為，我把她當成了傑里貝夫人[12]，或讓她感覺冷落了我。在經歷長年的思想隱居之後，輝煌的事業已展現在她的眼前，她身不由己，被拽入這喧囂的豐收之地去收穫靈魂。她培養了一種不可思議的天賦，令她在勸說他人悔改方面屢試不爽。無論在公車上還是在火車上，她都可以毫無懼色地，與那些偶遇的陌生人唇槍舌劍地辯論一番。每次辯論開始時，她雖心懷謙卑，卻難掩喜悅之情。她是這樣記錄的：「透過交談，用不了幾周，我就有充分的理由斷定，這三個年輕人可以與上帝進行正常交流了。」

她的另外一位傳記作者說：「那些對耶穌之血的見證，以及從她筆端流出的成果，開始廣

12 狄更斯作品《荒涼山莊》中的偽慈善家。

泛傳播開來，傳播到了天涯海角。」父親也處於最繁忙階段。早飯後，他們兩人就開始忙碌起來，也許要一直忙到夜幕來臨，然後我們三人一起吃晚飯。有時母親會帶上我做一些「我一無所知的日常事務」。我記得她帶著我輕快地穿過城市的情景，也記得仰頭看見她的身影在我頭頂掠過的那一幕。忙碌一結束，我有接連幾個小時的時間完全屬於自己，這期間，我可以隨心所欲地待在任何地方，無論是父親的書房，還是後花園，甚至閣樓。

閣樓是個好去處。這個低矮的地方是後來才搭建起來的，依靠從屋頂透過的光線照明。裡面沒有任何裝飾，只有兩樣東西：一個陳舊的帽子盒，再就是一個更為陳舊的小箱子。帽子盒令我很困惑，終於有一天，我忍不住問父親這是什麼？我得到的答案誤導了我，讓我以為這本身就是一頂帽子。於是我費了好大勁顛來倒去地想把它戴上。小箱子裡空無一物，但箱蓋是用我現在才知道、叫煽情小說的書頁鑲嵌的。當然，書頁有些殘缺不全了，可我卻跪在地板上，帶著難以言喻的狂喜讀著它。

也許你會記得，對特意編造的虛構小說的概念我完全不知，因此還懵懂地認為，箱蓋上講的事情是真實的。它講述的是一位貴婦人的悲慘經歷。貴婦人受到迫害，不得不背井離鄉；可那些一心想毀掉她的敵人卻不肯放過她，一直追到了異國他鄉；還講到有人接見了一個戴著「面具」的「寵臣」的事情。於是我走下樓，在貝利[13]編的《英語字典》中尋找這兩個詞的意思，卻渾然不懂他們與貴婦有何聯繫。這些荒唐可笑的小說片段，讓我心中時喜時憂，甚至想入非非，竟認為經常出門的母親，也許面臨著同樣兇險的威脅。事實上，故事在中間最令人感動的地方戛然而止，這讓我感傷不已，久久沉浸在幻想與浪漫之中難以自拔。

父母親的忙碌，留給我越來越多的玩耍時間，但對於一個孤獨的六歲孩子來說，如何玩耍呢？我從未想過與僕人交朋友。據我回憶，僕人們經常變換，從沒有任何僕人主動接近過我。也許對上帝的「奉獻精神」以及成人似的說話方式，讓我看起來不太招人喜歡。我沒有夥伴，甚至同齡中認識的人也沒有。在母親去逝前，我不記得跟另外一個孩子多過兩句話的交流。母親滿腔熱情地投入公共事務，卻沒有帶給我們家庭生活的安寧。白天，父母會接待一些訪客，他們是過來諮詢的，但這些客人從不留下就餐，我們也從不回訪。

我不太理解，為什麼父母不領我去參觀倫敦的景點，儘管我知道這對他們而言是個原則性問題。雖然我們所有的研究都關於博物學，我卻從未有機會認識動物園裡活的野生動物，更沒去過大英博物館看樣本。只可惜直到現在，我才明白我們當初從不參觀畫廊或聽音樂會的原因。我記得，唯一一次父親帶我去過的娛樂場所，就是在我期盼了很長時間之後，父親帶我去看萊

13 南森·貝利，英國文獻學者和詞典編纂者。

斯特里廣場[14]的大球。那是一座巨大的建築，需要攀爬旋轉樓梯登上去。大球比較簡陋，凹形的，我原本以為是凸形的，我的想像力因此還深深地受到了打擊。我甚至曾想像過，在閣樓裡我也可以製作出一個更漂亮的大球來。

我的思想雖受到如此之多的束縛，卻仍保持著活躍的生命力；在萬般無奈之下，只好幼稚地棲身於對自然界的癡迷幻想之中。而這又與父母一直堅定信奉的宗教觀念產生了對抗，他們將那些機械而頑固的觀念，強行灌輸於我的本性之中；我別無選擇，只能讓兩者並行而存。我產生了一些帶有迷信色彩的念頭，它們稀奇古怪、不可理喻。說起來可能令人費解，我講一些具體的例子給大家解釋一下吧。我自認為要是能找到合適的語言去表達，或恰當的途徑去實施，就可以喚醒父親那些帶插圖的工作手冊裡的小鳥和蝴蝶，讓它們復活，從書中飛走，留給後人的只有空空的紙洞。

每當在祈禱室裡高唱那些單調舒緩、表現人生經歷與恥辱的讚美詩時，我就想像自己已找到了秘訣，能發出十幾位歌手才有的那種高亢的歌聲。在漫長而無聊的晨禱和晚禱中，我幻想自己找到了開啟神奇之門的鑰匙，將兩個自我分離，其中的一個自我牢牢抓住飛簷，俯視另一個自我以及我周圍的一切。幾個小時裡，我都努力搜尋著這些秘訣，異想天開地想要實現我的

14 位於英國倫敦西區，附近有著名的唐人街和中國城。

夢想。比如，我相信，只要連續不斷地數數，一個接一個地數，數到足夠多的時候，就會突然茅塞頓開，獲得神聖的奧秘。我非常確定，任何外部力量都無法激發出這些神奇的想法，因為它們在萌芽時期，就與野蠻人的想法一樣，無法開化。

我思想的這些躁動，完全未被父母知曉。為了實現這些神奇的幻想，我甚至認為弄傷自己必不可少。實際上，當我開始偷偷地將圖釘釘到肉裡、用書使勁拍打關節時，母親的注意力才被吸引到這個看起來「脆弱」之人的身上。現代人非常關注心理健康，對其規則也早已爛熟於心。可在五十年前，當時的人們對此卻孤陋寡聞。尤其對篤信宗教的人們來說，不著邊際的疾病說往往非常盛行。如果有人病了，這表明「上帝之手為示懲罰而伸了出來」。於是，禱告蜂擁而至，只為了讓病人或其親屬知道他的罪過。

比如，如果發現因為自己引起了上帝的不悅，人們會非常痛苦，而為了承受這些痛苦，他們會持續住在污水管旁不肯離開。因我的臉色非常蒼白，又整天神經兮兮的，晚上還經常失眠，睡夢中總是出現幻覺，並不時地大喊大叫，父母就將我送去就醫。醫生脫光我的衣服，給我進行了全身叩診（這給了我更多對自己神奇魔力的寶貴暗示），卻一無所獲。他建議——無論什麼樣的醫生在這種情況下都這樣——順其自然；我之所以變得脆弱起來，完全是上帝的意願，因此我們必須心甘情願地去接受。

終於，我又歇斯底里地發作了，完全失控，一邊抽噎、一邊哭叫，使勁的用頭撞擊桌子。發作期間，我意識到了之前提過的那種雙重人格，因為在這個自我難以抑制、精神崩潰時，那個自我居然不可思議地站在身旁，也黯然神傷起來。這次發作時，父親正好在身邊，他無比震驚的表情，讓我獲得了些許慰藉。我們已很久未走出倫敦一起出行了，在父親的哄勸之下，我說想「到鄉下」。像奄奄一息的福斯塔夫[15]那樣，我朦朦朧朧地談到了綠色的田野。一陣沉思之後，父親有了主意，他提議帶我到櫻草山[16]去看看。我從未聽說過這個地方，而且它的名字也令我充滿遐想。我歡呼雀躍起來，迫不及待地想馬上出發。

於是帶著美好的憧憬，我把手搭在父親手中，我們以最快的速度向西出發了。本以為能看見一種漫山遍野櫻草盛開的景象，就像人間的星河鋪滿全山，一直通往多恩[17]詩中的蒙哥馬利城堡。可是當從喬克農場方向走來時，陡然映入眼簾的卻是一條坑窪不平的上坡道。當時，櫻草山四周大部分是房屋，因無數足跡的踐踏，草地已褪成了枯黃色；這與我所說的「鄉下」簡

15 莎士比亞作品《溫莎的風流娘兒們》中的喜劇人物。
16 位於倫敦攝政公園北部，七十八．一公尺高。
17 約翰．多恩，一五七二－一六三一年，又譯為鄧約翰，英國詹姆斯一世時期的玄學派詩人。

直是天壤之別，就像把波普拉區[18]看成了天堂。山頂上有一把破敗不堪的長椅，坐到那裡時，我情不自禁失聲痛哭起來。在一陣揪心的抽泣之後，我悄聲說：「噢，爸爸，我們回家吧！」

無論在人生之中還是在事業之中，我都很少哭泣，而這段時期恰恰是我哭的最多的時候。因此有必要再講一個我哭鼻子的故事。大約在一八五五年秋天，在我被放到小床入睡後，我常常會發出驚叫聲。清晨時，父母不只一次被這叫聲驚醒，每次都馬上衝到我身旁，往往會發現我正在極度驚恐中掙扎。可驚叫的原因，他們卻總找不到。實際上，把我嚇得魂不附體的是恐懼，它猶如幽靈一般糾纏著我。原來我們街巷接連發生了幾起膽大妄為的盜竊事件，這讓我感覺驚恐不已，而且這種恐懼與日俱增，越發強烈。我家的女僕通常在閣樓睡覺，她看見過或以為看見過。在一個有月光的夜晚，一隻身影在夜空掩映下，蜷縮著身子，偷偷從房頂溜下來，鑽進了她的房間。她大聲尖叫起來，竊賊嚇得逃跑了。彷彿這件事還不夠折磨我那脆弱的神經，在蘇格蘭路麵包店的拐角處，又發生了一起恐怖的謀殺案。這起謀殺案千真萬確，因為母親碰巧「剛想」從這家麵包店買麵包。五十年前的孩子，我想不可能不受到這些事件的影響；至少對我而言就不可避免，我的神經彷彿在玩一局挑棒遊戲。

18 現為倫敦東部的主要居民區，過去是一個小村莊的教區。

但真正讓我夜半驚叫的卻另有原因。每天晚上，母親給我蓋好被子、聽完我的禱告之後，便跪在我旁邊大聲禱告，然後再悄然下樓。隔不多久，房間裡就會出現各種嘈雜的聲音，有衣服摩挲聲、拍手聲、笑聲、呼吸、慢跑聲，這些聲音可怕而壓抑、時斷時續的。每每遇到這種情況，我就趕緊向上帝禱告，祈求他救救我，不要受到敵人的傷害。有時我會不受打擾安然入睡。但有些時候，信仰和堅毅都無濟於事，於是我不得不發出「媽媽！媽媽」的尖叫聲。父母立刻跑上樓來吻我安慰我，向我保證沒事。他們在時，一切都好，可他們前腳剛走，那幽靈般的喧鬧聲就會再次響起。最終還是母親發現了這些鬧劇的罪魁禍首，竟然是一幅經文裝飾框，它用釘子釘在牆上，臥室門關上時它悄然無聲，可臥室門一旦打開（父母為了能聽見我的叫聲），吹進屋的風就會把它吹起來，發出啪啪的響聲。

這段時間裡發生的好幾件事，都讓我的內心與父親一直恪守的原則產生了偏離。禱告是否有效，這個令比我更聰明的人都困惑的問題，開始纏上了我。父母親堅持認為，如果有什麼欲望，就該「抓住時機追求它，但要請求上帝的指引」。事實也清晰地證明，一生中很多時候，這就是他們一直奉行的做法。

對於母親以無所畏懼的堅定態度，在她出版的著作中所提出的理論，我在此不再贅述。但我發現，在禱告這件事上，我與他們的主張的確有分歧，並由此引起了諸多的爭論。

父母說：「無論有什麼需要，都告訴上帝；只要符合他的意志，他就會答應你。」好吧！在蘇格蘭路的櫥窗裡，我看上了一個色彩鮮豔而且會發聲的大陀螺。於是在晚禱中，我就把它加入了我的祈禱詞，並特意附上：「如果這符合您的意願。」據我回憶，我的這個禱告讓母親左右為難。面對這種被動情況，父親告訴我，不應該為「這樣的事情」祈禱。對此，我又拋出另一個疑問作為回答：「為什麼不能呢？」我還說，父親說過我們應該為自己的需要祈禱，我非常需要那只會發聲的陀螺，遠遠勝過對異教徒的勸導，和將耶路撒冷歸還給猶太人的需要——它們都會在晚禱時讓我感覺內心陣陣發冷。

回想當時的情景時，我有理由相信，雖然前廳裡燭火通明，但母親一定會因為我的邏輯而滿臉困惑，因為她曾公開說過：「沒有任何事情或任何情況，微不足道到不能帶到全地之神的面前。」現在這話已經拉不回來了。我堅持認為，這句話包含了我買陀螺這事情，對我而言，陀螺絕非微不足道的事。我注意到，在我與一臉怒氣的父親爭辯時，母親總是遠遠地置身其外。父親對於物質祈求，並沒母親想的那麼遠。我不敢確定母親是否要阻止我，但父親卻無可救藥地發現，讓一個小孩子行使特權，會將他們一直信守的理論淪為一種謬論。於是他放棄了爭論，只是蠻橫地告訴我，祈求像陀螺這樣的東西是不對的，他不允許我再這麼做了。他的權威當然至高無上，我屈服了；可我對祈禱是否有效的信念，卻深深地動搖了。我腦海中閃現的疑慮，足以毀滅之前的一切信念：之所以我不該祈求陀螺，就是因為它太昂貴了，父母買不起，於是這就成了不給我買東西的慣用藉口。

大約在我六歲生日那天，我做了件非常離譜的事情，我的行為悍然違背了教規。父親在嚴厲地訓誡我之後，還懲罰了我，按照獻祭的傳統方式，用手杖給我打出了好幾道傷痕。這次懲罰，如同他所做的所有事情一樣，都有其恰如其分的解釋，是按照《聖經》的教誨：「孩子不打不成器。」[19]我猜測，有些孩子性情沉悶、思維遲緩，鞭打可以讓他們聰明、清醒起來。但是這種想法在很大程度上是傳統觀念使然，聽說貴族的孩子之所以能夠忍受鞭打，完全是靠一股傲氣；而對於這種做法，下層階級卻根本無法忍受。這次鞭打，非但沒讓我感覺懊悔或羞愧，反而令我出奇地憤怒；這也證明了我擁有天生的野性，它點燃了我胸中無名的怒火。我那親愛的父親、那溫文爾雅的父親，居然也會打我，這讓我實在忍無可忍。他未亂發脾氣，打的也不是很痛，而且是真心希望我好；但就「奉獻上帝」而言，打孩子絕非明智之舉。這些大同小異的「為主奉獻儀式」，已滋長了我的虛榮心；雖然我表現謙卑，但謙卑並不能讓本性昇華。我得愧疚地承認，我在房屋周圍轉悠了好幾天，怒火中燒、滿腹怨恨。對於父親而言，這次懲罰

19 源自《舊約全書．箴言》第十三章。

並非完全奏效，是在意料之中。而我，一想到他教訓我絕非出於惡意，所以沒多久就把這件事忘了，也原諒了他。但我不認為體罰是一種明智的做法，尤其是用來教育高傲且敏感的孩子。

然而自己的一次幼稚荒唐的行為，卻讓我違背了神學上的大忌，犯下了不可饒恕的罪過。若不是這次行為能為我寫的這本書，拋撒一絲希望之光，我本不該冒天下之大不韙去記載它的。我幼時的思想，仍對那些神秘的祈禱問題戀戀不捨，我一直想知道，如果我們是上帝的孩子，如果上帝一直日夜關注著我們，為什麼我們不能透過祈禱獲得玩具、糖果和漂亮的衣服，並讓異教徒悔改呢？這些問題令我困惑不解。恰在此時，我們在室內舉行了一場與眾不同的儀式，讓我們將注意力都放在了所謂的「傳教領域的工作」上面。在所有的「聖徒」之中，代表東部地區的是一位傑出的愛爾蘭貴族，他在年輕時，曾讓一位有色人種的女士悔改並與之結婚。這位亞洲女人也參加了周日的晨禱。就是她，讓我產生了無可救藥的恐懼。我躲閃著她善意的擁抱，稀裡糊塗地把她當成了家裡人常說的那個「人魔」。

所有的這些，都把我的思緒拉到了偶像崇拜之上，但這個話題，在傳教聚會上是要受到嚴厲責備的。關於偶像崇拜之罪，透過仔細盤問父親，我清楚了它的根源所在：除了上帝本人之外，如果向任何人或任何事祈禱，就是罪過。根據讚美詩記載，盲目崇拜會讓異教徒向木頭和石子鞠躬。由父親身上，我進一步想到：他讓我相信，在基督教世界裡，如果任何人向木頭和石子鞠躬，上帝都會非常生氣，而且上帝會表現出自己的憤怒。已不記得自己為何在這一問題上如此固執，但我記得，在我的盤問之下，父親變得有些不耐煩了。可我還是決定自己親身體驗一下。

於是，一天清晨，在確認父母都出門後，我開始實施自己的叛逆壯舉。在底層的晨間起居室裡，我費了好大力氣，將一把小椅子抬上了靠近窗戶的一張桌子上。我的心跳得彷彿要蹦了出來，但我仍不願罷手，繼續進行著冒險。我在桌子前的地毯上跪下，抬起頭來，大聲說著我的晨禱詞，只是用了「噢，椅子」代替了慣常的稱呼。在順利地完成了這次祭拜偶像之後，我等待著，想看看到底會發生些什麼。那天，天氣晴好，我凝望著對面房屋上白色的天空，期望其中出現些什麼。

上帝一定會以某種方式展示他的憤怒，一定會懲罰我這種大逆不道的任性行為。我固然十分緊張，但更多的還是興奮。我呼吸著叛逆的空氣，體味著其中的偏激和敏感。但是什麼都沒發生。天空中既沒有出現雲彩，大街上也沒出現異響。不久我就十分確信，什麼都不會發生了。

雖然我以一種明知故犯且明目張膽的方式，犯了崇拜偶像之罪，可上帝根本就不在乎。這次荒唐行為的結果，並沒有讓我質疑上帝的存在和他的力量，因為這種力量，我做夢都未想過自己會對它視而不見。但它卻讓我對父親的神學知識產生了質疑，更深切地削弱了自己對父親的信任。

父親曾十分肯定地說過，如果人們崇拜木偶，上帝就會彰顯他的憤怒。我現在拜了椅子，它是木頭（或部分是木頭）做的，可上帝自始至終都無動於衷啊！因此就偶像崇拜而言，父親並不真正瞭解上帝的做法。從此之後，我再未提過偶像崇拜這一話題，又重新鑽入深不可測的《便士百科》的研究之中了。

第三章　母親的離世

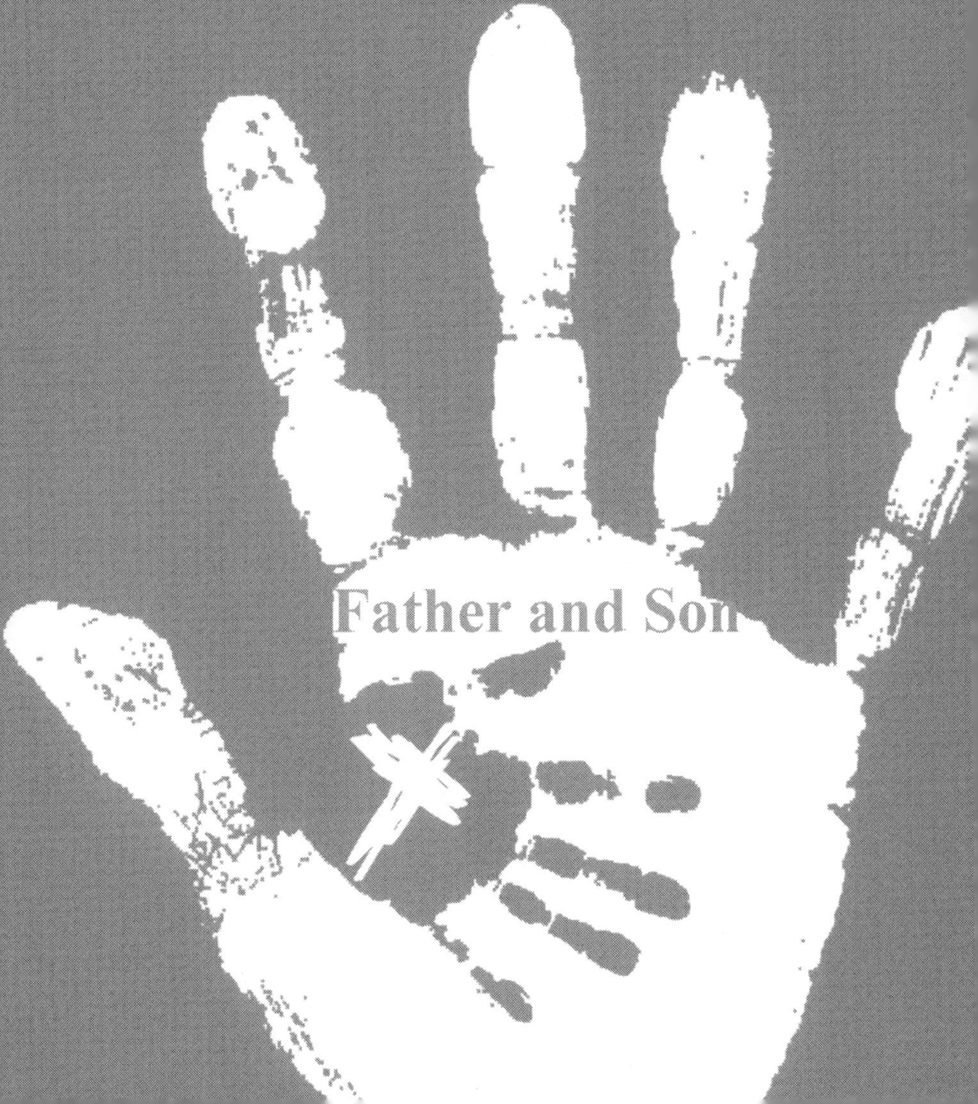

第三章　母親的離世

我也許會突然夭亡，這是母親腦海裡一個揮之不去的想法，她努力以羅馬人的堅韌態度直面它。在我過了五歲後不久，她在日記裡寫下了下面的內容：

「假如我們一直精心為天堂培養的親人英年早逝，我們聚集在他的墓旁一起哭泣時，就請允許我們記住：我們會永遠為他祈禱，永遠不會停止對他的哀思。相對而言，寄託對一個嬰兒的哀思，就不會如此艱難了。然而，我能承受這些哀思嗎？我無法承受，但上帝可以。藉助他的力量，我已開始抗爭；藉助他的力量，我會堅持不懈，我不會氣餒，直至自己或者我親愛的寶貝，不再需要人世間的關懷。」

母親的夢中，總會朦朧地出現這樣的場景：她，或者是我，會接受召喚離開塵世，我們的生死離別也許近在眼前。這個念頭頑固而執著，即使母親心知肚明，也還會因害怕失去對方而小心翼翼地加以提防。

在我七歲那年，悲劇終於降臨了，它改變了我們家庭的現狀。一直以來，母親的身體似乎都很結實，她甚至對父親說過，「悲傷和痛苦，是基督信徒的勳章」，可她卻永遠戴不上了。在她生日那天，這也註定是她的最後一個生日，她在鎖上的日記中發出了這樣的吶喊：

「主啊，寬恕我過去的罪過吧，讓我終將忠信！祝今年充滿幸福、充滿快樂！請賜予我謙卑、忠誠和愛心！祝福我獲得的賜福勝過往年的總和！祝福我，作為妻子、母親、姐姐、作家、老師和朋友，能獲得更多的幸福！」

但是，病症已然令她有所警覺。五月初，她先是諮詢當地的醫生，卻未獲得滿意的答覆；之後，她去看了一個北部郊區的專家，她對他的診斷非常信任。這個場景，我至今仍記憶猶新。是父親把我送上床的，這本身就不太尋常。我的小床放在窗旁，透過窗戶可以俯視街道；父母那古老的四柱大床，是十八世紀的古董，把我的視線從門的方向擋住了，但我仍可以看見房間裡的其他地方。在那個難忘的夜晚，入睡不久，我又悄悄醒了，驚奇地看見桌子上點著兩根蠟燭，父親正坐在桌旁寫字；我還看見桌上放好了宵夜。

我正在好奇，這時門開了，母親走了進來。她從床幃後面現出身來，戴著帽子，剛剛遠行歸來。父親匆忙站起來，向後推了下椅子，大聲地問她：「喂，他說了什麼？」有片刻的停頓，母親似乎在調整她的聲音，然後回答道，聲音很大很清晰：「他說這是——」她提到了一種我們可憐的人類能患上的最殘忍的疾病。接著，我看見他們長時間緊緊地擁抱在一起。之後，又一起跪下來，退出了我的視線。接著，在床的遠端，傳來了父親高聲的祈禱聲。他們倆都沒注意到我。不久，我又躺回枕頭上睡著了。

第二天早晨，我們三人一起吃早飯時，我想起了昨天夜裡發生的事情。我眼睛盯著盤子，一邊切食物，一邊漫不經心地問道：「什麼是——」我提到了那個疾病的名字，因剛在床上聽到的，還不太熟悉。沒有人回答我，我抬起頭來，想知道為什麼沒人回答，卻看見父母互相凝視著，眼中噙滿了悲痛的淚水。我不知道為什麼會這樣，但多少還是明白一些什麼叫不可言說的秘密之類的事情，所以，雖然還受著好奇心的折磨，但不再說話，更沒再提起那個話題。

大約兩周後，母親開始每週三一次從伊斯靈頓長途跋涉到皮姆利科[1]，只為了去一個醫生那裡看病；他採用一種特殊的療法治她的病。這種治療讓她心力交瘁，也很痛苦，但對我卻有許多好處，可以隨時陪在她身邊了。當母親精疲力竭時，一想到是我在保護著她，我就感覺由衷的驕傲。運動、鍛煉和有所事事，趕走了如烏雲一般病態的恐懼和迷信。我那可憐的母親所接受的治療非常痛苦，而她又對疼痛有著特殊的敏感。可是只要可能，她仍會繼續福音會的工作，仍繼續與她的同道探討精神世界的話題。一個女人，一個本性上如此謹慎且自傲的女人，能把自己的膽怯克服得如此一乾二淨，不能不說是一個奇蹟。

在她最後的幾個月裡，她幾乎不乘火車，也不坐公車，再無法向坐在她周圍的人發放教義，

1 倫敦西敏寺地區的一個小地方。

也再不可能熱切地與人探討基督之血，是如何有效地清除人心的罪惡了。她看起來如此清純而又溫婉動人，瘦小而活潑的面容，散發著仁愛的光彩，我想，她註定與粗俗和野蠻無緣。我是一個擅長模仿的小精靈，有時也參與到她們新奇的談話中，當有人誇讚我年紀這麼小就如此虔誠時，總免不了沾沾自喜。但母親卻非常明智地讓我改正態度，因為這容易在不知不覺間產生傲氣。

如果父母希望脫離人世，後悔幸福剝奪了他們經受痛苦的基督教特權，那麼，對於不幸暫時的缺席，他們就不該再生抱怨。一八五六年是生死攸關的一年，所有的煩惱和驚懼都一起兜頭襲來。治病的花費本已讓他們捉襟見肘，而原本就微薄的收入仍原地踏步，這令我家的經濟狀況更加雪上加霜。窮人當中，也有溫文爾雅之輩，他們發出的痛苦是無聲的；雖然世界善於花言巧語，卻不會對這種痛苦施捨憐憫。與這種窮人相比，再沒有一個階層值得付出更多的仁慈和同情了。即使在最寬裕的時候，父母的花費也是固定的，且少得可憐，全靠緊衣縮食和一身傲氣——以一種已淘汰的古老方式——掩蓋經濟拮据的事實。他們謹言慎行，以避免給店員、店主或僕人帶來不便。

在一個滿懷敵意的國度，他們的整個財政支出，都得依靠四處奮鬥才得以維繫。當壓得人透不過氣的帳單，在一點點地剝奪積蓄之時，母親那微小的投資又突然不翼而飛。這些錢，是在聽從了別人糟糕的建議（父母在這種投資事情上非常幼稚）之後，投到了一家位於康沃爾[2]的煤礦，它有個稀奇古怪的名字叫維爾．瑪麗亞——現在已見怪不怪了。一天，塔瑪河[3]的河水一時興起，衝進了維爾．瑪麗亞礦，讓這次投資不幸泡湯了。與此同時，母親繼承的養老年金也停了。

所以，所有的重壓都得靠父親出書和做報告來承受。有一段時間，他因焦慮沮喪而變得心灰意冷。向人借錢，違背他的原則。而看病和吃藥的費用又都是按時支付的，所以只能靠屈指可數的餘錢維持家用。為了維繫這一切而又不落下債務，所有節儉的招數都用上了，每一項花費都被削減。衣服、書籍、父親引以為傲的小花園，都感受到了貧困的壓力。即使食物，本就十分簡單，現在徹底變成了斯巴達式的了，而且我確信，母親經常假裝沒有食欲，只是為了剩下足夠的食物來填飽我的肚子。

幸運的是，父親終於抓住了一個機會，簽訂了一份工作合同，讓他能夠在秋天帶我們來威爾斯度假，全部六個星期的花費，都由他簽訂的這份合同支付。所以，我七歲的生日，是在夢幻般的快樂中度過的。我坐在金色的沙灘上，頭頂著亮麗的天空，目睹璀璨奪目的藍色海浪，

2 英國英格蘭西南端的郡，位於德文郡以西。
3 英格蘭西南部的一條河，途經塔瑪河和德文郡。

從茫茫無際柔軟的地平線拍擊而來。母親也可以坐在高高的岩石一角，一邊休息、一邊欣賞著大海，暫時忘記了她虛弱的身體，以及那鑽心蝕骨的疼痛。

但在十月，悲傷似乎又裹襲而來。回到倫敦後，父母分開住了，這是他們婚後第一次分居。母親的病已非常嚴重，乘車去皮姆利科完全沒有了可能。父親離不開他的工作，所以，母親和我不得不租住在離醫生家不遠的一處陰暗的房子裡。此後我所經歷的事情，根本不應成為童年的一部分。那時我是母親唯一且不怕打擾的夥伴，默默目睹她的痛苦、她的忍耐，她那為減輕疼痛而付出的無謂且徒勞的掙扎。

幾乎有三個月的光景，我呼吸的都是痛苦的空氣，除了與身體的苦痛和疲倦為伴，看不見任何其他景物，聽不見任何其他聲音。回想起來，這段時間度日如年，根本無法言說其中的孤獨寂寞。

我們租住的房子四壁空曠，房間的顏色也很黯俗，從髒兮兮的二樓窗戶向外望去，是一條毫無生氣的小巷，湮沒於秋天的霧氣中。父親只在有空時才來看我們。我們每天早晨要到醫生那兒就診；一個邋遢的女孩為我們準備難以下嚥的三餐；除此之外，我們都是空守在房裡——沒有任何其他的心思，最大的願望，就是期盼痛苦得以緩解。

很難回想出那些冗長的日子是怎麼度過的，但我大部分時間都是在朗讀經文。在我的腦海裡，又浮現出我坐過的那把椅子，它朝向窗戶，這樣既可以看書清楚一些，又可以不把我的那個親人，在沙發中要麼搖晃、要麼斜倚的樣子盡收眼底：她像葬禮中的塑像，又如紀念碑上的繆斯，頭倚在手臂上，手臂枕在壁爐罩上。我每天都讀《聖經》，而且讀的很長。此外，還讀過一本——帶著我自己都欽佩的不得了的耐心——由牛頓[4]寫的叫《啟示錄思考》（Thoughts on the Apocalypse）的書。牛頓和朱克斯非常相像，都同樣讓我討厭；所以我就和母親耍賴討價還價，說如果我讀多少頁《啟示錄思考》，作為獎勵，她就允許我背誦「我自己喜歡的那些讚美詩」。在我喜歡的讚美詩中，有一首托普雷狄[5]的詩，讓我們兩人產生了共鳴，交口稱讚。這首詩的起篇是這樣的：

眼瞼困倦難耐，守望仍需持續，子夜按時更迭，何以維繫酣眠？

時至今日，每次朗讀這首讚美詩時，我都無法不感覺心如五味雜陳，更無法裝模作樣地判斷這種情感，有多少是歸於詩歌本身的功勞，有多少是因為它所勾起的回憶。但若認為這首詩技藝爐火純青，也許有些輕率，還是把它當成一首聖詩為妙。在我所有幼稚的記憶中，有一片記憶最為清晰；在以高三倍的聲音讀完下面這首詩之後，

4 班傑明．威爾斯．牛頓，一八〇七—一八九九年，英國福音佈道家和《聖經》教師。

5 一七四〇—一七七八年，英國國教牧師和讚美詩作家。

仁慈的創世者，我的希望之基，我宣奉您為我的上帝；
我歡喜神恩紀念碑的建立，您的恩賜延續至今。
回首歲月蔥蘢，您的依靠堅固始終；罪人得蒙恩寵，感念您從未放鬆。

我抬起頭來，看見母親眼中閃爍著淚光，光滑的手指緊緊扣在一起，也在情不自禁地默默哼誦：

罪人得蒙恩寵，感念您從未放鬆。

在皮姆利科的住所裡，讀到一首詩，它對培養我的詩歌品味影響至深。詩的名字叫《卡梅倫之夢》，由一位叫詹姆斯．希斯洛普[6]的人創作的，是一位專門研究戰艦的校長。我不知道是怎麼得到這首詩的，但記得它配著一個極其模糊不清且做工粗糙的木刻畫，畫裡有一座山，四周環湖，山前是墓地。這幅憂鬱的插圖讓我沉思，而詩歌本身更富有憂鬱之美。雖說是首不起眼的詩作，但正是它讓我第一次感受到了浪漫情懷，並為其深深感染，為那種有山、有湖、有栩栩如生的古樸點綴的自然界的浪漫景色所感染。比如下面這一小節詩，就讓我產生了一種茅塞頓開的感覺：

6　一七九八—一八二七年，蘇格蘭作家。

那是在黑暗而嗜血的年代裡的一個夢，牧師的家就是山地和叢林；在威爾伍德的幽暗山谷，錫安山[7]的聖諭渾身是血，痛苦不堪，躺倒在石楠之中。

我央求母親給我解釋這是什麼意思，她就給我講述了蘇格蘭聖人們所遭受的痛苦，以及他們逃亡荒郊野外的經歷，他們是在「唱最後一首救贖之歌」時慘遭殺害的，聽得我熱血沸騰。下面這些詩句，更讓我心情澎湃不已：

刀光閃爍，青芒霍霍，盔甲崩裂，血水流淌。天空陰暗，驚雷滾滾，在威爾伍德的黑暗荒野中，巨人倒下了。

二十年後，我遇見了一個人；在我所遇到的人之中，唯有他聽說過《卡梅倫之夢》，他就是羅伯特．路易士．斯蒂文森[8]。在我那個年紀時，他也曾被這首詩深深震撼。雖說這首詩流行的時間如曇花一現，但很可能在同一時間裡，它傳進了我們這些虔誠的宗教家庭之中。

母親的病日漸加重，甚至到了無法入睡的地步，於是她只好藉助麻醉劑幫助入眠。她休息的也不好，只能把多個枕頭墊起來，斜倚在上面。在母親允許的情況下，我要不時把枕頭變換位置，拍打均勻，再重新放好；這已成了我的一項消遣和樂事，我也盡力完成的俐落一些。她

7　錫安山，指位於耶路撒冷以南的錫安山，是基督徒的聖地。

8　一八五〇——一八九四年，蘇格蘭詩人、小說家、散文家和遊記作家。

的痛苦，我想，主要來自於主治醫生給開出來的那些藥方。那個醫生正在實驗一種據說完美的「新療法」，建議她接受這種治療。請那些對社會進步持悲觀態度的人們反思一下：如此痛苦的治療方式，今天是否還會施加到一位身體本就弱不禁風的病人身上呢？一位病人，在承受苦不堪言的病痛之時，還只能待在沒有任何專業護士護理的住所裡，陪伴她的也只有一個茫然無助的七歲男孩，請問，她在這樣的條件下能否生存下來呢？

時間飛逝而過，可我們並未覺察到醫生妙手回春的作用。在人類社會的整個體系之中，到處都在引進改良了的、有緩解作用的獨創儀器和人道主義發明，以此減輕痛苦的重壓。如果退回到五十年前的社會，這種因時光迴轉而再一次展示給我們的那種淒慘景象，定會令我們震驚不已、脊背發冷。對我而言，當時的情景仍歷歷在目。就在我陪伴母親的那一年，詹姆斯·辛普森爵士[9]獲得了蒙松獎章，以獎勵他發明並使用了麻醉劑。只因使用了三氯甲烷，就完全可以減輕人類的痛苦，我們的思想能接受這種現狀嗎？必須承認，那個年齡的我，正處在懵懂無知之時。而現在看來，正是童年的經歷，讓我強烈地意識到，人類腳下正流淌著充滿悲傷、痛苦和恐懼的暗湧。我幼稚的良知，對疼痛的奧秘已然有了模糊的認知，現在它已然覺醒，想探尋淚水的洪流交匯奔湧，發出如雷般的咆哮；噢，我好奇，怎樣的胸懷才能容納這曠日持久的

9　一八一一—一八七〇年，蘇格蘭產科專家，因麻醉劑而成名，為蘇格蘭醫學界最早獲得男爵榮譽的學者。

悲傷？而永恆，似乎只記錄人類出離的痛哭；那麼，請上帝——我們的造物主和天父，為這淚水找到棲身之谷！

對於母親的這種病情，不計後果的療法毫無用處，而且必須放棄。在距離耶誕節還有一兩天時，在商店前臺上堆滿了水果、屠夫在如山的肉堆前高聲叫賣時，父親帶著我們乘計程車穿街過巷回到了伊斯靈頓。一路行來，我們感覺精疲力竭，空虛而倦乏；而我們的病人，對旅途的承受力卻相對不錯，她邊呼吸著戶外的空氣，邊給我指著這個時節裡燈火闌珊的景象；可我們卻為她這次微不足道的享受，付出了高昂的代價。在她的急切懇求之下，計程車的窗戶一直開著，她因此著涼了，這也成了她去逝的最致命的誘因，儘管說任何治療都無法長時間延緩死亡的到來。

母親又支撐了六個多星期。這期間，我自然而然地重新陷入孤獨之中。她現在由一位專業女工照顧，是來自教堂的「聖徒」之一。大人們只允許我短暫地看看她，我也不可能整天都待在屋裡，於是，父親就花了不多的錢，雇了一位與教會有關聯的人，每天早晨帶我出去散步。這個人既不認生又好鬥嘴，屬於我最看不上的那種人。我們的關係，歸根究底，是「不協調的」。本應該與他融洽相處，但我認為自己沒有更進一步的義務配合他，所以過了一段時間，就不再跟他說話了，也不再回答他的提問。

有一次，這個可憐而無聊的男人遇到了一位朋友，他就停下來與那人聊天。我認為，他的這種行為已解除我們之間的合作關係。於是我飛快地從他身邊走過，獨自一人好好地欣賞了一番過去經常被阻止去看的商店櫥窗，然後以衝刺般的速度穿梭於大街小巷，並最終依靠自己傑出的方向感，在度過了一個快樂的上午之後返回家中。我的那位指定看護人，正驚恐不安地屈俯在護欄旁，東瞅西瞧地在街上尋找著我。看到我之後，他暴跳如雷，衝了過來，質問我：「這麼做是什麼意思？」我盡可能地挺直腰板，對他不屑一顧地答道：「瞎子領瞎子。」用這番刻薄的語言嗆了他之後，我就頭也不回地溜進了屋子。

任何辦法都想過了，任何治療手段也都用上了，都無法減輕母親的痛苦，也無法阻止甚至延緩母親的離開。在確信大限將至之後，我的未來就成了她最大的、也是最難以割捨的心病。她對父親說，從孩子一出生，她就嘔心瀝血地培養他，想讓他從事服務上帝這一特定工作；但一想到她要聽從召喚離開這個孩子、卻不知道他的未來將會如何，這讓她的信仰經歷著最殘酷的考驗。多次談話中，她都極盡溫柔和親昵地敦促父親，要一刻不停地關注我的精神狀況。在她彌留之際，我發現她平靜了許多，也很少再為我擔心；祈禱和希望，似乎佔據了她生活的全部。如此虔誠的祈禱、如此忠誠的信任與奉獻、如此堅強的意願，竟然都得不到上天肯定的回報；但若因此發出質疑的聲音，就一定是一種罪過。她說，她能把我交到「敬畏的上帝的手中」；她還在另外一個場合提過，「讓與她有約的上帝照顧我」。

雖然母親的信仰強烈而簡單，卻並不為任何神秘主義所拘囿。她從不妄稱擁有先見之明，也從不相信夢幻或徵兆，更不鼓勵迷信行為和異想天開。為了瞭解她的思想動態，我想有必要知道一點：

對於《聖經》裡每一句話的真實性，她都確信無疑，《聖經》中每句話都直白易懂、絕對正確、無須粉飾且有據可依。對她而言，對父親也是如此，《聖經》裡的每句話都不具象徵意義，也不是難以捕捉的諷喻，只有那些贅述的寓言或圖片才可另當別論。父母把這一觀點推崇到極致，不允許它因環境、時間或種族而發生改變。所以，當讀到對悔改的科林斯人的訓誡時，父母毫無懷疑，那些適用於西元一世紀混血的希臘殖民者的辦法，也許並不適用於十九世紀受人尊敬的英國紳士和淑女們。

父母一字不差地接受《聖經》，就好像饕餮盛宴與百姓的一日三餐毫無區別一樣。父母二人，我想，想像力已經匱乏到了令人憐憫的程度。而且我確信，父親匱乏的尤為突出。因此雖然他們篤信宗教，甚至到了許多人認為的那種異想天開的地步，但仍無任何神秘主義可言。實際上，他們根本就是與神秘主義南轅北轍，培養的只是頑固的咬文嚼字習慣和反對偶像崇拜觀念。

他們有個有趣的愛好，就是所謂的「闡釋預言」；他們的信念，在這一愛好中，尤其是在闡釋《啟示錄》裡的邪惡說法中，得到了奇妙的印證。他們以公正的目光審視著《聖經》，將那些莊嚴而華麗的形象——無論是邪惡的還是隱晦的——都彙集起來；他們這麼做，不僅僅為了刺激想像力，或讓它們成為只具含糊的象徵意義的教義。破碎的璽印、潑灑的毒鴆，從天堂墜落的名叫苦艾的星體，一個有著如女人般的髮髻和獅子一樣大牙的男人，對於諸如此類活生生的形象，他們絕不會把它們只當成詩歌中的浪漫情景，而會把它們當成確定無疑地、即將發生的事件，認為是《聖經》用嚴謹的語言將它們勾勒出來。

他們還認為，只有等這些事情真正發生時，人們才會恍然大悟。這就解釋了——十分優美且合理地解釋了——他們所有的好奇。正是這些好奇，驅使他們研究那些令他們如醉如癡的朱克斯和牛頓。藉助於這些書籍的指引，他們才認識了野蠻的東方人視野中的拿破崙三世[10]、教皇庇護九世[11]和皮埃蒙特國王[12]。這些歷史人物，東方人對他們的描敘非常直接，而且早就在父母認可的那些質樸的闡釋中有所暗示，只不過換了稱呼，改叫作巴比倫居民或野獸之伴。

10 一八〇八——一八七三年，路易—拿破崙．波拿巴，法蘭西第二共和國總統，法蘭西第二帝國皇帝。
11 一七九二——一八七八年，天主教歷史上執政時間最長的當選教皇。
12 薩丁尼亞—皮埃蒙特國王，即撒丁國王；義大利統一後的第一個國王，義大利人給他的綽號「祖國之父」。

近幾年來，父親常說，在闡釋神聖的預言方面，母親與他珠聯璧合，這是他們婚姻幸福的法寶。回首過去，我想，闡釋神聖的預言，是他們之間與眾不同的思想對話，也幾乎成了他們唯一的放鬆方式。從經濟角度講，它佔據的地位，如同世俗家庭裡的撲克或鋼琴一樣。這是一種放鬆精神的方法，讓他們徹底忘卻自我。在皮姆利科的幾周裡，我朗讀的是另一部作品，它與牛頓和朱克斯的作品屬同一類型，一部由某位艾略特先生所寫的叫作《時間末日之時》（Horae Apocalypticae）[13]的作品。這部作品的寫作風格，並不令人太反感，當然也不是那麼晦澀難懂。我清晰地記得，當母親無須忍受之時，是這部書的觀點將她的痛苦帶走，並將她的精神昇華。艾略特看見「羅馬教會那女王般的傲慢」氾濫成災，就相信偉大的巴比倫之末日將至。為了避免自己的措辭有誇張之嫌，我借用父親在他日記裡的話，描寫母親去逝時的場景。他寫道：「一想到羅馬終將隕落（在一八五七年時並非沒有可能），母親就深受感染，這一想法『確定無疑地讓她的臨終時刻，如同晨曦的星光和旭日的微茫，光彩蕩漾』」

回到伊斯靈頓之後，我與母親的關係發生了徹底的改變。在皮姆利科時，我是她的一切，是唯一陪伴她的人，是她的朋友、她的閨密。但現在，她又回到家中，周圍的一切又蜂擁而至，將我與她隔開。現在，人生中第一次，我不再睡在她的房間裡、不再在她的親吻下酣然入夢、

13 原文為拉丁文。光彩蕩漾。

不再見到她溫柔的雙眼笑意盈盈、伴隨著第一縷陽光落在我身上。一天中只有兩次，早飯後和睡覺前，我才被帶入她床前；但我們從未單獨相處過，總有其他的人——有時是陌生人——在場。我們無法輕鬆自然地談話，她經常虛弱得只能拍拍我的手，而且她咳嗽的又頻繁又厲害，讓我感覺不安和害怕。

站在她高大的床頭時，我覺得自己又笨拙又害羞，已萎縮成一個無足輕重的矮人，母親正從我的視線裡飄蕩出去。不知為何，所有的一切都即將結束。她不再是她自己，過去一直高昂著頭的那個人。現在，她蜷縮在枕頭上，那明亮而親切的眼神，已然失去了往昔的光彩。我無法明白這一切，在獨屬自己的黑暗中、在閣樓上、在冷冷的臥室裡，我久久地、久久地思考著這一切。一股劇烈而無名的憤怒，在莫名地與我覺醒的靈魂發生著衝撞。

剛才提到的那兩個藏身處，是留給我獨有的一切了。在後花園，不時從外面來人給我上課，講的都是些輕鬆隨意的內容。早餐室，也經常有客人造訪，對他們的臉龐和名字，我都茫然無知。一旦某位女士可憐我，甚至想與我親昵時，我就會十分警覺起來，迅速逃離，只為了避免接受她們的親昵。如同在月臺上等待火車的到來，一切都是未知數，一切還都未明確。這期間，父親表現的坐臥不安、神經兮兮，蒼白的臉上總掛著焦慮，這也平添了我的煩惱。於是我也變得苦惱而愚鈍起來，如同在冷霧裡迷失了方向。

當然，若我再長大一些、再聰明一點，就該多為父親著想，而不該只想著自己。回顧那段抑鬱時光，我的心定在為他流血——為他們兩人——他們真是絕配，才能夠在生命裡互相支持、互相鼓勵；天性和德行，使他們不再需要任何其他的慰藉。在這裡，我必須要記錄的，是在最終時刻來臨時，父母面對恐怖所表現出來的、超乎尋常的平和，以及那平靜而理智的順從。雖然我知道，這本不是要在這裡講述的內容。對於他們遭受的痛苦，語言已難以表述，沒有叛逆、沒有哀怨；即使無神論者在這種情況下也會承認，神的恩典的確強大無比，能創造無法抗拒的奇蹟。

談及對父母的印象，我腦海裡唯一想到的，竟然來自於父母最厭惡之人的筆端——即使父母的想像力再缺乏，也不會想到他的。這看起來有些殘酷，但約翰·亨利·紐曼[14]，也許對母親臨終時的表現進行過反思，他寫道：「世界施予我們的所有痛苦，肉體已別無選擇，只有承受——悲傷、疼痛、擔心、親人亡故——這些都有助於我們不去干擾平和與專情；只有這樣，信念才可直視神性的威嚴。」這才是「平和」，而不是神秘主義的癲狂。在母親彌留之際，當被督促承認看見上帝的「喜樂」時，一向一絲不苟、謹小慎微的母親，如以往一樣，回答道：「我

14　一八〇一——一八九〇年，十九世紀英國維多利亞時代的著名神學家、教育家、文學家和語言學家。

擁有了平和，不是喜樂。我絕不可以帶著謊言走向永生。」

當大限臨近時，母親的意識已然模糊，用盡最後一絲氣力，她對父親說：「我會身穿白衣與上帝同行，你難道不帶著你的羔羊和我一起來嗎？」悲傷與驚懼，令父親心緒混亂，難以理解她話中的含義。母親變得焦躁起來，重複了兩三遍：「帶著我們的羔羊和我一起來吧！」父親終於明白了，把我推到前面。母親的手無力地落在我手上，她似乎已心滿意足。這就是我的「奉獻」，早在我身處搖籃之中時就已開始，在最為聖潔的女人的彌留之際，用最為莊重、最為心痛、最難以抗拒的堅持將之璽封起來。然而，將大力神施予的重負，壓在一個柔軟少年的肩膀，該是何等令人難以忍受的沉重啊！

第四章　自我意識的覺醒

第四章　自我意識的覺醒

過去的一年，我人生的第七年，註定多災多難、異常艱難。我要說的是，在母親患上絕症之初，災難也同時降臨到她的弟弟們身上：他們破產了。我從未瞭解過他們破產的細節，但我相信，這是因為A舅舅投資失敗造成的。我還聽說，因為E舅舅同意使用自己的名字作為擔保人，所以也受到了牽連，不得不一起躲避債主，到巴黎避難去了。破產發生時，正是我們最需幫助的時候，這種不能幫忙反倒添亂的痛苦，又加上知道了他們的姐姐為他們的事情奔波忙碌，最終毫無成效時的心痛，都令舅舅們鬱悶不已。

毫無疑問，這也是為什麼他們離開英國後不再給我們寫信，甚至連地址都不願向我們透露的原因。所以母親去逝時，父親根本無法聯繫上他們。我擔心他們已落入絕境。不久之後，我們知道A舅舅去逝了。但直到十五年後，我們才聽說了E舅舅的一些事情，他的生命最終得以維繫，全靠一位好心的僕人，但E舅舅的腦子有點糊塗了，幾乎記不清過去的事情。沒多久，他也去逝了。他們雖和善、敦厚，卻沒有任何生活技能，全然無力與世界搏擊；而這個世界，接觸他們的唯一目的，就是為了摧毀他們。

母親病危時，舅舅們都逃債去了，這讓母親去逝時，我沒有任何母親方面的親屬可以依賴。

這一孑然孤立的狀況，也在父親的悲傷中投入了些許惶惑。他唯一明確的經濟來源——所幸恰好是一筆可觀的收入——就是他講座獲得的報酬；他受聘到英格蘭的北部和中部地區進行一系列講座，都是有關海洋自然史的，耗時較長。這些講座，內容新穎獨特，對於之前視野狹窄的公眾來說，全是從未接觸過的新鮮事物；而且新投入使用的海洋館，當時正成為公眾的新寵，這也讓他的講座深受喜愛。

悲傷和焦慮讓父親弓下了身子，但他並沒有倒下。他的心智正處於鼎盛時期，而他作為作家的名望，也正如日中天。母親在二月十三日下的葬，而父親的講座即將在三月開始。最初，亡妻之痛似乎讓他反應有些遲緩，無力使出全身氣力，但現實生活的刺激，終歸派上了用場，敦促他不得不全力以赴。這事關衣食住行的需要，哪怕妻子在船艙裡奄奄一息，在面對暴風雨時，船長也必須掌控航向。這就是父親在一八五七年時的情形：雖然內心落滿痛苦和孤獨，他也要裝出一臉幸福的樣子，去激勵、引導和取悅一大群陌生的觀眾。他必須這麼做，否則就要挨餓。

即使這樣，我們仍難擺脫困境。在這幾個月裡，我的境況如何呢？父親不可能帶著我從一個賓館轉到另一個賓館，從一個報告廳再轉到另一個報告廳，也不能像對待家貓一樣把我留在空蕩蕩的家裡，只偶爾讓鄰居餵些食物。這種兩難的困境咄咄逼人，令父親束手無策。但突然之間，父親一個不甚熟悉的表妹來到我們家中，她來自英格蘭西部地區，心地善良，聽說我家的不幸，特意趕來。這位女士在布里斯托爾[1]有一個大家庭，曾主動提出在父親去北方講學期間收留我，多長時間都行。面對這番好心，父親還在猶豫不決之際，她就專程來到倫敦，快刀斬亂麻般把我帶走。她的慈愛全然自發，我不敢確定，是否是她自己的病症讓她心生惻隱，幫助看管這個可憐的落難者；但我非常清楚地記得，是她把我從孤苦伶仃的冷屋，帶到了她那充盈著快樂的克利夫頓[2]的家中。

在這裡，是我八歲半以來，第一次被投入到與年輕人的交往中。這些表哥表姐們，我想都不再是小孩子了，已變成了少男少女；他們聚集在這個健康且富有家庭活力的巢穴之中，整日為自己的喜好奔波忙碌著。每個人對我都很好，在經歷幾個月的緊張勞累之後，我終於可以安頓下來，回到真正的童年之中。與克利夫頓的表兄妹們相處的日子一定很快活，可惜我只是模糊地記得；然而，其間發生的幾件事，仍令我記憶猶新。我的記憶，雖說對之前那些孤寂的日子清晰而新鮮，但在融入這個社交圈之後，反而變得模糊起來。我回想起一些趣事，比如我曾被帶到動物園，卻讓鵜鶘耍弄了一番，搞得我狼狽不堪。一個表哥是學醫的，讓我看了一把手

1　英國西部的港口城市。
2　位於布里斯托爾中部。

槍，還教了我如何射擊。他抽煙袋，這讓我感覺有些怪異，認為射擊和煙草一定與我的「信仰」勢不兩立。表姐們輪番哄我睡覺，在寒冷的夜晚或她們有急事時，就允許我不必跪在椅子上，而是躲在被子裡祈禱。結果造成了我更為得寸進尺的精神懈怠，常常不由自主地還沒等禱告結束，就已經入夢了。

實際上，在克利夫頓做客，是我苦澀童年偶遇的快樂，它很可能阻止了我的精神崩潰，因為之前幾個月裡堆積起來的壓力，實在太沉重了。克利夫頓這一家人，以一種安靜而理智的方式虔敬上帝，全然沒有伊斯靈頓宗教生活裡的那種緊張感和壓迫感。沒有人敦促我，而且，當我鸚鵡學舌般、喋喋不休地叨念「聖徒們」的那些老生常談時，甚至會受到些許的冷落。我得到了短暫而令人陶醉的休息，過上了鄰家小孩般的普通人生活。在某種程度上，我故態復萌了——這一定讓父親充滿失望——重新撿起了幼稚的思想和語言。結果，在這個短暫而快活的喘息間歇，我沒有任何事可以向父親彙報。我懵懵懂懂地記得，散步時，常常有表哥們簇擁在我周圍，他們像個頭高大的樹木在空中舞動。還記得在寬敞的大房間裡的地板上、我們喧囂嬉鬧的場景，還有在微茫的銀光下，到鄉下遠足的情景。所有的這一切，都蒼白而模糊地見證了我那段雖短暫卻快樂的童年生活，這是在我壓得透不過氣的童年裡，從未體會過的經歷。

童年轉瞬即逝，它的印記縹緲又難以捕捉；記錄童年的歷史，也如同在描繪微風輕拂過的晨霧。童年是短暫的，它衝動的總想展翅飛翔，像赫耳墨斯[3]一般飛來飛去。只有經過多年之後，才能知道童年的短暫；只有到那時，歲月的鉛印才會將童年的腳步拖到地面。可在我的記憶中，童年卻是漫長的，漫長的填滿了無窮無盡的小時；其中的我，一小時一小時機械而孤獨地重複著一種「娛樂」：用蒼白的面頰緊貼著窗戶向外張望；而且這種「娛樂」，早已失去了味道，只靠純粹的慣性維繫。不是不快樂，也不是局促不安，只是覺得它漫長——漫長又漫長。

回首在伊斯靈頓沒有母親照顧的日子，在那個緩慢的八歲，我似乎重新認識到，時間停止了運動，客廳裡古老的座鐘一年才響動一次。當送牛奶的人，又如常出現在灰暗的小巷時，他那尖厲的叫賣聲又在籬笆上響起，彷彿永遠不會消失。對我而言，沒有過去，也沒有未來；而現在，又似乎被塵封在萊頓瓶中。即使我的夢也是悠長的，靜靜地懸掛在夜空中。

此時，小巷就是我的劇場，我將臉頰緊緊地貼在窗戶上，長時間地向外凝視。我感受到了窗子的寒意，還感受到了在我眼眶周圍升起的股股熱氣。窗外不時發生些趣事。那個賣洋蔥的人，就是讓我經常期待的有意思的人。這位「名人」，身材高挑，骨瘦如柴、嗓音粗啞，是來自澤西區[4]的新教徒，他一周中有好幾次大踏步地出現在巷子裡。他的叫喊聲總是突然爆發，

3 希臘神話人物，由於他穿有飛翅的涼鞋，手持魔杖，能像思想一樣敏捷地飛來飛去，故成為宙斯的傳旨者和信使。

4 位於英吉利海峽的海峽群島中的最大一個行政區，英國的一個屬地。

又戛然而止，尖厲的可以喚醒死人：

這是你的繩……可要教皇的命……一便士的芝士，噎得他腿僵硬。

這些芝士似乎是虛構的，因為他只賣洋蔥。父親不吃洋蔥，卻支持這個要命的傢伙，全然因為他那「把教皇當成神的態度」。他的眼睛透著野性，長髮梳成一縷一縷的。我常看見父親衝出前門，遞上便士，然後抽身返回，得意揚揚地揮舞著買來的洋蔥。相對而言，父親對那個經常路過的胖水手不甚友好。這個水手很可能腦子出了問題，常常在巷子中間一邊慢吞吞地走，一邊用牛一般的聲音甕聲甕氣地大叫道：

白天黑夜啊！防範祈禱啊！

這悲觀的警告，似乎就是他人生的整個使命；他終日無所事事，只是來來回回走在伊斯靈頓的大街小巷，懇求居民防範和祈禱。我不記得這位水手停下來討過錢，在我的印象中，他的所作所為，應該算作福音傳教中的志願者吧。

潘趣先生的悲劇[5]，是另一件有意思的事情，而且有意思得多。我從未獲許出去，與那些聚集在舞臺下的小夥伴們交往，而且因為近視的厲害，所以眼中的人物總是模糊的。如果走運

5 《潘趣先生》是一部傳統的英國木偶劇，也是一部悲喜劇。

的話，巡迴演出會恰好停在我家門口。這部古老的戲劇，我已看夠了，不再為之戰慄或激動，但我還是為潘趣一家內在的問題所觸動。我想，如果潘趣太太再聰明一點，如果潘趣先生稍微能控制住自己天生的暴脾氣，這種由誤解產生的悲劇本可避免。在戲劇性的結尾：一個可怕的虛無縹緲的影子出現在舞臺上，讓無所畏懼的潘趣先生的膽氣頓失——對我來說，這是整個節目中的高潮。

潘趣先生惶恐不安，指著那個身影，用敬畏而尖厲的顫聲問道：「你是誰？是殺豬的嗎？」一個聲音厲聲回答道：「不是，潘趣先生。」接著，「你是烤麵包的嗎？」、「不是，潘趣先生。」、「那麼，你到底是誰？」（這句話帶著短促的顫音，驚恐交加）然後是一聲飽滿的高音回答，如龍鐘一般，「我是帶你下地獄的魔鬼。」接下來，潘趣的身形如犯了癲癇病一般蹬起了腿，癱倒在舞臺上——這個結尾，沉重而精彩，令我無法用語言表達。我不是為之愉悅，我是為之動容與振奮，如古語所言：「與憐憫和驚駭何干？」

另一件樂事比較輕鬆一些，就是我常看見的那個怪老頭。他總是慢吞吞地來到街上，肩膀扛著一個大麻袋，渾身各處都掛著鼓、笛、風箏和彩球。他一來，孩子和女傭就衝出來，與這個打扮花俏的老頭討價還價。之後，老頭一邊緩慢地離開，一邊重複著老一套的吆喝：

給你們玩具，

男孩和女孩，
還有你們的樂器，
加上那破碎的玻璃，
（這四句話要一口氣說出來）
不給錢，就送你毒藥……
（這句尾音要帶著拖長的哭腔，盡可能地拖長）

家裡人不允許我上前向這個老頭買東西，但有時女僕會去，因此讓我覺得，若不是自己身處安樂的境地，也許也會有這等境況。在克利夫頓與表哥表姐們相處的經歷，讓我養成了向外觀察世界的習慣——即使看見的是我們街巷裡蒼白的世界。

父親和我現在成了好朋友。毋庸諱言，填補因母親的去逝而給我生命裡留下的空白，他認為是他的責任。在他寫作或畫畫時，我也長時間待在他的書房裡，雖然兩人間沒有對話，但我想，各自都在暗自享受著與對方共處時的溫情。屋裡有兩個、有時是三個養魚缸，裝的是海水，四面玻璃，裡面有各種生物在蠕動和游玩；這給我帶來了無限的樂趣。偶爾，父親會分配給我些任務，讓我觀察這些魚缸裡的動物，並報告它們的習性。

其他時間裡，我會把一大摞《便士百科》拖進書房，坐在那裡不停地讀著諸如鸚鵡、帕提亞人、西番蓮、逾越節和油酥麵團的文章。對這些文章，我沒有任何偏好或反感，都一視同仁，來者不拒，但它們也同樣令我難以捉摸。所有這些零零散散的知識，都依附在我後腦那神奇的細胞中；時至今日，我仍能依稀記得一些有關芍藥、乾肉餅或胡椒的知識，這只能得益於童年時讀過的《便士百科》了。

有人會問，在父親和我被迫相守的這段時間裡，在宗教方面，父親對我的態度，或者我對父親的態度如何呢？這很難準確回答。但就前者而言，我想，父親在情感方面一直好走極端，他也因此備受煎熬，而且現在已經造成了某種後果。他非但未改變任何觀點，反而比以往任何時候都變本加厲，在全力以赴地尋找著答案。但在目前階段，他的宗教本性，如同他的身體狀況一樣，已經因焦慮和悲傷而精疲力盡。他接受了這一假設：我在任何方面都會與他完全一致；就目前而言，可以說，我就是個小孩，既粗淺又脆弱。

母親在彌留之際，把我們的和諧寄予上帝；她說，我們被拉到了一起，從世界上千千萬萬的人之中被挑選出來，以三位一體的形式獲得信念和喜樂。她生前經常重複說的話是：「我們註定是一家人，同唱一首歌。一首歌！一家人！」父親，我想，是把母親的話當成預言來接受的，他對我們的三位一體形式確信無疑。現在，母親已然在我們眼前先走一步，穿過了一扇門，進入了一個光明世界；在那裡，我們不久就會與她會合；在那裡，所有的一切都光芒四射、快樂無比；在那裡，我們三人都會受到無法言表的賜福，它像無形的紐帶，將我們緊緊連接在一起。父親會為行動遲緩而懊惱，他會欣然牽著我的手，即刻加入母親那神聖而光明的世界，與塵世煩惱乏味的戲弄一刀兩斷。

父親信心堅定、視野清晰，但想解開他憂鬱的心結，一切都無濟於事。他意識到自己的遲鈍和孤獨，也發現這種狀況正糾纏著我。我想，他的心，此時對我充滿無限的憐愛。有時當薄暮降臨到書房、無法再清晰地觀察顯微鏡時，他就默默地招呼我過去，用胳膊緊緊地摟住我。我常轉過頭來觀察他的臉，大顆倔強的淚珠慢慢地、令人驚奇地彙集在他的眼眶之中。

我一直接受的教育，教會我擁有超強的自制力，可以保持自己的鎮靜；於是我們就這樣一直待著，沒有一句話，靜靜地，直至黑夜佈滿整個房間。然後他拉著我的手，我們一起平靜地走下樓，來到客廳；那裡燭火早已點燃，我們憂鬱的守望也告一段落。我想在人生的任何階段，都沒有像一八五七年的夏天那樣，我們的心被如此緊緊地拉到了一起。然而我們卻很少談及連接我們的、那溫暖而馥郁的東西到底是什麼，我想那是如花般濃郁的對逝者的思念。

在表哥表姐家做客，讓我發生了巨大的改變。過去那種孤獨中的調教，讓我的智力增長了，卻犧牲了情感。我天真，但匱乏人情味。長期的壓抑和母親的去逝，讓我的心陡然覺醒，我知道了什麼是痛苦，但也留給了我野性和憂鬱。我仍然不瞭解人與人之間的關係到底怎樣。人生哲學，來自於窮苦孩子在街頭巷尾的奮鬥中，也來自於富家子弟與嬌生慣養的抗爭中，而我對此卻一無所知。換言之，我缺乏同理心；我小心翼翼地披上了鎧甲，於是就失去了「捕獲」它的機會，就好像它是最危險的病菌。但現在，我體驗到了孩子們童年共有的經歷，我身上開始發生巨變。在來克利夫頓之前，我的精神世界是閉塞的，由虛幻的夢想一層層地疊加起來。但現在，我對人生充滿好奇，熱切地想向窗外張望，想走上大街，想藉助窗戶的有利位置向外張望，哪怕看見的只是男孩女孩們的來來往往，我也會興趣盎然，並開始湧起一絲渴望。

我仍然沒有年少的玩伴。夏夜裡，我常拉著父親出去。每次都是我先提議，最初他會有些猶豫不決，我就故意表示出不耐煩，跺腳抗議，抓起他的帽子和拐杖，等著他。好說歹說，我們終於一起動身了，手牽著手，來到了商店林立的蘇格蘭路，並一直走到希普頓路，或者沿著哥本哈根路向西，在略帶古韻的廣場和露臺之間穿梭而行。興致高時，我們會登上攝政運河，依靠在橋欄上駐足觀望，看著一隊隊的鴨子在我們身下快速游過；有時，還會看見一些小白狗，它們無力控制自己的脾氣，在寬敞而慢吞吞的駁船上，從船頭衝刺到船尾；還有那些駁船，塗著粗劣而扎眼的猩紅與天藍相間的油漆。當宗教的幽靈暫時停止籠罩在我們頭頂時，當父親忘記了啟示錄、丟掉了那些晦澀拗口的辭藻時，當感人的笑聲因傻氣的玩笑或對過去快樂的回憶而響起時，我們的時光快樂而幸福。在我們的家庭生活中，在我們的精神世界裡，到處是貧瘠的沙漠，而這段時光，則是這片沙漠裡一塊小小的、暖人的綠洲。

一起唱歌時，我唱的完全不在調上，總是直來直去。我繼承了母親身上的五音不全，她既沒有欣賞音樂的能力，也沒有唱歌的天賦；她在臨終時說：「我將為上帝唱讚美之歌，從頭至尾，用我在人間從未唱過的曲調。」相反的，父親卻粗通樂理知識，但談不上精通。他非常喜歡唱讚美詩，用福音傳教盛行的方式，高亢而舒緩地歌唱，舒緩的有時我會數一下在兩個音節間，到底可以背誦多少個單詞。雖說缺乏天賦，我對唱歌卻一如既往地熱愛，父親也常常和我一起高聲歌唱。衛斯理兄弟，夏洛特．伊洛蒂[6]（照我本相，無善足稱！），詹姆士．蒙哥馬利[7]（永遠與上帝同在！），都代表了他對讚美詩的偏愛。這些雖不是我獨立選擇的曲目，但我也只好默認。這些讚美詩，洋溢著奉獻精神，將福音傳教者的思想，不知不覺間吸引過來；在皮由茲運動[8]（即牛津運動）進行的日子裡，它們對於反擊在「基督年」建立的高教會派詩歌，發揮了積極的作用。包含了眾多名聞遐邇的讚美詩的詩集，直到長大後，我才終於找到一

6　一七八九—一八七一年，英國詩人和讚美詩作家。

7　一七七一—一八五四年，英國詩人、讚美詩作家和編輯。

8　即牛津運動。

本。同樣在我們圈子裡一無所知的，還有紐曼、費伯[9]和尼爾[10]的讚美詩。

這是父親的如意算盤：從一開始就完全阻止我瞭解高教會派的詩歌，因為它們深深傷害了喀爾文主義。他認為，宗教真諦，如母乳一樣，可以從讚美詩中吸吮；但這些讚美詩必須神聖健康，以正確的方式創作而成。因此在我很小時，他就按這種思路培養我。但我仍對一些讚美詩懷有抵觸情緒，尤其對那些——數不勝數——由霍拉蕭．波納[11]創作的讚美詩。在皮姆利科居住時，我曾執拗地拒絕給母親讀他的詩：「我聽見耶穌溫柔的聲音。」七歲時，我對這種特定形式的情感抒發方式，已暗自產生了恨意，並開始在腦海中醞釀對策。表面上看，我仍像其他孩子一樣順從聽話，但實際上，我只是敷衍搪塞而已。

這段時間內，父親對我進行的宗教教育，我發現很難準確地憶起它的根本所在，它源源不斷，建立在認真審視《聖經》的基礎之上，尤其關注的是《新約》中的《使徒書》。這年夏天，在我即將八歲的時候，我們研習了《希伯來書》。我們花費了大量心思，一句一句地學習；只要可能，父親都會停下來進行解釋。《希伯來書》，語言美妙絕倫——比如，第一章中美輪美

9 一八一四—一八六三年，英國著名的讚美詩作家和神學家。
10 一八一八—一八六六年，英國牧師、學者和讚美詩作家
11 一八〇八—一八八九年，蘇格蘭牧師和詩人。

奐的韻律和意象，令我心馳神往；真是不可思議，它讓我第一次產生了從事文學創作的衝動。對我當時的感受，我無法付諸言表；顯然，當父親用他那清脆、動人的高音大聲朗讀下面的段落時，我已激動的快要窒息了：

「天也是你手所造的。天地都要滅，你卻要長存；天地都要像衣服一樣漸漸舊了。你要將天地卷起來，像一件外衣，天地就都改變了。唯有你永不改變，你的年數沒有窮盡。」[12]但《使徒書》中的辯證思想卻讓我困惑不解。一些形而上學的思想，比如「不必再立根基，就如那懊悔死行」[13]和「把神的兒子重釘十字架」[14]，就讓我似懂非懂。

父親對我的宗教教育幾乎都是說教式的；他沒有注意到負面教育的價值。所謂負面教育，就是按照人性發展的自身規律，在人性成熟之後，它會主動填補一些未成熟時遺留的空白。如果他想到這些道德上的禁令，竟然約束了孩子的成長，我想他自己都不會感到滿意。父親付出了巨大的努力，急不可耐地催促著我在思想上成熟起來，將難以消化的神學，硬塞進我無法消化的思想之中。我們在錯誤的軌跡一路滑行，直至讀到《希伯來書》第八章、第九章時，一絲疑慮才讓他不由自主地停了下來。其中有篇文章，針對的是遵照猶太教規培養出來的、血液裡

12 《新約．希伯來書》第一章。
13 同上第六章。
14 同上第六章。

流淌著摩西律法的教眾。

它講述的是信徒與危險的保守主義思想作鬥爭的事情，是一篇內容高尚、充滿詭辯思想的論文。但顯然對於一個孩子來說，它實在太難了。終於我無法忍受心中的怒氣，吐口而出：「哼，我恨死摩西律法啦！」在他因對我的抱怨聲感到驚奇、停止朗讀之後，父親才開始意識到我到底說了什麼。我把這個律法當成了惡人，而某個英雄正大聲吶喊著要擺脫他殘暴的束縛，以及他那令人難以忍受的暴政和不公。我真想用拳頭猛擊律法，因為它如此薄情寡義、不可理喻。

當然，看到我這種態度，父親很難再向我闡釋經書了。父親沒有意識到，他一直在按照自己的水準去闡釋宗教，卻沒有考慮我的理解程度。現在他終於向我讓步了。但這還算不上成功。律動的語言、獨闢蹊徑的大膽雄辯、跌宕起伏的論證，讓《希伯來書》成為一部驚世之作，可它對我卻如天書一般，只會令我一頭霧水。我知道，像我這樣父輩是福音牧師的孩子，是在一部叫作《律上加律：這裡一點、那裡一點》[15]的著作浸潤下長大的。父親雄心勃勃，絕不會屈從於帶這種名字的著作所傳遞的思想；在我看來，他犯了一個致命錯誤：當他尋求建築尖塔和城垛時，卻沒有花費心思打牢它們下面的地基。

我們並不總讀《希伯來書》，而且一直讀「按著律法，凡物差不多都是用血潔淨的，若不

15　名字原文出自《舊約．以賽亞書》第二十八章。

流血，罪就不得赦免了」[16]，也常令我渾身起雞皮疙瘩。氣氛輕鬆時，我們就轉向《啟示錄》，在如煙垢一般的書頁裡，搜尋天主教的幽靈。父親，我想，在研究預言時，比做任何事情都更強烈地思念母親的陪伴，預言中包含著他們永無止境的樂趣，他們已在這片滿是符號的叢林中，開闢出一條自己的道路，任何第三者都絕無可能追尋這條充滿好奇之路。但漸漸地，父親想開了，也開始讓我學習預言知識；在某種程度上，我是被迫分享他的推測和闡釋的。

肩並著肩，我們一起計算獸的數目：六百六十六[17]；肩並著肩，我們一起審視那些國度，看看他們是否在額頭上刻有巴比倫的印記；肩並著肩，我們一起觀察魔鬼的精靈，把世上的國王聚集到所謂的「末日決戰之地」。我們形影不離，我們的探險洋溢著快樂；父親從那些令我如墜雲霧的猜測中沉靜下來。而在對羅馬教皇炙熱如火的抨擊中，父親絕不會再指望找到一個、比我表現的更為熱切和聽話的學生了。

孩童時期，若有一個機構令我感覺厭惡和畏懼的話，恐怕非「所謂的羅馬教廷」莫屬了。長大後，我遇到過一些男人，他們是堅定的新教徒，來自安特里姆縣[18]，敢於「打倒教皇」；我還遇見過一些女士，她們是耶穌會成員，無論在公眾災難還是個人厄運中，總不惜伸出援助

16 《希伯來書》第九章。
17 源自《新約．啟示錄》第十三章。
18 位於英國北愛爾蘭東北部。

之手。帶著懷疑目光，看待這日益萎縮的狂熱群體，把他們對羅馬教廷的態度，看成氣量狹隘的表現，是一個放縱而冷漠的年代養成的惡習。但我的觀點卻與眾不同，我認為他們都過於溫和了，讓自己變成了止痛劑，這是他們的錯誤所在。現在，我再沒有任何心思去譴責羅馬教廷了；即使要譴責，我也知道，新一代的教徒總會舉止無措的。用比肯斯菲爾德伯爵[19]的話來說：這些反對教皇的人，「不知道他們做的事情是愚蠢的」。他們做了讓步和妥協，戴上了手套去觸碰那個被詛咒的東西。

我們也同樣不會接近五〇年代的蕩婦。我們未緩解任何事，我們不相信根本不存在的願望，我們在年幼無知時，使用過不會引起任何爭議的十七世紀的語言。作為一個孩子，我想到教皇時總會意識恍惚，總會不自覺地緊閉雙目、緊咬牙根。如果在薩薩里[20]的一場紛爭中，有海關官員被刺，我們會高聲喝彩，感謝自由和鬥爭的種子，正在撒丁區破土而出。如果發生一次對大公的謀殺，即使未遂，我們也會高聲讚美親愛的托斯卡納人的堅貞信念，並對他們正在遭受的折磨發出聲援。從對虛偽而殘暴的那不勒斯的記載中，我們所看到的只是福音在展示力量，拉開了其輝煌的序幕。報紙上登載聲明，說有很多人從羅馬教宗出走，每每這時，父親都會高

19 一八〇四—一八八一年，英國保守黨領袖、三屆內閣財政大臣，兩度出任英國首相。

20 義大利的自治區撒丁區西北部城市。

聲喝彩，為「這麼多人從蕩婦猖獗的地區離開，擺脫邪惡和瘟疫」而興奮不已。

然而，新教聯盟也許會認為，自己是一個熱情而活躍的肌體，但我從來都認為，它付出的努力不瘟不火，如我一樣，還憑藉幾天前的燈光照亮自己。作為一個孩子，雖然發出過多種質疑，但我卻從未懷疑過羅馬的卑鄙。我從未想過，關於天主教的性質、主張或行為，自己已形成了一些看法；而這些看法，也的確符合天主教的特徵；或從本質上講，天主教就是如此。但這種看法，卻令我莫名地產生了恐懼感，把天主教當成了洪水猛獸，認為它唯一的優點，就是它已然老邁，就要壽終正寢。當我轉向朱克斯或牛頓尋求細節時，我卻不理解他們話的含義。也許總體看來，我的這些想法，是與我當時的狀況相符的。

可能有人已經注意到，父親和我的生活狀態不利健康；但我想，父親不會對諸如此類的建議報以贊許。回顧那個遙遠的時代，我很驚訝，我們的身影中居然從未出現過其他人。我們二人，要麼待在他的書房裡，凝視海葵和海星；要麼站在運河的橋上，俯視著野鴨；要麼坐在早餐桌旁，等待一位包攬了所有家務的女僕為我們提供早餐；那種早餐，像所有恍惚的鰥夫吃的早餐一樣難以下嚥；要麼俯身於燈下，觀察著二人都鍾愛的地圖——我們二人，相守相伴，從無第三個人在我們中間出現。我不知道，他是否想過，這種二人獨享的孤獨[21]尤為難得；因為

21 原文為法語。

很長時間以來，無論我們二人中的任何一個人，還是任何偶然來訪的客人，抑或通常在星期天早晨來家看望我的「聖徒」，都沒有提出過類似的建議：女性的影響也許會讓我那蒼白的面頰添一絲紅暈。我只是清楚地記得，在夏末的某一天，當我正往窗外凝視時，看見一輛四輪馬車停在家門外，下來一位陌生的女士，帶著幾件行李，被引入父親的書房，不久，我就被帶下來與她見了面。

馬克斯小姐，恕我冒昧直呼其名，在我一生中很長一段時間裡都與我朝夕共處，所以我不得不暫停下來描述一下她。她個子高挑，比較瘦弱，顴骨突出，牙齒雖然外凸，卻很白；那雙深藍色的眼睛總是睜的大大的，直盯盯地看著說話對象；鼻尖似乎有點發紅。總體上說，她不愛說話，可一旦說起話來又親切、又乾脆。她看起來匆忙而緊張，不太沉靜優雅，我想，不屬於人們常說的那種「淑女」。細想一下，她年紀一定不小了，也許初次見面時，她就有四十五歲了。馬克斯小姐是個孤兒，靠工作謀生，在那些考試主宰人生的年代，她不可能取得必要的教育程度，但她有教學經驗，隨時可以成為一名細心而負責的家庭教師，能讓自己的才能發揮到極致。父親告訴我，她就是憑藉這方面的能力，才在我家擁有一席之地的。他沒有告訴我的是，我也是後來才逐漸知道的，她還當起了管家。

馬克斯小姐與常人不同，很容易被描繪成狄更斯作品中的人物。她融合了皮普欽太太[22]和薩利．布拉斯[23]的性格。我得承認，在後來讀到《董貝父子》時，皮普欽太太的某些特點，讓我情不自禁地想起了這位出色的家庭教師。馬克斯小姐說，抽鼻子的孩子上不了天堂，我想這帶有調侃的意味吧。當然，很快我就為自己的這種比較感到愧疚了；因為我的這位年長而瘦弱的朋友，品行高尚、為人忠誠，雖不太聰明優雅，卻能竭盡全力恪盡職守。她對我當然非常盡責，恐怕無論我做什麼，都無法回報她對我的付出。從一開始，我就對她的期望漠然無視，只要自己痛快，就根本不顧忌她的存在。她無力掌控我的注意力，如果我接受了她在學習過程中的指導，可能這聽起來很奇怪，也只能說是我真的喜歡學習。我沒有反對她與我結伴，雖然雙方都有發脾氣的時候，但我們還是愉快地相處了好幾年。然而我卻從未像馬克斯小姐希望的那樣，讓內心的願望俯首貼耳地聽命於她。

在我們的生活圈裡，宗教因素佔據著至高無上的地位，所以馬克斯小姐的宗教觀，這原本無足輕重的事情，在這裡卻根本無法避及。父親怎樣發現了她，又從什麼教育事業中讓她脫穎而出，我從不清楚；但她曾經跟我提過，是父親的諄諄教誨讓她「睜開了雙眼」，於是身上的

22　狄更斯作品《董貝父子》中的人物。
23　狄更斯作品《老古玩店》中的人物。

「鱗片」紛紛掉落。在別人的舉薦下，她全盤接受了父親的宗教理論。送我上床後，馬克斯小姐習慣在黑暗中反思自己的過去——恐怕是一個痛苦的過去。她那相當有限的智力，我認為我這麼說她，絕無傷害之意，總想一口就吞掉父親送她的食物，而那位總是旅途勞頓的主人，也非常高興地看見她，處於一個舒適——至少是獨立——的位置。如果從一開始就遭到阻礙的話，相信她過不了多久就會拜倒在異教的廟前了，以異常流利的方式，學會重複那些程序化的儀式和作派。在我宗教成長過程中，她的影響並不大。她出於職責展示出來的，是忽明忽暗的宗教光芒，在父親的信仰之塔發射出來的光彩奪目的光芒比照之下，註定會黯然失色。

馬克斯小姐一在我家安頓下來，父親就把我們留在家裡出門了。雖然我十分好奇，可過了很久，我的好奇心才得到了滿足，知道他去了南德文郡，到了一個他很早就熟悉的海角。他租了一匹馬，一直騎到了他喜歡的地方——人們在那裡投資建別墅。對於這些離群索居的人而言，什麼都無法與他們的勇氣相媲美。父親下了馬，把馬拴在門上，然後買下了房子九十九年的使用權。不必說，他就此事曾做過最真誠的祈禱，懇請上帝給予指引。當他喜歡上了這個獨特的別墅時，他毫不諱言地說，這就是上帝對他祈禱給予的回答，所以，他迫不及待地進行了一番權衡和諮詢，最終決定買下來。我八歲生日時，我們帶著全部的包裹，踏上了艱苦的旅途，來到了德文郡。從此，我就不再是個城裡的孩子了。

第五章　日漸濃厚的偏見

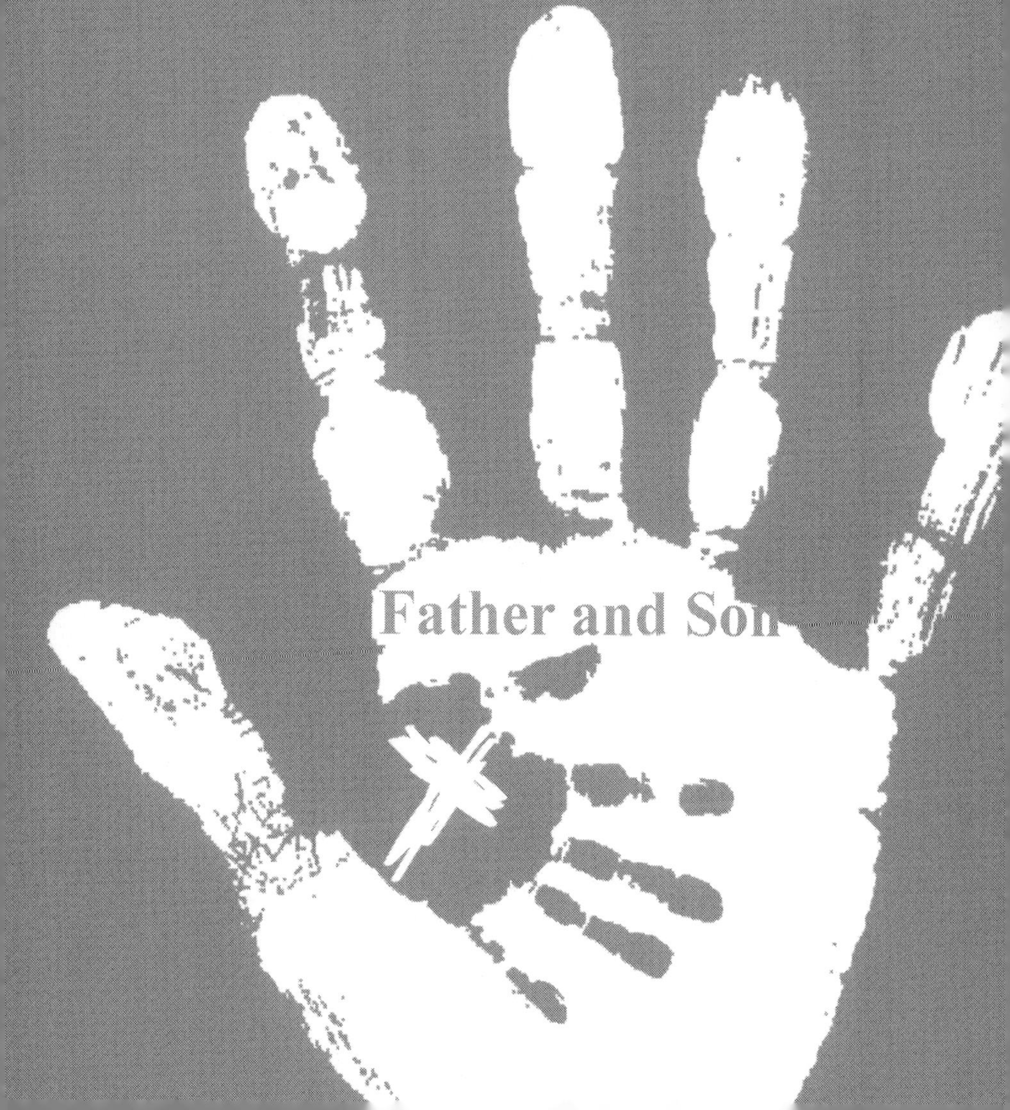

第五章　日漸濃厚的偏見

現在，一位新成員走進我的生活，一個清新的夥伴出現在我身旁，與我一起跟父親教條的神學理論抗爭。這個夥伴就是海洋。在華茲華斯的孩童時期，那些湧現的群山和雲彩，像閃閃發光的盾牌一樣，映照著耀眼的光芒，讓他的精神世界豁然開朗。在精彩絕倫的《序曲》中，華茲華斯描述了大自然對他幼小心靈的震撼，雖然描述的有些含糊不清，我想是帶著「病態的熱愛回憶那些逝去的歲月」，因為他出生於壯麗河山之中，當奇蹟展現在眼前時，已無法用時間命名，也無法用「這裡」或「現在」標記。

他認為，十歲時的他，正身處雲霧曲水，「陶醉於淳樸而簡單的愉悅中」，開始了與大自然下意識的交流。也許他也焦渴地想表現當時的真情實感，卻苦於沒有任何可以查找的記錄，所以在由衷地發出狂喜時，才有意識地記錄下了日期，只是記錄的有些延遲。話說回來，我對遼闊的大海充滿難以名狀卻刻骨銘心的熱愛，緣於我九歲第一周時的一次遭遇。

在我們居住的房子周圍，有一片村莊，與海岸上的懸崖平行而建，探入內陸有半英里遠。在到達那裡之前，這麼多年，除了大海，沒有任何形式的自然風光曾令我如此癡迷。遠處沼澤中突兀的岩石，映襯在清晨或夜晚的昏黃之中，被拉進了深色的大海，可我卻從未在意過。我注意到的只有大海，總是大海，再無其他。從我們家，或從家後的田野裡，或村莊的任一地方，都沒有任何跡象表明：一直向東，有什麼景致可以打破這無限蔓延的紅土耕地。

但那個起的最早的清晨，卻令我至今仍記憶猶新！馬克斯小姐，女僕，還有夾在她們中間的我，匆忙地沿著遍佈高牆的小道行走著；突然，在我們下方的遠端，在巨大的弧形光線下，出現了一大片綿延無涯的水域。想要到達那裡，必須穿過一段只有一兩步寬的山路，山路兩旁是空曠的石灰石山谷，在我們腳下張著大口；山路一路向下，如裂開的杯子，向下，再向下，一直伸展到如月般皎潔的峽谷和湛藍的海水旁。

二十世紀時，細心的市民在山路兩旁安裝的座椅，現在已染上了斑斑鏽跡；他們還用圍欄護起山路，以防發生危險。從狹窄的山路下來，一直到彎彎曲曲的海岸線，人們開闢出來一條蜿蜒不斷的車道。還為了藝術效果，挖出來一片空地，隔段距離就種些月桂。這個地方，相比於之前我見到的場景，今天的它變得漂亮了、安全了，頭髮打起了卷，腳上穿了漆皮鞋；可我卻於憤怒和厭惡中扭過頭來，幾乎要掩面哭泣起來。我想，對於那些沒見過它其他樣子的人，這裡仍存在著美麗。今天的它，已沒有了任何教皇組織——無論是仁慈的還是狡黠的——他們都已無法讓這片水域黯然失色，也不能讓無垠的天空變的逼仄擁擠。但是，今天的人類卻讓野性美失去了光彩，變得馴服而空虛，這在奧蒂克姆[1]已得到了充分的驗證。

五十年前的奧蒂克姆完全是另一番景象，充滿了野性的雄威。沒有大路，只有狹窄的羊腸小徑，一路綿延而下，直至凹陷的荒地。

在這裡，稀鬆的荊豆叢和未經修剪的黑莓，密密匝匝連成一片，野生的鐵線蓮則無拘無束地，點綴著每一片樹叢。穿過這片迷宮般奇妙的世界，遊客輾轉而行，引導他的不是下山的本能，而是其他不起眼的提示。對於我，一個孩子，這意味著一個漫長的、沒有終點的一上午的辛苦。往下再走，就是雪白的鵝卵石，讓你盡可以在冰冷刺骨的海水邊嬉戲，之後再爬山按原路回家。返家的路上，要在黏稠的紅泥中滑行，隨時要抓住野生梣木枝，艱難行進、艱難向上，一直從空曠的岩石世界來到平坦的土地。

我記得第一次來時，那個倫敦腔女僕，一位天性開朗的少女，當即跪下來，大口喝起了鹹海水。馬克斯小姐對於這種事更有見識，保持著克制沒有去喝；而我，雖然非常清楚這水的味道，還是禁不住用手捧起來吸了幾滴。我管這種行為叫作「大自然的魔力」，我們的表現都是這種魔力的微妙再現，雖然它早已進入我思想的背影處，卻未完全消失。我記得，自己曾以為，

1　英國德文郡的一處海灘。

如果像野人一樣喝了海水——完全失去理性的思想活動——就可以獲得神力，在海面上踏水而行。

我有著強烈的欲望，想要在海面上一路走下來，然後平躺在海面上，臉朝大海，探視它的深處。這種欲望讓我痛苦不堪；像許多成人一樣，我完全沉浸在這虛無而可笑的欲望之中，徹底忽視從身邊真實的大自然中獲取愉悅。這種想法並非如它看起來的那樣不可理喻，因為我們曾讚美過、也聽說過那些令人癡迷的才子佳話，他們的日子都在「把金色的皇冠，拋落到如玉一般的海面上」度過。為什麼，我爭辯道，我不能把自己的草帽扔到奧蒂克姆的海浪裡嗎？毫無疑問，革尼撒勒湖[2]的威嚴景象，也同樣點燃了我的幻想。當然，對於這所有的一切，我都格外小心保密，不對任何人談起。

對於這種雖需一路費力攀爬卻可欣賞美景的旅途，我習慣隨行的人卻不是馬克斯小姐，而是父親。博物學工作最終讓他滿載著裝備，來到了沙灘上的潮水池，我也作為助手一同前來。但是剛剛入冬的南德文郡，卻因我們倆的失望而變得昏暗起來，其原因是我無法理解的。在父親的精神世界裡，流淌著兩股憤怒的洪流，它們聲勢強大、夾雜著仇恨，以驚人的速度奔湧著。

2 又被稱為加利利海，耶穌被眾人簇擁佈道的地方。

剛才我思考這些事情時所站的地方，就是卡序尼公園[3]終端的叢林，一邊是阿諾河[4]暗黃的漩渦，另一邊是穆尼奧內河[5]純淨的溪流，它們塑造了公園鮮明的稜角。兩股河流相交一處，然後並行向前；但終有一刻，一股河流要吞沒另一股河流；而在這裡，是黃色的激流最終吞噬了純淨的溪流。

同樣，在父親的思想中，在那個科學陷入危機的一八五七年，同樣奔淌著兩股思想的洪流，每一股都在吸納、說服，卻完全無法匯合。這兩種同時並存的真理都無可置疑，又截然對立；這一自相矛盾的情景，總帶給人特別的痛苦。同樣，在人的生命中，也同時存在著兩種理論，每種都是真理，卻又不互相融合；正是這個發現，讓父親心煩意亂，思想搖曳擺動。

實際上，要是他知道的話，這不是個矛盾，而是一種謬誤。但他卻任由迷信污濁的激流，淹沒理智清澈的溪流。為維護真理，他也許會邁出一步，但隨即又在痛苦中退卻回來，接受謬誤的奴顏婢膝。當時正是思想史上的一個偉大時刻，物種突變理論對各個學派的猜想和行動，投擲出一道耀眼的強光。因此，堅定地選取自己的立場變得至關重要。

3 佛羅倫斯著名的歷史紀念公園。
4 義大利中部河流。
5 流經佛羅倫斯的小河流之一。

賴爾[6]的周圍擁滿了信徒，他們在沿著發現的大路上闊步向前。達爾文長期以來一直在收集各種動物和植物的資料。胡克[7]、華萊士[8]、阿薩．格雷[9]，甚至阿加西[10]都在他們各自的領域，越來越接近領悟那個奧秘。然而，是耐心而謙卑的達爾文，第一個清晰地揭示這個奧秘。一八五六年，在賴爾的壓力下，達爾文才發表了一個謙卑的聲明：一篇「論文摘要」，這具有啟示錄意義的新發現，後來被演變為影響深遠的《物種起源》。當時，渥拉斯頓[11]的《物種變異》剛剛問世，創造了曠野裡的九日奇蹟。與此同時，反對派雖然從未夢想過懸在他們頭上的命運，也並非終日無所事事。一八五七年，那個令人震驚的問題，終於被強有力地提了出來：「那麼，我們從猩猩那兒到底獲得了什麼？」聞名遐邇的《自然創造史的遺跡》[12]一直在

---

6 艾爾弗雷德．華萊士，一八二三—一九一三年，英格蘭博物學家，其物種起源學說與達爾文的相似。

7 威廉．傑克遜．胡克，一七八五—一八六五年，英國植物學家。

8 艾爾弗雷德．華萊士，一八二三—一九一三年，英格蘭博物學家，其物種起源學說與達爾文的相似。

9 一八一〇—一八八八年，被譽為是十九世紀最重要的美國植物學家。

10 一八〇七—一八七三年，出生於瑞士，地理學家，冰川學的奠基人。

11 湯瑪斯．渥拉斯頓，一八二二—一八七八年，英國著名昆蟲學家和軟體動物學家。

12 一八四四年出版，作者為羅伯特．錢伯斯，英國出版商和地質學家，當時為匿名出版。

為那些無法逃避證據又緊握《啟示錄》的人們，提供了甜水般的萬能解藥。而歐文[13]也不惜毀掉名譽，加入反對派的陣營，抵抗物種突變理論。

在那個思想發酵的時期，如同策劃一場偉大的政治變革，許多可能的追隨者，都在私下裡得到暗示並接受著檢驗，也同時被鼓勵含蓄地表露他們的立場。賴爾是位偉大的推動者，在那個註定會掀起鬼哭狼嚎般的咒罵聲的物競天擇理論問世之前，正是他的理論，讓某種聲音的衛士、經驗豐富的博物學家和物種描述論專家，意識到了物競天擇理論的精華。在那些因此受到啟迪、或為尋找可能的光芒而靠近它的人之中，也包括父親。胡克跟他談過，達爾文也跟他說過，在一八五七年夏天皇家學會的會議結束之後，父親對物競天擇理論的態度，成為他事業中無可迴避的問題；奇怪的是，這一理論對我這樣一個孩子，居然也產生了巨大的影響。

必須承認，雖然令人感覺遺憾，可最開始時父親的思想，是傾向於接受這一新學說的。這的確難能可貴，因為只要回想一下《創世紀》，在它的開篇就已然做出了評判。不幸的是，父親後來徵詢了卡彭特[14]的意見。卡彭特是位出色的科學家，但和父親一樣，都無力徹底改造舊觀念、重塑新思想，因此也無力接受新的猜想。他們倆決定，並找出了各種各樣的理由，不再

13 理查．歐文，一八〇四—一八九二年，英國動物學家、古生物學家。

14 威廉．本傑明．卡彭特，一八一三—一八八五年，英國內科醫生、動物學家和生理學家。

與這個糟糕的理論產生瓜葛，而是堅定地支持物種不變的定律。

正在此時，我們離開了倫敦，父親就此與那些科學界領軍人物的私下接觸也告一段落；父親與他們曾在大英博物館和皇家學會，度過了一段難得的時光。他的下一動作，就是燒掉他的大船，只為了用它的殘木剩椽造一隻木筏。他任性而古怪，永遠關上了為自己打開的大門。

父親從未敬佩過查理斯．賴爾，我想，這是因為這位著名的、具有「大法官派頭」的地理學家，曾脅迫過父親。對於那些在談話中令我們感覺不自在的人，我們通常會低估他的智商。相反的，對於達爾文和胡克，父親卻充滿深深的敬意，我不知道這是否與他選擇地質學而不是動物學或植物學有關係，因為他曾經的嘗試是非常衝動的。賴爾一直信誓旦旦地、想發表一本關於人類地質史的書；一旦真發表了，那將是一顆扔在災難論者陣營中的炸彈。

父親經過長時間的反思，醞釀了一套自己的理論。他非常樂觀，滿心希望用這一理論，將勁風從賴爾的風帆中抽掉，為篤信《創世紀》的讀者證實地質學的真諦。簡言之，根據父親的理論，地球表面從未發生過緩慢的變異，有機形式也沒有過緩慢的演變，當創世紀的災難發生後，世界隨即呈現出來一個行星的構造，而且在這個行星上，生命早已生存了很長時間。

這個理論本十分粗糙，但心急的報紙卻迫不及待地將它演化為：上帝在岩石中隱藏了化石，只是為了誘使地質學家背信棄義；這種說法令父親無比憤慨。事實上，這一理論是按照字面意義理解了突然發生的創世紀說，因而註定得出一種富有邏輯的結論。它強調了一個事實：造物主所造之物，對過去從未發生過的進程，提供了虛假的證明。自然界的進程周而復始，任何違背這一進程的行為，都可以依照這一推理進行解釋。比如，亞當一定是經歷了許多年，才有了頭髮、牙齒和骨骼，然而，昨天造出來的他，卻已經什麼都有了。湯瑪斯．布朗[15]一定會否認亞當也露出了肚臍，然而這個理論是要證明，沒有任何臍帶曾把他與母親連接到一起。

父親的這本書，思想新奇而固執，有些異想天開，沒有任何一部書比它投入市場時，更令人滿懷期待了。父親躊躇滿志，一心期盼這部書引起轟動。他認為這個「臍帶論」，將讓所有的科學猜測引起的騷亂平息下來，讓地質學投入《聖經》的懷抱，讓獅子與羔羊一起吃草。他承認，地質學曝光的事實與《創世紀》開篇的敘述之間，存在一種日益增長的衝突，這不令人吃驚，沒有人應對此負責。父親——而且只有父親自己一人——獨享這謎一般的秘密；他獨自擁有可以順利開啟地質學之謎的鑰匙。他熱情洋溢地伸出手來把鑰匙奉獻出來，送給了無神論者和基督教徒。這把鑰匙，註定會成為宇宙的萬能藥，是人類的一種精神療法，可以在不知不覺間，治癒這個年代所有的疾患。但是，天啊！無神論者和基督徒都同樣只是瞥了它一眼，就

15　一六〇五—一六八二年，英國博學家，出版了許多有關科學、宗教等方面深奧難懂的書籍。

開始嘲笑它，並將它隨手拋在腦後。

在這個陰鬱的冬季，郵局送來的私信少的可憐，又寡言冷語；可帶來的公眾評論卻紛至遝來，充斥著冷嘲熱諷。父親徒勞地尋求教廷的贊許，徒勞地尋求科學家的默許，徒勞地尋求那些「數以千計」的人們的感激，他相當自信地認為，他註定會收到這一切的。他讓《聖經》裡的故事與地質學推理達成了妥協，卻未得到任何一方的歡迎。達爾文繼續沉默，年輕的赫胥黎[16]不屑一顧，即使是查理．金斯萊[17]——父親本以為他會是最早回應的人——也寫信說，他不能「放棄經過二十五年痛苦而緩慢的地質學研究得出的結論，從而去相信上帝在岩石上，留下了一個荒唐透頂的謊言」——伴隨著這些發生的或未發生的事情，一絲陰鬱——寒冷而令人沮喪的陰鬱——降落到我們的早茶之中。

這就是詩人所謂的「濃重的」陰鬱，而且隨著希望和自信在失望的薄霧裡蒸發，它日復一日地濃重起來。父親不會對命運束手就擒，他曾經是公眾的寵兒，報紙長久以來的最愛，可現在，卻成了昨日的黑暗天使。徹底的慘敗，用毀滅阻止了他。他從事的是實現世界和解的偉業，卻冒犯了所有人；這種震驚，令他如墜深淵。

16　湯瑪斯．赫胥黎，一八二五—一八九五年，英國生物學家。

17　一八一九—一八七五年，英國國教牧師、大學教授、歷史學家和小說家。

在那段陰沉時節，父親不再是活潑的玩伴，而接二連三的事件更驅使他遠離他人，比任何時候都更思念母親善解人意的傾聽。現在唯一能告慰他的，就是女性充滿藝術而富有哲理的勸慰，它會巧妙地潛入一個受傷男人的意識中，讓他確信：無論如何，只有他是正確的，全世界都錯了。父親常常孤獨地圍著即將成為他的草場的紅土耕地上一遍遍地徘徊，或是為了躲避德文郡的濛濛細雨，在即將開滿藤枝蔓葉、現在卻仍空蕩蕩的陽臺上來回踱步。我想，在對同行心存懊惱之外，他還意識到了一絲跡象：他的理論將變成一種異端邪說而在日後受到攻擊。我猜測，正是在這時，處於消沉中的他開始對上帝產生了不滿。他作出了多少奉獻，又付出了多少犧牲，到頭來卻成為了孤家寡人，在紅色的沼澤中獨自悶悶不樂，沒有人陪伴他，沒有人關心他，身邊只有一個臉色蒼白、臉頰緊緊貼在窗戶上的孩子！

在一兩次美妙的看海之旅後，冬天以其最潮濕、最泥濘、最慵懶的方式降臨在我們身上，將我們關在家中。對於一個失去愛妻的男人和一個失去母親的孩子來說，這個冬天死氣沉沉。我們搬到了新家，因為時間匆忙，還沒等到祈禱獲得答覆就搬家了。為了湊下足夠的錢買這座新家，父親花光了所有的家當。剩下的桌椅板凳填滿了兩三個房間。這個小房子，我們稱它為「別墅」，還未完全準備好，三分之二的房間仍在裝修。

我們到達時，工人還在做外牆的收尾工作，這讓我想起了一件小事，它也體現了父親有些病態的精細心思。在春風得意時——他的「臍帶論」發表之前——他偶爾喜歡高聲哼唱孩童時代的多賽特郡歌曲，用的是我喜歡聽的那種奇怪而響亮的韋塞克斯[18]方言。十月的一天下午，父親正在唱歌時，在拐角的隱秘處，有兩個木匠在為溫室支架子。停下來休息時，其中一人對另一個人說：「他居然唱這種歌，唱的好壞不管，他畢竟是牧師啊。」父親原本輕輕地握著我的手，聽到這話，馬上收緊了；我抬頭看他，發現他的臉色陰沉下來。從此，他一生中再未唱過任何世俗歌曲。

下半年，在事業受挫之後，父親的思想變得比以往更加焦慮起來。我想，他認為自己努力將科學與宗教調和的失敗，是上帝刻意而為，以懲罰他曾做過的或要做的事。他圍著花園一邊不停踱步、一邊凝神苦思，他的靈魂在苦苦哀求，他在思想的每個角落搜尋著曾經忽略或犯下的罪過，一個接一個：每一場歡愉、每一次創作、每一件細碎瑣事，都從過去的經歷堆積起來的塵埃中被挖掘出來，被放大成了嚴重的罪過。他認為，哪怕最微不足道的輕率之舉、最微不足道的對人性本能的屈從，都會被周圍的人抓住，成為意志不堅的證據，也許還會誘導脆弱的教友犯下罪過。

18　舊時蘇格蘭南部盎格魯—撒克遜王國。

木匠評價唱歌那件事，就是他思想狀態的典型表現，至今仍讓他耿耿於懷；而後，接二連三的事情也都變成了禁忌，不是因為每件事本身有罪，而是因為它會引導其他人犯罪。我確信，馬克斯小姐現在非常害怕父親。只要可能，她就抽身回到自己所謂的「閨房」：那個逼仄陰冷的小房間裡，空落落的幾乎沒有傢俱。我原本以為，她可能設了個祭壇，所以總阻止我進入她那聖女的閨房；當然，這也讓我好奇到痛心的程度。透過鑰匙孔，什麼都看不見。一天，我想方設法溜了進去，發現裡面並沒有什麼可看的，只有簡單的一張床和一個化妝桌，毫無吸引人之處。

這個「閨房」，在冬日的下午會點起火來，馬克斯小姐會在下午茶時回到這裡，直到那個被稱為「禮拜」的閱讀《啟示錄》開始之前，都不見蹤跡。所謂「禮拜」，不太虔誠的家庭管它叫「家庭禱告」，進行的更不嚴格；其間，我們可以隨意做些事情，父親主要是讀經書，他孜孜不倦的讀書，以一種令我莫名地感到激動的方式，書或紙張都挨燈很近，嘴唇和厚重的眼瞼偶爾翕動著。馬克斯小姐戴著高高的帽子，凸牙發出閃光，會偶爾出現在過道中，假意表現出親切的樣子，想知道我們「相處得怎麼樣？」，但這些時候，我們倆都不怎麼理睬她。

冬天裡，父親有時和我在火旁愜意長談。我們喜歡談的話題是謀殺案。我好奇，為什麼一個八歲的孩子，馬上就要獨自上樓睡覺了，怎麼會經常跟他的鰥夫爸爸探討暴力犯罪呢？我們試過談一些與宗教無關的話題，但最後總會轉到「你猜他們怎麼處理屍體的？」，父親給我這個驚恐的聽眾講了曼甯夫人的驚險故事[19]，她在樓梯上殺死了一個人，然後將他埋在後廚的生石灰中。正是在聽這一故事時，我學會了一處有用的歷史知識，它伴隨了我半個世紀：曼甯夫人是用黑色緞子絞死的，所以從此之後，黑色緞子不再受到英國人的青睞。我還聽說過伯克和海爾的故事[20]，它把我嚇得目瞪口呆。

這些都是有史可查的犯罪，可關於那個父親和我一夜接一夜討論的「旅行袋之謎」，誰又能告訴我結局呢？從聽說這個故事到現在，我再未聽到過它的一絲消息，我猜它一定是場騙局。我記得它的一些細節：人們乘船路過泰晤士河時，發現一個毯製旅行袋懸掛在空中，放在了滑鐵盧橋墩突起的地方。人們費了九牛二虎之力把它拉上來，發現裡面塞滿了屍體，全都是關節和碎塊，只有屠夫才能卸得如此乾淨俐落，令人毛骨悚然。他們都是些失蹤的人，先是被確認了身份，可然後又被一一否定——整個事件如同記憶中的蒸汽，試圖捕捉時，它卻逃得無影無蹤。我清晰記得自己當時的樣子：坐在位於臥室火爐左手的高大的椅子裡，火焰跳躍著，映照

19 瑪麗．曼寧，一八二一—一八四九年，被控與其夫一起謀害了她的情人，是英國自一七〇〇年以來，第一樁夫妻二人同被絞死的案件；後被狄更斯改編進了《荒涼山莊》。

20 指的是在一八二八年十個月期間，在蘇格蘭愛丁堡發生的一系列謀殺案。

在對面牆上裝著熱帶昆蟲的玻璃櫥上；而父親，身體因急迫而前傾，手指上揚，讓我關注這場可怕的旅行袋謀殺案中，哪些證據是可信的、哪些證據是不可信的。

我想，我對這些討論的興趣——上帝知道我是多麼感興趣啊——讓父親既高興又困惑，他對選擇怎樣的主題適合讓孩子傾聽的看法，即使到現在也令我感到不可思議。不久，我發現父親和我的話題，並不受所有人歡迎，因為有一天早晨，為了耽誤一點代數課時間，我向馬克斯小姐提到了旅行袋之謎，我剛一開口，她就馬上用裙擺捂上了耳朵，並告訴我說，若我再不停下來，她就尖叫了。

偶爾，父親和我會一起在冬日裡外出散步。我們散步的路線，一般是沿著一條路一直走下去，就可以看見大海的小道，再就是一起翻過高低起伏的山地。在倫敦一起散步時，我們常常倚靠在橋邊凝望著鴨子，那段時光快樂迷人。可現在，我們再無法重現那段快樂時光了。父親深深受制於自己的枷鎖，陷入苦悶的胡思亂想之中，只知一路跟隨，沒有隻言片語。如果他在散步中跟我說話，回答他對我來說也是一種痛苦。我無法像在家裡那樣輕鬆地回答他：在家裡，我可以坐在高高的椅子上，這樣我們的頭就一般高了；可現在，我要費盡氣力抬頭向上，才可以與一張天空映襯下的黑臉對話。

實際上，散步也是一種折磨。鮮紅的泥土，在我看來是一種古怪的顏色，讓我很長時間難以適應，它將我的鞋裹得嚴嚴實實，令我舉步維艱、疲憊不堪。我會因此變得煩躁起來，亂發脾氣、與父親頂嘴、掃他的興致。這種散步對我們倆都是折磨。父親不喜歡獨自散步，他又沒有其他的朋友。可是隨著冬日漸濃，連這種形式的散步都必須放棄了；於是，這一習慣性的「健身運動」，就此再未繼續過。

回想這個時期的自己，我覺得自己就是個脾氣乖戾、很難相處又不知感恩的孩子。我唯一能給的藉口，就是我當時身體狀況差強人意。搬家到德文郡，環境的改變讓我感覺不適應。我的身體讓盡職的馬克斯小姐有些擔心，可她又無計可施。房子潮濕的令人難以忍受，無論室內還是室外，空氣都似乎浸在濕冷的蒸汽之中。夜晚，我躲在床單下，像果凍一樣顫抖著，總因寒冷而徹夜難眠。雖然蓋著厚厚的被子，可渾身起滿了雞皮疙瘩。我無法吃固體食物，因為一吃這種食物，我就立刻不停地打嗝，於是，只好大部分時間都俯臥在壁爐前的毛毯上，整夜整夜地失眠，像布穀鳥一樣發出迴響。

因此，馬克斯小姐切斷了我所有的食物，只給我吃浸泡在溫牛奶裡的麵包。每到飯點，一隻看起來髒兮兮的碗就會出現在我面前。後來打嗝減輕了，但我的氣力卻隨之減弱了，我患上永久性黏膜炎，日漸憔悴起來。我開始意識到，自己的身體狀況不容樂觀，因為父親在早禱和晚禱時總公開說，如果上帝願意把我帶到他身邊，那麼我毫無疑問就是上帝親賜的兒子，繼承了上帝的榮耀。對於父親這種公開宣揚我患病的行為，我一面感到不滿，一面又感受到了虛榮。

接著，我講一下我們與那些「聖徒」的交往。到達德文郡時，我們就遇到了形形色色從未見過的人物。父親向來節儉，現在更是變本加厲。我想，可能是擔心冒犯這些人。父親認為，他們為人敏感，思想更為敏感。他喜歡說：「哪怕思想上有絲毫微不足道的污點，都會造成與上帝交流時巨大的裂痕。」從而數以百計、數以千次地數落自己可能的過失。正是在這年冬天，他開始特別關注耶誕節；而在倫敦時，他卻很少關注這類事情。

對所有的教會聖餐儀式，他持有的觀點相當荒唐可笑。他認為，聖餐儀式既無意義又無價值，但是保留耶誕節，對他而言似乎是最為難以忍受的了，甚至到了與偶像崇拜一樣難以忍受的地步。「耶誕節這個詞就是天主教的，」他常常高聲叫道，「他們叫基督彌撒。」[21]他嘴唇上翹，看起來像不小心吃了中藥一樣。接著，他就會旁徵博引說出這個所謂節日的古老來歷：它演變於可怕的教會儀式，本身就是令人恐怖的冬季慶典活動的貽害，而且還受到了玷污。他譴責耶誕節的恐怖，說得我幾乎羞愧地轉頭要去看冬青果裝飾品了。

一八五七年耶誕節時，我們的別墅完全是另外一番情景。父親發出最嚴厲的命令，要求當

21　耶誕節，在英文裡是「基督彌撒」的縮寫。

天的三餐絕對要與平時一模一樣，既不能豐盛，也不要寒酸。他的命令得到了執行，但僕人們還是偷偷摸摸地做出了反抗，為他們自己製作了葡萄乾布丁（我後來痛苦地發現，馬克斯小姐在她的閨房裡也收到了一小塊）。剛過中午，女僕們友善地提醒道：「不管怎樣，那個可憐的小傢伙應該吃一塊。」於是，她們把我推進了廚房，這樣我才吃到了一塊葡萄乾布丁。不久，我開始感覺良心受到了猛烈的抨擊；我思想脆弱，產生這種狀況完全不可避免。終於我再也無法忍受良心上的折磨，衝進書房大聲喊了起來：「噢！爸爸，爸爸，我吃了用來祭拜偶像的肉！」我嗚咽著，斷斷續續講述了發生的一切。父親嚴厲地問道：「那個受詛咒的東西在哪裡？」我告訴他剩下的都放在了廚房裡。

他抓起我的手，帶著我跑到那些目瞪口呆的女僕中間，抓起剩下的布丁，一手操起盤子，一手緊拽著我，一路奔到垃圾堆旁，把這些祭拜偶像的點心扔到了垃圾中，然後再使勁把它們捅到垃圾下面。他的這些舉動超乎尋常，突然、兇悍、迅捷，給我留下了難以磨滅的印象。

在這個憂鬱的冬天，我的疾病頑固而任性，讓父親一直惴惴不安，可我卻丟棄了解開這心結的鑰匙。我想，父親的心智居無定所，很大程度上與我的疾病有關。此時，他的事業，如我們所見的那樣，已經讓他產生了一種幻覺：科學和《啟示錄》可以互相證明，並達成一種妥協。他的思想卻比以往任何時候都更加清晰。他的研究表明：在自然界的一切有機體系中，有顯而易見的證據表明，物種形式是緩慢演變而成的，其分類也是由長年的壓力和習慣發展而來。這一理念在他頭腦中由醞釀產生，直至堅如磐石。那麼，作為一個真誠而精準的發現者，哪裡是他的位置呢？顯然，他應與那些發現新真理的先驅們並駕齊驅，應與達爾文、華萊士和胡克相提並論。但是，上帝在第六天創造了天與地，在第七天創造了天地的主人並結束了所有的工作；難道《創世紀》的第二章中沒有講到這些嗎？

這真是令人進退維谷的窘境啊！地質學似乎是真實的，但《聖經》是上帝的語言，也是真實的。物種形式會自覺產生變異，並對日益改進的有機結構發生作用，這一事實歷經浩渺時空的檢驗，似乎不可戰勝；但如果《聖經》裡說天地間的一切都是在第六天創造的——每天按二十四小時計算的實際天數，那麼，這些變異的證據，要麼必須與創造世界的六天勞動相符，要麼必須加以否認。我說過，為了證明自己不僅是持嚴謹科學觀的觀察家，而且是進化論的忠實信徒，父親創造了獨具匠心的「臍帶論」。但事實上，無論古老的傳統習俗，還是全新的反叛精神，都不會與他達成妥協。

對於父親這樣思想既敏銳又狹隘的人——他思維嚴謹、積極向上到無以復加的程度，卻沒有柔性，更沒有想像力——經受這種思想的檢驗不啻於一種折磨。父親沒有微小生物的那種灑脫，可以逃避因概念模糊而產生的進退兩難，也沒有龐然大物的那般雄心，可以插上翅膀飛躍屏障。父親，雖然已讓昇華的情感壓抑的奄奄一息，卻仍騎坐在生物學的滔天巨浪之上，從未想過放開緊抓住古老傳統的那隻手，於是，他就不得不一直懸掛在那裡，命懸一線，任憑風浪吹打。他——「一位忠實科學的苦工」，如赫胥黎所言，他對純學術意義上的探索爭鳴，絕無「登高一呼，眾皆回應」的才能，可他總質疑那些視野比他更為寬廣之人的追求，這真是令人感覺不可思議。如果作為一名真相的收集者和觀察界的調解員，同齡人中難有人可與他匹敵。雖缺乏想像力，可這反而促進了他的工作。但是要說他是哲學家，莫不如說他是執行者，因為他缺乏天才皇冠上崇高的謙卑。信仰曾咄咄逼人地要求他給出明確的答案，可哪怕對這樣的問題，他都敢說「我不知道」；這種態度，恐怕就是缺乏與人合作的謙卑態度的表現。那麼，他的那種固執態度——勸說人們相信，只有他自己瞭解上帝的思想，只有他自己可以闡釋上帝的天機——又來自哪裡呢？

第六章　局限意識的發生

第六章　局限意識的發生

我們住在德文郡的頭一年，也就是我九歲的時候，父親的生活，當然也包括我的生活，要麼是管理村子裡的「聖徒」，要麼是收集、觀察和描述海灘中的海洋生物。在這十二個月期間，我們從未為社交活動分神，我也從未跨出過教區一步。最糟糕的冬天結束後，父親恢復了些生氣和寫作能力，第一縷陽光總算開始撫慰我們了，讓我們兩人都振作起來。我幾乎與他形影不離，但我們現在還有了一些有趣的夥伴。

我們的房子位於村子的南端，那裡景色寂寥。唯一讓人感覺愉悅且有些特色的地方，莫不如那座漂亮而古老的教區教堂。在教堂的庭院裡，雖然樹木成蔭，卻幾乎被鱗次櫛比的破落的商店給掩蓋了。這些商店在我童年結束時都被拆除了。我們的村子，包括兩排並列的房屋，連續不斷地綿延下去，所有的房屋都被白漆粉刷過，大部分前臉變成了不起眼的商店窗戶。房屋中間的街道，向下延伸半英里，直到教堂，然後又伸展出半英里遠，兀然在田地裡終結。兩排的籬笆每隔一定的距離，就必然露出修剪過的榆樹。徒步穿過村子中的這條街道，像沒完沒了永遠走不完似的，讓我感覺乏味至極。一則我害怕村裡粗魯的孩子，二則商店裡也沒有任何讓人提起興致的東西。因此，在房前一兩英寸寬的破敗的道路上行走，既難受又無聊，而且悶熱的房子裡散發出來的惡臭氣味，也讓我昏昏欲睡。但這種步行是必需的，因為「公眾房間」——我們去的禮拜堂的別稱，就坐落於這條枯燥街道的最遠端。

一到達教堂，我們立即投入到禮拜儀式之中。沒有片刻耽擱，父親就開始主持祈禱工作，雖然沒有人要求他這麼做，也無人反對他。這是個正方形的空房間，建在一個馬廄上——真不知這麼建造的原因何在。當我們坐在屋裡進行漫長的禱告時，氨氣的味道常常透過地板縫滲入房間。在我們來之前，已有一小撥人聚集在這裡。他們是一群目標不定的人，剛剛在英格蘭西部聚集興起，都是些虔誠的鄉下人，與任何正式的基督教宗都無聯繫，完全依靠自己獨立研習《聖經》。這些人大部分是婦女，也有零散的男人，貧窮、簡單，而且通常有病在身。

後來，在父親的幫助下，這一團體迅速發展壯大起來，也逐漸開始接納些退休的專業人士，還接納了一位海軍將軍，甚至還有一位貴族的弟弟。但在那個時代，教會裡的「弟兄」和「姐妹」都是普通的農民，他們有打零工的花匠、計時的木匠、瓦匠、裁縫、女洗衣工和傭人。我希望可以用色彩將他們畫出來，這樣讀者就可以看的到，這個小社會到底包括了什麼樣的人，才能構成一個如此古怪的組合：無知卻謙卑、負責且有紳士風度之人的大雜燴。在年代記或小說中，我從未有幸與這樣的人物接觸過。在我的印象中，宗教傳統中的塗油儀式原本平淡無奇，所以，故意誇大人們之間的敵意和塵世間的輕蔑，就像故意誇大這種塗油儀式一樣，無非是粗鄙。

這種聚會的起源向來古怪。我們來這兒之前的幾年，一群來自康沃爾的陌生的漁民，因天氣所迫躲到懸崖下避風。後來這些漁民登陸上岸，沒有去酒館，而是去找了一處房子；他們找房子的唯一目的，就是為了進行祈禱儀式。他們是虔誠的衛斯理宗，背井離鄉，自公海航行至此，對享有習以為常的宗教榮譽如饑似渴。教會集會前，他們會站在大街上，詢問那些出來盯著看他們的女孩子：「女士，你熱愛耶穌基督嗎？」在得到了模稜兩可的回答後，他們就極力勸說她們進來一起祈禱，有女孩子這麼做了。

安·伯明頓後來告訴我，她是那些女孩之一，她反複強調，漁夫說：「這是多麼可怕的事情！在最後的審判日，基督說：『來吧，你們這些受賜福的人。』然後說這些人當中不包括你，還說：『你們這些被咒詛的人，請離開我。』於是你們這些女僕們不得不離開。」這些漁民，都是身材健碩的年輕人，黑黑的鬍鬚，閃爍的目光。我毫不懷疑，雖然年輕男女在各方面都謹言慎行，但兩情相悅已在不知不覺間融入到相互的好奇之中。也許完全是種巧合，這些與眾不同的女孩子，幾乎都終身未嫁。兩三天後，漁夫們又出海了；在祈禱之後揚帆而行，女孩們從未問過他們的名字，自此也再未聽過他們的消息。但是，其中有幾個少女的確悔改入教了，成為我們小型聚會中的核心成員。

父親通常站在桌旁祈禱，有時也站在鋪滿白色餐巾紙的松木桌前讚頌聖餐儀式。有時聽眾寥寥、氣氛沉悶，這讓他心中有些沮喪，但他的勁頭和熱情卻從未鬆懈。透過基督之血可以獲得救贖，只有從思想上接受了這一簡單理論的人，才能被允許加入聖餐儀式，即所謂的「擘餅儀式」。特別需要注意的是，除非出示恰當的理由：已接受過了洗禮，就是說，在莊嚴的閉門會議上，受到了執事教友徹底的浸洗；否則就沒有資格參加「擘餅儀式」。最開始時，這種儀式進行的既簡單又輕鬆，通常在奧迪科姆的海灘上進行。雖然當時的人們性情平和，但仍有人提出了極端的反對意見。

有些觀眾不可避免地發出冷嘲熱諷；尤其是女人們，更是對洗禮敬而遠之。所以這種儀式進行的非常困難。每當領受聖餐者承認自己從未受過洗禮，父親就會一邊搖著頭，一邊莊重地說：「哎！哎！你避開了耶穌的十字架！」但是，在一覽無餘的海灘上進行洗禮，本身就是一種「十字架[1]」，他不會否認這一點；直到我們建起了自己的禮拜堂，才有了洗禮盆，還在盆上蓋了木板。

在這些安靜寡言的人之中，有幾個人，每次想起他們時，我的內心都充滿甜蜜。在這個遙遠的德文郡角落，在這條四處閉塞的道路上，他們保留了許多十八世紀的世故人情，令我仍記

1　英語中的「十字架」一詞，還有「磨難」的意思。

憶猶新。有一位生於法國大革命之前的老人，就常常讓我想起。他叫詹姆斯．派瑟布里奇，是我們聚會裡的涅斯托耳[2]。他個子又高又瘦，星期天參加禮拜時，總穿著寬鬆的白色長罩衫，順著前襟繡著漂亮的花紋。坐下傾聽佈道時，他會像撩起裙子那樣撩起罩衫，露出一雙細得不能再細的麻稈腿，裹在瘦瘦的長筒襪裡，下面用帶扣連著鞋子。隨著神聖的訊息從父親的唇中落下，他突出的下巴慢慢分開，雙膝也與此同時叉開，尺幅大的驚人，似乎永遠不會再合上。

他終生虔誠，常帶著謙卑的驕傲告訴我們，他還是個孩子時，他家的那位女主人就說：「我敢打賭，我們家的傑姆一定會成為衛理教教徒的，他對研究上帝的教義著迷的不得了。」在禱告儀式上，派瑟布里奇習慣出聲祈禱，他的聲音古怪而有趣，如同風吹在空空的樹洞裡。他的祈禱很少不伴隨著一個願望：「上帝將會幫助拉福伊小姐——她是村裡的教師，也是聚會中的一員——努力教會年輕人如何射擊[3]。」

我並不懂得這文字上的隱含意義，很長時間都認為是學校熱衷於進行某種射擊訓練。祈禱室的鑰匙放在泥瓦匠理查．莫克斯亥手中，雖然他比詹姆斯．派瑟布里奇小了一輩，但「年齡上卻不分上下」。我不明白為什麼他總是穿著白色的燈芯絨褲子，只要沾上點德文郡

2 希臘神話，特洛伊戰爭中希臘的最賢明長者。

3 英語中「射擊」一詞，也有「成長」的意思。

猩紅色的泥點子，就特別惹眼。打扮之後的他，看起來像有人給他塗上了一層如德文郡的奶油那樣厚厚的白漿。他的頭髮又長又稀鬆，黑漆漆的，與白色的衣服形成了鮮明的對比。他為人謙虛、溫和，妻子甚至比他還要溫順、慈祥。我記得，他們從未主動跟人說過話，除非有人上前搭腔。

父親曾經提到過莫克斯亥夫婦，他們憂鬱而冷漠的樣子，常令他有種不安的感覺；父親簡單而形象地把他們描述為「很努力，但說他們是快樂的基督徒，則有些勉為其難」。的確，早年的那些「聖徒」，在記憶之中，大多看起來憂鬱而謙卑、缺乏活力，但是不會因命運的頑劣而心生哀怨。事實上，在這些男男女女之中，有相當多的人患上了稀奇古怪的肺病。所以，冬日的晚上，禮拜堂裡會不時傳來刺耳的乾咳聲。在我看來，我小時候，農村地區似乎有一半的居民患有肺結核。毫無疑問，宗教群體的獨特性，使它更容易吸引那些身心脆弱的人們，反而對那些朝氣蓬勃的靚男俊女沒有多少吸引力。

馬克斯小姐很有忍耐力，儘管我覺得這個古怪的團體並不適合她的品味，可她仍接受了它，而且沒用多長時間，就與其中的一位「姐妹」結成了忠誠而浪漫的友誼，這令她倍感溫馨。這位教友，若童年記憶沒有令我失望的話，是位非常迷人的女士。正是她們之間的友情，最終將我帶入了這位新朋友的家中。這裡我必須要對這些與眾不同的人們進行一番描述。幾乎在禮拜堂對面，也就是村子的另一端，穿過一個小的不能再小的花園，來到這裡的第一個冬天，我就欣喜地發現了一種從未見過的花，它帶著紅色的星狀花朵，叫獐耳細辛。

在一扇商店櫥窗裡面擺放著一小排盤子、碟子、杯子和托盤，上面塗著伯明頓的名字。這家瓷器店是三個孤兒姐妹的財產，她們是安、瑪麗．格蕾絲和貝絲。貝絲後來嫁給了一位木匠，是我們教會裡的「長老」。另兩個人堅決終身不嫁。安，是接受我之前提過的那些康沃爾漁民的勸導而入教的女孩之一，她比貝絲年長大約十歲，瑪麗．格蕾絲年齡在她們之間。安是位非常可敬的女士，有主見、有激情，可脾氣卻難掌控，在心態平和時，常稱自己的脾氣「是最令她感覺困擾的罪過」。貝絲不顯眼，因家庭教養的原因有些俗氣，但瑪麗．格蕾絲卻非常招人喜歡。

伯明頓一家住在幾乎是村裡唯一倖存的老房子裡。這房子有兩層，結構與眾不同，房間很多，過道東拐西拐的，高低不平的令人咋舌。姐妹們一貧如洗，但很勤勉，從未缺衣少食。我說過，她們靠賣陶瓷器皿為生，她們還接了些洗衣工作，她們針線工作做的也不錯。房後有個算的上大的花園，種植出來的蔬菜都被她們拿出來賣錢了。這些老姐妹還收留了一個年輕女人，叫德魯希拉．伊里亞德，與她們住在一起，既是僕人也是夥伴。伊里亞德也悔改了，與同族人一起信奉聖經基督教。

我記得，自己非常喜歡聽貝絲講她婚前如何悔改的故事。瑪麗．格蕾絲因為身體孱弱，獨自睡一個房間；另一個很大的房間，有一張四柱大床，安和德魯希拉一起睡，而貝絲則睡同一房間裡的另外一張床上。這些姐妹們和她們的朋友，總是祈禱貝絲會「找到平和」，因為對於救贖而言，貝絲仍是位局外人。一天晚上，貝絲樣子相當惱火的突然大叫：「你們兩個在嘀咕什麼？趕快睡覺。」安回答道：「我們在為你祈禱。」、「你怎麼知道，」安答道，「我沒有信仰？」然後安告訴她們，就是在那個晚上，當她待在商店裡時，她已同意接受上帝的救贖。雖然已是半夜時分，安和德魯希拉還是走進房間叫醒了瑪麗．格蕾絲；而瑪麗．格蕾絲——她們發現——仍在祈禱，當然也是為了轉化貝絲。她們告訴了瑪麗．格蕾絲這一好消息，於是四個人一起跪在黑暗之中，高聲感謝上帝許下的無限恩典。

瑪麗．格蕾絲．伯明頓與馬克斯小姐結成的浪漫友情，對我來說，是第二次恩典。瑪麗．格蕾絲肯定還不到三十歲，非常矮小，脊柱可悲地產生了變形，但她看起來卻非常有生氣，幾乎可以說光彩照人。我們第一次來到村子時，瑪麗．格蕾絲剛剛從一場胃熱病中痊癒；這場病把她帶到了墳墓的邊緣。我記得曾聽有人說，那位牧師——一位結實而傲慢的男人，總與我們互不服氣地瞪視——在聽到瑪麗．格蕾絲情況惡化時，主動來到了伯明頓家的商店門口，高聲叫道：「願平安降臨這所房子。」他還試圖為她禱告，但安卻突然發起怒來，再也無法抑制自己的壞脾氣，粗暴地將他趕下了臺階，攆到了花園裡。

終於，瑪麗．格蕾絲痊癒了，而且沒過多少時間，就成為了馬克斯小姐朝夕相伴的朋友以及父親的精神助手。父親討厭挨家挨戶地走訪「聖徒」，於是瑪麗．格蕾絲．伯明頓就欣然承擔了這項工作。事實證明，她是位高效的助手，對於那些為父親傳道所吸引之人，尤其是年輕人，她一定能挖掘出來，並加以關注確保他們悔改。在她健康的幾年間，她給我們所有人帶來了巨大的喜悅和安慰。即使病情加重不能起床，處於隱退狀態時，她仍發揮了至關重要的作用，成為我們的快樂之源；她所「接受」的隱退狀態，帶有淳樸的鄉土風情，就像一個裝滿了鮮花的花籃，上面覆蓋著編織著五顏六色圖案的蓋子。

父親每當思考如何定位我的精神職責，以及如何約束我承擔不可逃避的責任時，就認為我陪伴瑪麗．格蕾絲挨戶走訪，有助於讓我習慣做他所謂的「為上帝服務的鄉村工作」。但是如果記得實施這個計畫時我只有八歲半，你就知道，這件事註定不會戴上成功的皇冠——我的這種想法，不會令任何人吃驚。我極其不喜歡這種對窮人的拜訪，我感覺害羞，沒有話說，聽不懂他們的德文郡方言，最重要的，我害怕並厭惡他們房舍裡的味道——這也許是我神經出現狀況的跡象。

這裡集合了所有味道，有些味道淡淡的，如仙女的吻湧入你的鼻孔；有些味道生硬粗劣，含有「將你打翻在地」的意味；有些味道甜甜的，帶著嗆人的酸氣；有些味道苦澀，散發著髮油的臭味。豬圈裡和未蓋蓋子的下水道裡，散發著男人的汗味，似乎是以能成為男人的代言而驕傲。此外，還有女人的味道，像是有面具遮掩著，只為了不讓你知道它是什麼：它裡面雜糅著點點香氣、香脂和樹脂的氣味，似乎隱隱受到污水桶殘渣的玷污。

我想，上面的描述並不是說村民骯髒不堪，這畢竟發生在衛生科學未建立起來的日子裡。另外，我可憐的鼻子也敏感的有些病態，不，是到了可笑的程度。從「拜訪聖徒」回家後，我經常再無法下嚥浸泡在溫牛奶裡的麵包，儘管它是我唯一的晚餐，而且上面還常常抹上紅糖。

雖不情願與瑪麗·格蕾絲一道做鄉村拜訪工作，可有一次拜訪，卻讓我改變了想法。一個陽光明媚的下午，她說我們要去帕沃爾和巴頓，我快活地跳了起來。它們是我們教區的兩個小村莊，也許是當地人最初的家園。當時，帕沃爾幾乎衰敗絕跡，但巴頓仍保留著雖雜亂卻古老的街道，還有一些獨立的房舍。每間房舍，無論多麼破敗，都有荒涼的花園簇擁著它。玫瑰花、茉莉花和享有盛譽的葡萄藤，在任何地方都不能枝繁葉茂，只有在德文郡的農舍裡才生長得如此茂盛。這些莊重的枸子屬植物，讓整個地方都充滿濃濃蔭翳，當地居民為能擁有這樣的環境不勝自豪。巴頓與我們的村子形成了鮮明的對比；我們村子雖然開闊，卻粗劣而骯髒，到處是簡陋的現代房屋，見不到任何植被。在巴頓，古老的茅草房為濕潤的山巒所圍繞，古樹如傘蓋遮蔽。穿過一條深巷就可以到達巴頓；那個夏天，這條小巷給我帶來了神奇的啟示，如雪萊所言：

暖暖的樹籬，長滿茂盛的野薔薇，綠瑩瑩的白瀉根，月光般的山楂花和櫻花；玉杯盛滿美酒如晶瑩的甘露，但切不可終日狂飲；野玫瑰和常春藤，帶著暗淡的花蕾、花葉，蜿蜒隱去。

巴頓的前後左右、上上下下，都是神奇的土地，充滿神秘、變幻莫測，更無人踏足。終有一天，我要走進去，手中拿著假想之劍，頭上戴著勇氣之冠，「那時你就長大了，」恰如瑪麗·格蕾絲的預言。可目前我們終究還是兩個不敢涉險之人——一個小女人，半弓著身子；還有一個小男孩，帶著早熟的沉靜——我們並排慢慢走著，談論著熟悉的話題，《聖經》語言和日常熟語古怪地堆砌在談話中間，穿過滿是紅色泥淖的帕沃爾小道，走向目的地巴頓。

回到家時，父親有時會很詳細地詢問我們去了哪兒，在受訪者家裡看到了什麼人，受訪者對於上帝給予他們的恩典能夠說點什麼，瑪麗·格蕾絲在勸道時回答了什麼問題，用的是責備還是安慰的口吻？我對這些問題有些反感，但它們非常有用，因為它們讓我養成了習慣，去觀察拜訪過程中發生的事情，以備彙報時使用。父親在這件事上非常寬容，他培養了我的表達能力，即使我回答的不太聰明，他也不輕怠我。

我偷聽到馬克斯小姐和瑪麗·格蕾絲之間的談話，她們談了整件事的來龍去脈，但並未點名道姓，而是採用了「你知道是誰，就是我們身邊的那個人」的隱晦說法，以為我不能聽出來她們所指的小鴕鳥是誰，只是因為她們用隱喻的袋子，罩上了小鴕鳥的頭。我聽得非常清楚，還慢慢知道她們倆都認為，讓我走進那些濕漉漉的房舍有失公允。因此漸漸地，只有當瑪麗·格蕾絲去鎮裡的村子時，她才帶著我去「探望」。在那裡，我通常被留在外面，在花間跳躍著追逐蝴蝶。

一八五八年的整個春夏，我們都在海灘收集標本，這也是不可淡忘的一段故事。這時父親已返回家裡。因新理論的失敗而產生的懊惱，現在已被他生活中腳踏實地的工作——實地考察動物的具體形式所緩解。從真正意義上講，他還不是生物學家。對於科學精神應該誕生怎樣的行動，福樓拜[4]曾給出了淺顯易懂的定義：「這種科學精神應該能解放思想，能促進社會各階層深入思考，無關仇恨、無關恐懼、無關憐憫，甚至無關愛，也無關上帝。」[5]可這一定義卻與父親的態度，在任何一點上都截然相反。

雖說父親在科學上小有建樹，可我必須強調，他畢竟不是哲學家，受秉性和教育所限，還不能形成寬廣的歸納體系，也不能在廣泛調研方面，逃避令人煩惱的細節。他透過鏡頭觀察一

4　居斯塔夫·福樓拜，一八二一—一八八〇年，十九世紀中葉法國偉大的批判現實主義小說家。

5　原文為法語。

切，與浩渺的大自然相比，他所觀察到的一切都變得微不足道。他匱乏某些意識，我想雖然他公正，但他對自由的重要意義卻認識模糊；雖然他有智慧，但他思考的領域卻總局限於自己左右；雖然他信仰上帝的教誨，卻對神聖的仁慈不抱信心；雖然他篤熱虔誠，卻總習慣把恐懼錯當成愛意。

沿著海岸下行，踏足於海灘上由卵石堆積起來的參差不齊的階梯，攀爬過垂落下來的礫岩阻隔——這巨大的岩石，切斷了彎曲的白色海岸線與伸入大海的紅褐色的海角之間的聯絡，最後，終於可以俯視到位於石灰石中間的淺淺的潮水池，那恰好是我們的狩獵之處——只有置身於這種環境之中，父親才會變得隨和、快樂起來，有了些許人情味。每次看見都令我感到揪心：他愁眉不展的表情，因良心的不安而整夜失眠的那種表情，這時會慢慢消散，留下的面容雖也陰鬱，也難免嚴肅，但卻是安詳的，沒有了內疚。

那些潮水池是我們的鏡子，映照著湛藍的天空，為葉子舒展溫順、亮晶晶的海藻所簇擁著。鏡中常常出現一位中年男人和一個頑皮小孩的身影，都帶著同樣的熱切，同樣地躊躇滿志。

現在，如果有人走到那個海灘，如果有大人或孩子想追尋我們的步伐，他馬上就會意識到，還沒等他捲起袖子一展身手，他的熱情早已因勞累而消失殆盡。我們曾經無限擁有的一些東西，今天已然無影無蹤。潮水不時來襲，其間的岩石如隱沒的花園，經常美的令人難以置信，卻又總難以捕捉，因為即使我們小心翼翼地掀起潮水池平靜的海藻帷幕，雖然可以短暫欣賞到它的四壁和池底，看見它的上面鋪滿鮮花，有的白如象牙、有的紅若玫瑰、有的橘紅、有的似紫晶，然而它所有的華美盛裝只需瞬間便會消融，捲攏起來進入空洞的岩石之中。外人的到來，宛如拾起卵石投入其中，打擾了它神奇的夢境。

半個世紀之前，在德文郡和康沃爾的許多地方，水邊的石灰岩都被衝擊成了裂縫和空洞，可高潮線卻如濟慈在《希臘古甕頌》中所言：「依然是嫺靜的貞潔新娘。」這些洞穴和盆地永遠鼓瑟瑟的，無論漲潮還是落潮，唯一能讓它們受到的影響，就是一天之內有兩次來自大海的冷水流的填灌；那時，依靠上層暖氣流的適度運動，溢出的水流也會被相應啟動。海藻宛如鮮活的花壇，精美無瑕，以至於恪守科學精神的父親，在摘取它們之前禁不住停下手來，高呼破壞這堆砌的美麗真是一種遺憾。這些石間水池奇妙無比，海底植物溫柔飄逸、溢彩流光，令人應接不暇；海葵、海草、貝殼、魚類寄居其間，自誕生以來就未受過驚擾，讓父親充滿無限遐想。他經常說，未曾想到我們的突然闖入，竟變成了一種侵犯；如果伊甸園坐落在德文郡，當亞當和夏娃輕輕踏步走下來，沐浴在彩虹般的浪花裡時，就會欣賞到跟我們所見一樣的情景：巨大的對蝦如透明的遊艇輕快滑過，迎風海葵在朦朧暮色中，揮舞著蒼白的厚觸角，紅皮藻的葉子輕柔地滑過水面，如巨大的紅旗逆流飄蕩。

所有的這一切會持續很久，最後消失殆盡。聚攏在海灘上的這些鮮美的花環，稀鬆而脆弱，在那幾個世紀裡之所以能夠存在，得益於人們的冷漠和可喜的無知。這些岩間盆地，四周聚滿珊瑚，裡面裝滿了如上層空氣一樣透明的海水，其間棲息著美麗而敏感的生物，它們都已不復存在，早已受到了褻瀆被洗劫一空，它們也因此淪為了俗物。一隊「採集者」從它們頭上經過，洗掠了它們的每個角落。善意而無聊的好奇之爪，侵入這美麗的天堂，蹂躪了幾個世紀以來自然選擇的精美產物。父親雖然對海洋充滿深深的敬意，因循守舊，可直到過去了很多年，隨著自己書的暢銷，才意識到了自己應對那些始料未及的災難負直接責任，並因此懊悔不已。我童年時在英格蘭所見到的一切，再無人可以重見了：深色的礁石隱沒在海面下，繽紛絢麗的斑點和星星點綴其間，高貴的猩紅色和紫色彩旗在水面飄蕩。

雖可以重新復原這些記憶，我卻不能給出準確的時間順序。這些獨特的冒險經歷起始於一八五八年初，在一八五九年夏達到頂峰。就父親而言，這種探險從未停止過，一直持續到二十年後。到了今天，科學家才告訴我，父親對知識界最具貢獻價值的書《英國海葵和珊瑚史》，正是我們在海灘上全神貫注地探索之時創作的，而這部書也是我們一起努力的結晶，至今仍被認為是一部經典巨製；它的最後一分冊，恰好在一八五九年付梓印刷。

父親工作起來經常不顧一切，他做過的最離譜的事情，莫過於涉水來到齊腰深的巨大的潮水池裡，觀察礁石邊緣被蟲蛀過的表面。在這些偏遠的水域——這些地方，我從不敢涉足，總是被迫留下，如略帶膽怯的杜鵑花，拴在了懸崖上安全的地點——在這些位置極端的盆地裡，經常潛伏著許多精美絕倫的動植物。

父親會在岩石上尋找最粗糙且受侵蝕最厲害的地點，它們能為生物提供最安全的避難地。父親還盡可能在水下最低的地方，把岩石塊鑿下來，將這些石塊放入專門帶來的鹽水瓶中。父親總是拖著一個巨大的方筐，每次我們都竭力帶走收集下來的石塊，一路跋涉回家——方筐手把的吱嘎聲至今仍清晰可聞。然後我們將所有的戰利品拿出來，將它們面朝上，擺放在裝著乾淨海水的淺盤中。

幾個小時後，所有的灰塵都沉澱下來，我們帶回來的生物似乎恢復了平靜；這時我的工作就開始了。我的眼睛雖受近視的困擾，卻擁有極其巨大的能量，敏銳異常，可在觀察物體上派上用場，而且在審視細微的物體表面時，它們也顯示出了良好的素養，體現出無法估量的價值。裝著戰利品的淺盤放在靠近窗戶的桌子上，我會靠近它，直至它所有的一切都在我視力範圍一兩寸內。

我經常熱切地向前彎身觀察，這時，水幾乎可以碰到了鼻尖，帶給我一絲冰涼的刺激。無聊的觀眾也許會形成一種印象：我想洗頭，卻沒鼓起足夠的勇氣一頭紮進水中——這種古怪的姿勢，我要保持很長時間，同時摒住呼吸，用難以想像的細心，審視著岩石中的每個微粒、每塊碎石上的漩渦。這項工作，若父親完成，就只能藉助於顯微鏡；當然，他也特意用顯微鏡幫助我來觀察。但是，我的肉眼觀察還是發揮了作用，父親在《大不列顛放射學》中，慷慨地對此予以肯定，並對「我孩子那敏銳而訓練有素的眼睛」表達了謝意。

即使這有誇獎的成分，但並不是每位著名的生物學家，每位驕傲而自負的皇家學會會員，都可以把手放在心口上發誓：雖不到十歲，但我的兒子不僅填補了一個物種的空白，而且還為不列顛動物群增加了一個新種屬。然而，本書的作者卻做到了，他在一八五九年六月二十九日發現了一種微粒之後，帶著忐忑不安的心情，跑去宣佈那個新微粒的發現：「一種他不熟悉的形式。」從此以後，這個物種出現在所有海葵的名單上，被稱為 phellia murocincta，也叫 walled corklet。天啊！這麼才華橫溢的雛燕，竟然沒有在它的餘生中創造生物學的春天！

在海邊的這些日子，既令人激動又充滿甜蜜，也令我的健康大受裨益，儘管仍有人認為我身體還不夠強壯。我裹著厚厚的大衣和羊毛圍巾，夾在馬克斯小姐和瑪麗·格蕾絲·伯明頓中間，如同一隻裹的嚴嚴實實的法蘭絨氣球。單憑這副打扮，就足以讓我看起來夠弱的。「聖徒們」當著我的面，用他們直率的方式表達了他們的看法。一天晚上，傭人們在我床頭的談話，令我印象尤為深刻。當時，大塊頭的廚師蘇珊和那個總好喋喋不休、令人討厭的女僕凱特，在我上文提到的那個夏夜，為了不與他們說話，我閉上眼睛，故意躺著不出聲。她們互相搭著話。「啊，可憐的羔羊，」凱特嘮叨道，「日子不多了，要去見耶穌了——看這小傢伙的樣子，快了。」但蘇珊答道：「不是這樣的，我夢見了他，我敢肯定，他會因他為傳教做出的貢獻而得到赦免的。」、「為傳教做出的貢獻？」凱特重複道。「是的，」蘇珊繼續道，帶著嚴肅的口吻，「他將在異教的世界為主而流血，這是他的宿命。」她們走後，我用拳頭拍打著床單，決定無論發生了什麼，我都不會——絕不會——在那些令人恐怖的熱帶黑鬼中間傳遞福音。

第七章　偏執的愛

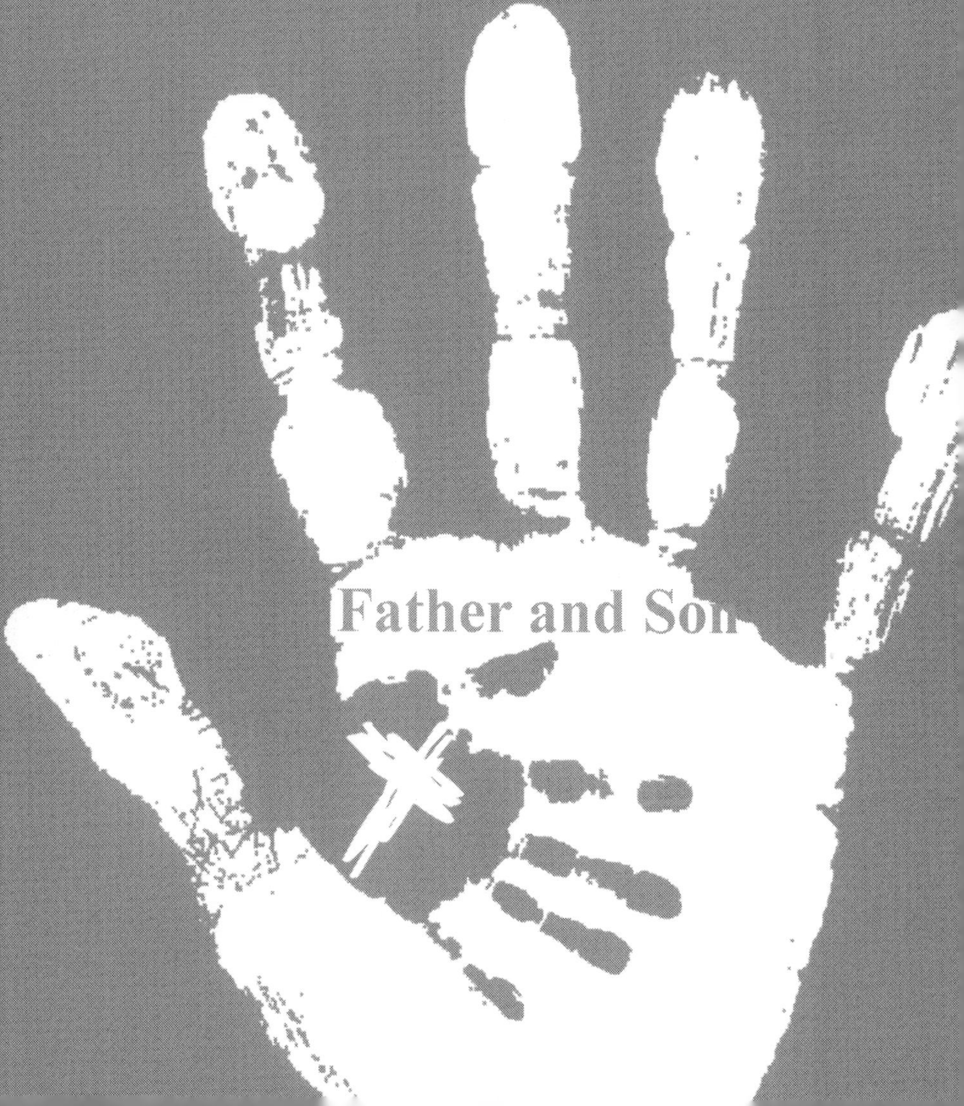

第七章　偏執的愛

在一個孩子的成長史中，像我這樣單一而又封閉的，真正體驗到了為公眾和成功而受到綁架滋味的人，是絕對相當少見的。在我們村裡，有好幾個「天真無邪之人」——即與人無害的怪人，他們不為公眾意見所左右，都或多或少、也確定無疑地僭越了理智與瘋狂的界限。因此他們得到了人們的嬌慣，父親甚至懷疑他們誇大了腦部的問題，只為了逃避勞動。表面看來，他們說話如我們一樣正常，卻不擔心被強迫去搬東西。瑪麗．弗勞小姐不屬於這些低能者，而是屬於法國人所說的「偏執之人」[1]。她智力還行，思維活躍，但智商有些偏離了軌道，駛向了整個國度。瑪麗．弗勞小姐是位退休的浸禮會牧師的女兒，她住在一個孤獨的小房子裡，房子位於巴頓十字山高高的山頂，我和瑪麗．格蕾絲有時在履行完牧師職責後，就會費力地爬上去看她。後來我讀到了一些著名的詩句，其中就有位哲學家表達了這種願望：

人生下坡老將至，仍願命運垂憐意；
悠然愜意輕搖椅，置身清舍閱潮汐。

1　原文為法語。

我的腦海裡本能地浮現出弗勞小姐的屋舍。門外有個走廊，既可避雨又可遮蔭，屋頂覆蓋著茉莉花。但說到這個地方的魅力，其實是來自附近一所夏季避暑的小屋，裡面放著桌子，白貝齒鑲嵌在桌子表面；還有幾把椅子，可以坐著俯瞰遙遠的港灣。在這個茅屋門口，總擺放著一把「愜意的扶手椅」，我想，它專為尊敬的弗勞牧師而放，也許是留在那裡為了紀念他，但是我記不得他當時是否還健在。

拜訪瑪麗．弗勞小姐，讓人感覺輕鬆快樂。她總是熱情洋溢地接待我們。一看見我們來，就磕磕絆絆地上前迎接我們，然後領著我們，一手領一個，手舉得很高，動作如跳舞一樣，這樣的場景我認為好看極了。我們來到她屋前，她用德文郡的奶油和如鵝卵石一樣的小塊餅乾，盛情款待我們。與瑪麗．弗勞的談話，對我是一種享受，我喜歡它的無拘無束、任性隨意，如同音符一樣，散落在多個鍵盤之中。如瑪麗．格蕾絲．伯明頓小姐所言，人們永遠不知道親愛的瑪麗．弗勞接下來會說什麼，她自己也不知道，她的這種輕鬆隨性，為談話增添了別致的魅力。這個可憐的人，因失戀而走火入魔，但在當時，我並不知道這些，也根本看不出她的瘋癲。我只認為她與眾不同、思想獨特，所以特別喜歡她。鑒於即將發生的一些事情，如果我仍假裝認為這不是對我的偏愛，那麼就有些矯情了。

瑪麗．弗勞小姐從一開始就對父親的佈道充滿虔敬，村裡人也同樣對此非常沉迷，所以才沒有人想到阻止她來到禮拜堂。星期日晚上，大批教眾按要求坐在位於禮拜堂中央的長凳上，面朝經台，凳子四周留下過道；少數教眾則坐在靠牆的凳子上。父親臉對教眾，在經臺上傳道。如果儀式還在進行時夜幕降臨了，穿著閃閃發光的白色罩衫的理查．莫克斯亥，就會慢慢地繞人群走上一圈，藉助火柴的幫助點亮牛油燈。瑪麗．弗勞總是坐在上位——前排的最左邊，正對著父親。馬克斯小姐和瑪麗．格蕾絲先把我安頓下來，然後坐在與瑪麗．弗勞同一排的右邊。點蠟燭的過程中，瑪麗．弗勞小姐經常默默地在座位上，向莫克斯亥指出他該點哪組蠟燭了，而莫克斯亥卻總是視而不見。她這麼做，就像雜技團裡的小丑指導僕人如何搬運傢俱、而僕人同樣視而不見一樣。瑪麗．弗勞小姐還有另外一個特別之處：雖說她像我們一樣默默地進行儀式，卻比我們要簡潔的多。我們晚上的儀式進程是這樣的：父親祈禱，我們都跪下；然後他朗誦讚美詩，我們就起立大聲應唱。接著他繼續祈禱大約一小時，其間，我們都坐在那裡傾聽。接下來又是讚美詩，然後再進行祈禱和發表告別辭。

瑪麗·弗勞小姐也走一遍這個過程，但省略了很多細節。我們都一起跪下，但當我們起立時，她早已站了起來，好像在唱讚美詩，卻聽不見她的聲音；在大家唱讚美詩期間，她會坐下打開《聖經》，找到一篇經文，然後向後靠去，眼睛一邊盯著書中的空白處，一邊聽著想像中的佈道，正好讓我們實際進行的佈道可以趕上，於是在接下來的一個小時裡，有四分之三的時間我們是重合的。當佈道平穩進行時，瑪麗．弗勞小姐就會站起，默默哼唱著她自己想像的讚美詩，然後跪下祈禱，再站起，整理好自己的東西，以一種仙女般莊嚴的姿態，輕快走出禮拜堂；而此時，父親仍在經臺上慷慨激揚地講著。沒有人想到要阻止她的這些行動，也沒有人想到阻止這個可憐人無意間的輕狂，直到有一天晚上，發生了一件不同尋常的事情。

這都是我的錯。瑪麗．弗勞小姐完成她假想中的佈道時間比以往早了一些，於是她就把讚美詩捧在胸前，獨自站了起來，緊接著又跪下以示虔誠；然後再站起來，在座位上坐了一會兒，接著戴上手套，整理好《聖經》、讚美詩和手提袋裡的手絹，準備離開。她心滿意足地向四周看了一下，沒有人理睬她，父親的聲音此時正洪亮地在我們頭頂響起。那天晚上，不知道為什麼，瑪麗．弗勞小姐這些慣有的動作，引起了我特別的注意，我從馬克斯小姐的位置上將頭伸出來時，正好與瑪麗．弗勞小姐對視上了。她衝我點點頭，我也點頭回應。不知為何，突然發生了驚人的一幕。瑪麗．弗勞小姐以不可思議的速度，順著座椅飛快地滑到我身旁，在我那目瞪口呆的監護人中間揪住了我的大衣領子，說時遲那時快，眨眼之間就帶著我衝出了禮拜堂，消失在黑暗之中。

父親在經臺上怔怔地看著，原本流暢的佈道，軟弱無力地從唇邊流出。大部分觀眾並未受到驚擾，只有他清清楚楚地目睹了發生的一切。而一排排茫然不知所措的「聖徒」，則目瞪口呆地向上愣愣地看著父親。在我們飛快走過門口時，父親大聲喝道：「沒有人阻止他們嗎？」瑪麗．弗勞小姐和我衝到濕潤的夜色裡，來到沒有燈光的村莊。幾分鐘後，教眾中動作最迅捷的一群人，在父親的帶領下找到了我們；我們當時正坐在一家肉鋪的臺階上。我的挾持者現在已經平靜下來，對於我棄她而去，沒有任何反對的表示，既沒有送來一個吻，也未曾說再見，如詩人吟誦道。

雖然當時沒感覺害怕，但毫無疑問，我的神經因這次出格的事件而變得脆弱起來。我畢竟還是一個孩子，難免不受到困擾，所以那一場景常常令我感覺害怕。而且我也大了，想的也多了，再憶起這些事情時，就不可避免地帶上了兇猛而離奇的情節。每天腦袋一沾到枕頭上，我似乎就加入了一次穿越時空的瘋狂賽跑。有一種力量緊緊抓住我，讓我感覺自己變成了一顆粒子，被它緊緊握在手中，它推搡著我，穿過漫無邊際的狹窄的小橋，橋的兩邊，河水在洶湧著發出吶喊，河水深不見底，令人頭暈目眩。

起初，因為我的手腳如馬澤帕[2]一樣被捆住，我的逃奔是沿著一條直線，但現在直線也開始扭曲。伴隨著河水的咆哮，我們一路奔跑著，最後落入一個漸漸泛起的巨大漩渦中，裡面燈

2 英國詩人拜倫根據烏克蘭的哥薩克領袖馬澤帕的傳奇故事而創作的詩《馬澤帕》中的主角。

光如畫，其間的雜訊喧囂迴響。在奔跑的過程中，有一個巨大的同心圓吞沒了我們，在我們的四周和頭頂旋轉。我和那挾持著我的不知名的力量，一路狂飆向前，衝著一個目標，使出全部的力氣，一心要到達那裡。但我心中因狂亂而產生的絕望告訴我，我們永遠也到達不了那裡；可是只有到達那裡，我們才可以獲得解救，才可以免於毀滅。在遠處，在那燈火明亮的漩渦的悸動之中，我剛好看見那個目標，那個紅寶石般的光點若隱若現，時盈時缺，上面寫著，準確地說，是組成了「胭脂紅」這個詞。

這一場景，夜夜反複出現，令我焦躁不安，心中充滿了莫名的恐懼。場景中的細節變化不多，只要一爬上床，就可以預料將要發生的情景。剛開始的幾分鐘，我應該與尼龍被中的寒冷作鬥爭，並努力保持著清醒。在寒冷之後，沒有一絲停頓，我就溜進那個可怕的暴風雨與緊張交織的王國。我被捆住手腳，一路奔跑著穿過漫無止境的空間。我醒來時，經常發現父親和馬克斯小姐站在床邊，大概是我的驚叫聲令他們擔心，關於這一點讓我感到難以言說地喜悅。他們可以幫助我從噩夢中解脫，因為噩夢很少一夜之間襲擊兩次。但如何保護我免受第一次的侵擾，他們卻無可奈何。父親也有其溫柔之處，想當然地以為可以用祈禱驅趕夜魔，於是在我剛剛上床時，他就會出現在我的臥室，跪在我身旁，臉埋在被單中，壁爐上蠟燭的燈光滑落在他黑色的頭髮上，他寬厚的聲音從被單中傳出，氣氛有點沉悶，祈求上帝保護我抵抗任何在黑夜裡行走的邪魔，祈求這邪惡的力量不會將我吞沒。

這個簡單的祈禱儀式起到了些作用，分散了我的注意力，但也導致了一種糟糕的習慣：父親開始喜歡在我的床頭祈禱了，而且時間一再延長。也許父親的祈禱時間有點過長了，因為在他祈禱時，我要設法保持清醒，有時得付出不少的力氣。可是在一個陰鬱的夜晚，我做了件不該做的事情，比昏昏入睡還不該做的事情。那天夜裡，父親還是一如既往地在大聲祈禱，而我則半臥在床上，衣服順著下巴斜披在身上。突然，一個相當大的、黑色的、扁扁的、腿很多的——勝過任何有尊嚴的蟲子需要的腿數的——甲殼蟲出現在床單底部，慢慢向前移動。我想，這不過是隻甲殼蟲，沒有什麼大不了的，就沒有管它。於是它順利爬過了父親光滑的頭髮，直接爬向了我，越來越近，直到它與我只有咫尺之遙。我癡迷地默默看著它，以至於它快要弄癢了我的下巴，我才尖叫起來：「爸爸！爸爸！」父親於憤怒當中一躍而起，拍掉了蟲子，我想蟲子對他而言，簡直不值一提！然後也狠狠地教訓了我。

這件事產生的絕望感，令我終生難忘。內心的幻覺，外面的蟲子，再加上因做了對上帝不敬的事情而產生的懊惱，當這三者同時糾纏在一起時，生活似乎真的糟得不能再糟了。我的尖叫聲，不但受到父親冗長的訓誡，也讓自己無法釋懷，只好歸因於所謂人類空虛的弱點了。我甚至認為，父親願意在一個充滿敬意的聽眾面前，聽見自己與上帝進行對話。他祈禱時專注而熱切，使用的是典雅莊重的規範英語；另外，如果我說出自己對此事的印象，就只能說，父親對自己專心祈禱時的聲音帶著某種迷戀，希望大家不要認為我不孝順。在他看來，我的救命聲毫無疑問打斷了他神聖而得體的表現。

「你作為博物學家的孩子，」他聲色俱厲地說道，「看見蟲子來時，竟然假裝害怕？」這只能是個藉口，他聲稱，是為了逃避在祈禱中見證信仰。「如果你專心致志地祈禱，如果你的心[3]追隨上帝的呼吸，爬行的蟲子根本不會打擾你在上帝的面前進行的禱告。小心！上帝是忌邪的，那些發出狗吠一樣叫聲的人，會讓上帝感到憤怒並毀滅他們。」

無論什麼時候，在重複叨念「因為我們的上帝是忌邪的上帝」時，父親都滿臉愉悅。我想，他喜歡這句話，他用的是這句話古時的含義。在禮拜堂裡，他說話時態度溫和、面帶笑容，他習慣告誡那些「聖徒們」：「我親愛的弟兄姐妹，我比你們更忌邪，我持有的是上帝般的忌邪態度。」我知道，因為我聽到瑪麗．格蕾絲小姐對馬克斯小姐這麼說過，父親的話被一些聖徒理解為：父親憎惡一些星期四參加衛斯理宗儀式的人。

但父親絕不可能這麼小氣，他所談及的「忌邪」，指的是一種崇高的焦慮、一種嚴謹的警覺。

3　《聖經．出埃及記》第三十四章。

他的意思是，對他而言，最掛念的事情是精神榮譽。他常告誡我要記住，上帝是忌邪的。其實他的意思是說，神聖的上帝，對我們的罪過和缺點並不能漠然視之。但我想，回首過去，對於像他這樣有良好教養和智慧的人，如此專注於上帝潛藏的憤怒，而不去關注上帝的憐憫和慈愛，的確非比尋常。根據極端清教主義理論，一個神經兮兮的九歲小孩，因受到蟲子的驚嚇而打擾了祈禱，耶穌和上帝一定會感受到深深的冒犯，一定會決心報復。這個例子再好不過地證明了極端清教主義理論的謬誤。

「胭脂紅」這個詞，出現在我的幻覺中，成為我追逐的目標；事實上，它並非與它表面上看起來那樣風馬牛不相及。這段時間裡，父親創作了許多微小的生物水彩畫，有些甚至只有在顯微鏡下才能看清楚。他創作的縮微畫，形式上惟妙惟肖，色彩上鮮活生動，即使再過五十年都不會褪色。目前為止，世上最昂貴的顏料是深紅色，它透過提取胭脂紅中的精華製作而成。我最近也成了父親藝術作品一位熱切的模仿者。我可以隨便使用他所有的顏料，但只有一種顏料例外：那塊碎裂的胭脂紅。我哪怕一毛刷都不可以沾，因為那是他僅存的全部了。

一般來說，這種質地極佳的胭脂紅，一金幣才能買一塊，但我不知道這是否屬實。因此，「胭脂紅」象徵了所有品味、藝術和財富的共同結晶，成了我念念不忘的口頭禪。比如，我想像在伯沙撒[4]的盛宴上，到處裝點著鮮花和珠寶，餐桌上擺放著最豪華的金製果盤，果盤上盛有君王最引以為傲的財產：一塊胭脂紅。我聽說，世界上最昂貴的珍寶，也沒有它那樣令人垂涎欲滴。所以，正是自己清醒時對它的百般癡迷，才讓「胭脂紅」成為了我夢中一直的痛。

這次昆蟲事件，以最糟糕的方式揭示了父親這期間的心境。他心意雖好，但過於嚴肅，不值得贊許，而且連一句解釋的話也沒有，更是令人感覺不可理喻。假如將我們的關係放於普通宗教家庭裡，對於我與高尚的品行擦身而過，父親並不會嚴加苛責。另外，我自己的心態，對於他射出的箭矢並非固若金湯。假如他像對待一個普通孩子那樣對待我，迄今為止，我也許還站在有覺悟的基督教的圍欄之外。如果真那樣的話，他會更加執迷不悟，而自己的情感會更容易與他疏離。但現在，他已然形成了成見，並執著地培育著它：我是精英中的精英，一個能夠揭示神聖的救贖奧秘、並接受這些奧秘之人。在他偏執的幻想中，聖靈早已在我身上施展了真實且永久的法力。因此，我已位於圍欄之內，並佔有一席之地，如人們常說的那樣，羔羊已與山羊劃清了界限。而另外一個孩子，也許他行為端正，但如果他沒有意識到「緊緊跟隨基督」，他的良好行為也毫無意義。相反，我也許頑皮淘氣，需要上帝和人類的訓誡，父親這麼認為，

4　巴比倫最後一個國王的名字。

沒有任何事情能夠阻礙我被上帝選中。遲早——也許會經歷很長時間——我必然會重新蒙受天恩。

信仰決定我要確切無疑地被聖化，而我又同樣確切無疑地頑皮淘氣，這兩者之間的矛盾，此時令父親煞費苦心。他在家庭禱告中常常為此做出調解，也不忌諱將我的不端行為暴露給僕人，並在上帝面前帶著悲傷的腔調一一展現出來。他篤信，我所有微小的疾患、所有的疼痛，都是用來矯正我的過失的。他將這種勸誡進行的很執著，即使在我的痛苦剛得到舒緩、並未徹底痊癒之前，他也不忘插入這種訓誡。哪怕硫黃火柴燒了我的手指，或者門夾了我的鼻子（只提兩個我記得的疼事），父親也會鄭重其事地高聲禱告：「噢，願這些痛苦為他傳遞神恩！」然後才開始為我治療。所以，在這些折磨人的壓力之下，我幾乎渴望成為一個不信神靈的孩子，沒有任何特權可以蒙受天恩，因為我認為，這樣的孩子不會遭受痛苦的一路糾纏。

這時的我，對「另一個孩子」的思想或行為到底如何卻一無所知，這聽起來也許奇怪，因為即使快十歲了，我還從未與其他孩子打過交道。「聖徒們」有孩子，但並沒人鼓勵我去與他們結伴，我也根本沒有這方面的願望。終於，在一八五九年初，我獲得許可與一位我的同齡人交往。我不記得，自己曾因獲得這個許可而激動不已，我只是理所當然地接受了它，沒有顯露任何該有的熱情或渴望。

我的第一個玩伴，是一個幾乎與我一樣大的孩子，他叫本尼，顯然是本傑明的昵稱。我忘記他的姓了，但他媽媽是個既嚴肅又神秘的有錢人，住在一座別墅裡。那座別墅比我們的家要大很多，也很古老，位於路對面。「去和本尼玩」，意味著我可以在外面走上一小段路，而且是自己走，這讓我的自尊心獲得了極大的滿足。幼時的記憶似乎總是偏離，顯然，第一次與年紀相當的孩子接觸，一定讓我感到興奮不已，另外還會增長見識！然而，我卻真不好說是不是這樣。

在我看來，本尼的媽媽擁有一個巨大的領地，裡面有寬闊的灌木叢，其間的草坪綿延彎曲。還有一個果菜園，裡面種滿了古老的果樹。這個地方歷史悠久、綠苔遍佈、樹蔭濃密，令我心曠神怡。相比之下，我們家的花園卻光禿禿的，顯得格外粗糲刺眼。一座古老的磚牆將花園一分為二，我們既可以爬上爬下，又可以登高遠眺，一定會玩的很開心。但我卻根本不知如何去「玩」，我從未學過，也從未聽說過任何「遊戲」。我想，本尼肯定跟我一樣缺乏主動性。我們只會四處逛逛、晃動樹枝、到處爬牆，這就是我們曾經做過的一切了。雖然我清晰地記得那時大人們的長相和他們說過的話，可卻記不得本尼說過的任何話，對他的回憶也少得可憐。

比如，我可以清晰地記得威爾克斯小姐。我仔細觀察過她，懷著非常謹慎的態度，以及超出我年齡的那種疑惑和警覺觀察過她。在威爾克斯小姐身上，我發現，一種以前自己決然不熟悉的性格，赫然出現在我們的經歷之中。在我們這個沒有夏娃的伊甸園裡，女人即使不一定「既粗野又可怕」，也一定是「明日黃花」。但威爾克斯小姐卻相當年輕，每個接近她的人都會感受到她的魅力。她身上的一切，都充滿女人獨有的味道，讓你無法自已。她的每個手勢，似乎都流露出女孩般的天真和朝氣蓬勃的生命活力。

我想，按實際年齡她並沒有這麼年輕，畢竟已是一所大型女子寄宿學校的校長了。她很負責任，也值得信賴。她的內心充溢著生活的快樂。她有著一張小圓臉，一雙迷人的眼睛。抬起頭時，捲髮似乎像塔裡的鈴鐺一樣顫動著。她雙手握起時的樣子很迷人，她會一邊把手按在胸前，一邊說道：「哦，但是——真的是現在嘛！」樣子簡直美極了。她高聲叫喊時也如請求：「噢，您不是在戲弄我吧？」這會讓老虎也拜倒在她的石榴裙下求饒。

雖然父親不樂意拜訪左鄰右舍，但在一起度過了一整年沒有社交活動干擾的日子後，我們的朋友圈似乎開始擴大了。他是一座城堡，需要強行闖入。對於他，當地人還是表現出來相當的好奇，因此我們的朋友圈也越來越大，而且在某些方面，還取得了一定的影響。第一個要說的就是查理斯．金斯萊[5]先生，自打從我們來之後，他就頻頻造訪，而且毫不猶豫。他因有事要辦，所以頻繁拜訪臨近的鄉鎮，每當這些時候，他都會過來拜會我們。但父親從來就是一個

5　一八一九—一八七五年，十九世紀英國作家、詩人。

令人討厭的朋友，他固執到不可理喻的地步。我清楚地記得，一個工作日早晨，在我們家剛裝修一半的畫室裡，父親正在對即將領聖餐的人發問，這時，僕人說金斯萊先生來了。父親用洪亮的聲音回答道：「告訴金斯萊先生，我正在和一些上帝的孩子研習《聖經》。」後來，當準備領聖餐的人在祈禱聲中解散時，我跪在窗前，看見《希帕蒂婭》的作者正緊張地在花園裡快速踱步，顯得非常不安和焦急，他寧願承受這種羞辱，也不願失去與我父親見面的機會。金斯萊的確勇氣可嘉，有時甚至會拽我們出來，與他一起到托貝[6]查詢資料。雖然他的鷹嘴和喋喋不休的聲音，讓我感覺有點害怕，但他出現時帶來的快樂，總會給我家嚴肅的氛圍，送來一陣清新的空氣。

除金斯萊之外，那些沒有恰當理由的拜訪者，卻給我們帶來了相當大的干擾。父親和我常坐在我們稱之為書房的樓下的房間裡，父親在顯微鏡旁，而我則手中拿著地圖或書。這時房間裡一片沉寂，甚至可以聽見海藻的歎息聲。突然，前門鈴響了，父親馬上皺起眉頭，彎身對我低聲嘟囔道：「什麼事？」然後就聽見急促的腳步聲，有人進了房外的走廊，到了花園，進入了花棚。如果訪客不是像郵差或稅務員那樣有事而來，我常常走上前，哄騙這害羞的訪客別再閒逛了，趕緊回家。如果是有事而來的訪客，尤其是女客人，我就假裝天真地搪塞道：「父親

6　英國英格蘭西南區域德文郡一地名。

不在家！」

面對如此戒備森嚴的人間天堂，我不知道美女蛇威爾克斯小姐是如何進入的，但她的確進來了。她常與教友們在臨近的鎮上進行「擘餅儀式」，並從那裡一步步實施她的計畫，而且在某種程度上已取得了成功。她公開宣稱，自己對顯微鏡深深著迷，希望一些姐妹也來學習一下。她來家時，有一個可有可無的嬤嬤和一些學生陪著她。我非常不願意地向這些學生出示我們的「大自然的樣本」。他們侵入我們家，用喧鬧的聲音打破了這裡的安靜。我忍受不了她們當中的任何人，只是對威爾克斯小姐有些戀戀不捨，因為我發現她也不喜歡這些人。

不知威爾克斯小姐藉助何種策略，但顯然她已占得先機。當前門響起敲門聲時，父親在閃身躲入花棚之前，會派我去看看來訪者是不是她。她是位不知疲倦的傾聽者，而父親又是位熱情洋溢的導師。她總是不厭其煩地表示，與我們相識是上帝的安排，能給她帶來多麼大的啟迪啊！她會透過顯微鏡，仔細觀察那些可怕的生物體，而且就那樣一直觀察著，直到水滴蒸發散去。水滴蒸發時，環繞水滴的銀環會向內泛起褶皺，發出一道閃光，然後消失得無影無蹤。

「哇，我只能說，你們做的事情多麼神奇啊！」這是她經常發出的讚歎，也收到了良好的回應。此外，她還知道了許多物種的拉丁名字。回首當時的情景，一想到這個可憐的女人為此一定是煞費苦心，我就感覺她有些可憐。她對父親說的每個字都很「走心」。真的是這樣，有一個例子就很好地說明了這一點。

父親很善於表達思想。有一天，我想一定是在討論什麼是時尚的時候，他說白色是唯一與女士的長筒襪相配的顏色。在那之前，威爾克斯小姐穿的長筒襪的顏色一直是深紫色，從父親說過那話之後，每次來我們家，她就會穿上白色的長筒襪。這種縝密的心思，若沒有人提醒，我這個小孩子是決計觀察不出來的。只是有一次，我聽見馬克斯小姐神秘兮兮地向她的密友提過此事，我也在威爾克斯小姐的腳踝處得到了驗證。馬克斯小姐還說，以一種隱秘的「親愛的瑪麗．格蕾絲，只有我們倆知道」的方式，威爾克斯小姐是個「狐狸精」。我對詞語最為好奇，這個詞我還沒聽說過，於是就在大英語詞典中查找它的含義。字典裡給出的定義有兩個：一個是狐狸精，一隻雌狐狸；另一個是風騷女子。在當時，我還是一頭霧水。

不管她是否是個狐狸精，她還是個善良的女教師，她只是想活躍一下單調的生活。威爾克斯小姐的確給我們帶來了很多生機。我想父親大概還不知道他要面臨的風險，至少馬克斯小姐和瑪麗．格蕾絲認為他不知道。後廚，往往是女士們夏天時的私人聊天室。在那裡，她們都在祈禱，希望父親早日睜大雙眼，以免鑄成大錯、後悔莫及。但我更傾向於認為，父親的眼睛一直是睜著的，法國人稱為「睜一隻眼閉一隻眼」。為了某一特定目的，可以讓適當的光線從睫毛之間滲透進來。後來，當有人提及威爾克斯小姐時，父親不無滿足地回答：「啊，是啊！在我鰥居的日子裡，她給我帶來了很多的快樂！」父親常去她的寄宿學校，那裡的花園曾經是一個謀殺現場，可位置卻帶著浪漫的氣息，處於一個已開發的懸崖邊上。拜訪她時，父親總是帶著我，讓我全程陪他。可威爾克斯小姐卻有些擔心：這個可愛的孩子體力有限，承受不了這麼多的勞累和興奮，不妨在客廳的沙發上稍微休息一會兒。

大約在這個時候，家裡開始討論我的教育問題。長時間的接觸已證明，馬克斯小姐在教育方面的確存在缺陷。我甚至猜測，如果放在顯微鏡下，她那薄弱的功底就會像水滴一般瞬間蒸發。而與之相反地，她負責的工作領域卻變得開闊了。在我喜歡的科目上，或我擁有參考書的科目上，我都在勤奮地自學。其他科目雖然占了大部分，我卻根本就沒怎麼學。如《奧羅拉·利》[7]一樣：我用盡了渾身氣力，才畫出了宇宙的光環。尤其是動物學、植物學和天文學，但顯然不包括地質學，因為父親認為，學習它們，容易誘導人們失去信仰。我臨摹了大量的地圖，讀了能找到的所有的旅遊書籍。但是，我沒有怎麼學數學、語言學和歷史，因此在這些重要的科目中，我面臨著變成文盲的巨大風險。

父親抱怨時間短暫，卻認為有責任做些事情彌補我學習上的缺陷，於是我們開始學習拉丁

7　維多利亞時期的傑出女詩人伊莉莎白·芭蕾特·白朗寧，又稱勃朗寧夫人的代表作。

文。學的是一本十八世紀的識字讀本，父親當初學的就是這本書。這個讀本包括一堆堆的單詞，還有嚴格編排的連詞和變格，數量驚人，根本毫無樂趣可言。在父親的眼皮底下，我常常被迫安心學習，每次都要學整整的一頁，而他，要麼寫作、要麼畫畫。夏天，窗戶是打開的，我的椅子靠近窗前。窗外，一隻蜜蜂正在搖動著鐵線蓮花朵；一隻大西洋赤蛺蝶，在外廊炎熱的混凝土地上撲扇著翅膀；一隻烏鶇正飛掠過草坪。我要一直坐在那裡，把枯燥的拉丁文書捧在眼前，拉丁文書的羊皮封面散發出黴味，但凡是人，幾乎都難以忍受。在這辛苦勞累裡面，也產生了一種意想不到的甜蜜。聽見我重複一串串的名詞和動詞，讓父親對古典文學的記憶復蘇了。

很久之前，在那古老而孤獨的歲月裡，在加拿大湍急的海岸邊，在西印度的沼澤邊，他的維吉爾[8]曾給他帶來前所未有的安慰。極度癡迷宗教之人，對大多數偉大的古代作家，總存有一些逆反心理。賀拉斯[9]、盧克萊修[10]、特倫斯[11]和卡圖盧斯[12]，對於一個一心只想知曉耶

8 西元前七〇—前十九年，古羅馬詩人。
9 西元前六五—前八年，古羅馬詩人。
10 西元前九七—前五四年，古羅馬詩人和哲學家。
11 西元前一九〇—一五九年，拉丁詩人。
12 西元前約八七—約五四年，古羅馬詩人。

穌及其懲罰的讀者而言，總有或多或少的品格，讓他反感到深惡痛絕的程度。然而自遠古以來，基督教會就已達成共識：這種反感並不適用於維吉爾。在所有古典詩人裡，維吉爾最篤信福音書；所以可以盡情欣賞他的傑作，而不必費力去辯解，更不必找出理由。

一天清晨，父親剛從書架上端取下維吉爾的作品，他的思想就開始從身處的環境中游離出來，再一次穿越回過去。這一版本的書，專為法國王室而出，無論父親走到哪裡，總會帶著它。羊皮封面上有一道明顯的刮痕，那是阿拉巴馬森林裡的荊棘所賜。暮靄降臨時，父親會合上書頁，完全忘記了我的存在，憑藉記憶輕輕吟誦起那些迷人的詩句：提氏盧斯你啊，在櫸樹繁枝造就的華蓋下斜臥。他用柔和的顫音哼唱著。這時，我不再玩耍，只是認真地傾聽著，如同傾聽夜鶯的歌唱；他唱道：你卻還在蔭涼中隨興而坐，使迷人的「阿瑪瑞麗」的美名在林中響徹。[13]「噢，爸爸，這是什麼意思？」我實在無法控制自己，不禁問道。他把詩句翻譯成英語，解釋了其中的含義，但他的解釋卻沒有引起我多少興趣。「美麗迷人的『阿瑪瑞麗』」對我意味著什麼？她和迷戀她的提氏盧斯，根本未在我腦海中喚醒任何的遐想。

但在詩句的聲音裡，蘊含了令人驚歎的魅力，雖難以名狀，卻展現了一個奇蹟，喚醒了我本能的詩歌天賦。這一切發生在轉瞬之間，在一個朦朧的清晨，當時只有我和父親坐在早餐飯

13 選自維吉爾的《牧歌》。

廳裡喝茶，我們安詳地享受著這一時刻，他也根本沒想到對我勸誡或讓我獲得啟迪。如柯勒律治[14]所言：所謂詩，「是微風在花朵中嬉戲」，如飛蛾一般在玫瑰叢中降落，它神奇地抓住了我的心，自此再未放手。我哀求父親一遍一遍地哼唱這首詩歌，他也為我的執著感到驚訝。終於，我的思想抓住了它們。當我在本尼家的花園裡散步時，當我留戀徘徊於海岸邊的潮水池時，內心總澎湃著一個聲音：使迷人的「阿瑪瑞麗」的美名在林中響徹。

14　一七七二—一八三四年，英國湖畔派詩人和評論家。

第八章　家庭管理制度的變革

第八章　家庭管理制度的變革

上一章中，我著眼的都是這段時間裡，我們生活中輕鬆愜意的事情。現在，我必須轉向那些不太輕鬆的話題了。十歲後，我性格上成熟起來，這給父親帶來一種焦慮感，成了很值得他慎重看待的事。人們已認為我此時的智力發生了突變，客人們常讓父親注意到一種現象：我現在「出息多了」。我以前一直長的像個小蝦米似的，現在我身高長的很快，不再看起來弱不禁風了。回顧過去，我想，在智力方面，我並未一夜之間變得成熟起來，發生突變的主要是在社交上。過去，我行為拘謹、性格膽怯、不好言談，也不喜歡與陌生人為伴。但十歲後，我自然而然地打開了心扉，變得好與人交往且善談起來，也許給了周圍的人「出息了」的感覺，因為有些話，過去我只是想說，現在卻能夠說出來了。

毋庸置疑，我發生了變化，但我認為這主要是身體上的改變，絕非思想上的改變。我一直身體瘦弱，也可以說弱不禁風，所以肯定看起來憔悴不堪。可自從睡眠改善之後，我不再神經兮兮的了，吃的多了，也長肉了。如果還是一副弱不禁風的樣子，人們就仍會當著我的面說：「這個可憐的孩子，時日無多了！」正是對這種事情逐漸習慣起來，我的身體才日漸強壯。這是一個顯而易見的事實，雖然明知道有什麼在等待著我，但我仍頑強地從中走了出來。

模仿，我認為是一種非常有益的行為方式，而且隨著我模仿行為的增加，效果也顯現了出來：我的智力水準提高了。在這段時期，對所謂「原創性」的追捧達到了白熱化的程度，以至於即使是孩子，如果沒有嘗試什麼與眾不同且無人媲美的事情，就會被認為沒有前途。

自打懂事時起，有抱負的人就會被灌輸：走別人從未走過的路，讓別人行動中的不可能，變成自己輕而易舉的可能，創造新思想和新形式；這些都成了天才成功的秘訣。在獨闢蹊徑時，一個人就會表現的脾氣古怪、自命不凡；而這才是一直被人們認為具有創新思想的表現。雖然這些傳統思想在作祟，但我仍堅持認為年幼時期的健康思想，註定不是透過創造舉世無雙的奇蹟表現出來的，而是透過親身模仿周邊人的言與行而體現出來的。偉大的雕塑家的孩子，終日寄身於雕塑中間，也試圖從大理石中精雕細刻出一個頭顱，但這並不意味著他也會成為一名雕刻家。政客的孩子，可以坐在空蕩蕩的委員會裡，也可以從幕簾後對著想像中的議會，發表高談闊論式的演講。我是一個透過顯微鏡觀察、並用畫筆將自己的所見付諸楮墨的孩子，也願意觀察並將我的發現描繪出來。但是，上帝保佑！這並不說明，我生來就會成為一名縮微畫畫家或者一名學者，我只是渴望將身邊所見的有活力的事物臨摹下來，而這無非是孩子的天性付諸行動的一種表現而已。

按照世俗的標準判斷，我所做的工作已初見成效，變成了一篇有關海邊生物的專著。我模仿父親撰寫《大不列顛放射學》的方式，將我的專著內容分門別類，還繪製了表格。我把這些謄在紙頁上，紙的大小和父親的打印紙的大小一樣，還給它們配上了水彩畫，意在模仿父親那準確且精美的插圖。我仍保留著一兩張這樣的臨摹品，現在再審視它們時，我仍感到驚訝：儘管它們不擁有任何技術含量，但我仍驚訝於做這事時自己的執著和耐心，這是認真而勤勉勞動的證明。

實際上，父親並未分配給我做這些事情，他也不贊同這種做法。他受到了「原創性」異端思想的感染，極力勸導我不要再模仿了，而是要走出去，到花園，到海邊，用嶄新的形式描繪新事物。這種想法相當不現實，因為我沒有這種主動性。但我現在卻非常理解父親為什麼反對我做這些工作、卻又對我那麼放縱且心平氣和的原因了。

他很可能認為，做這樣的事情佔據了我大量的時間，也浪費了我大量的時間，而且，即使可以稱它們是對他作品的模仿，充其量也是拙劣的模仿。我發現了一些新物種，它們帶著藍寶石一樣的斑點、深紅色的觸角和琥珀般的條紋，與他的那些實際物種非常接近，這令他感覺有些不安。他認為，他有責任保護海洋生物，這是他的出發點。而且我也沒想到，這些帶著環紋和斑點的變異物種，會讓他感覺難堪。假如我不是如此天真和嚴肅，他也許會認為我是在故意嘲諷他。

這些非同尋常的科學之旅，也許這麼稱呼有些不恰當，但它們的確佔據了我大部分時間。房後有一間小的空房間，隨便放些木材和清空旅行箱時扔掉的雜物。房間裡已有了一張桌子，我就加了把凳子，就把這個毫無生氣的房間變成了我的書房。在這裡，我孑然一身、默默無聞度過了許多時光。父親的好奇心——但願不是他的猜疑心——偶爾會被喚醒；有時他會突然造訪這裡。他經常發現我弓著身子趴在桌前，手中拿著筆墨，或者手邊放著一盒染料和一瓶混濁的水，像中國學生那樣封閉在自己的大學裡，賣力地寫著什麼。

我敢打賭，在我們這個虔誠之家，如此離譜的事情是他做夢都沒想過的。我的做法，既緩慢又耗力。為了讓寫的字規規整整，我不得不用尺將字規範在一條線上，同時也要保證邊線對齊。寫作課程並沒有讓我的語言流暢起來，我只好不厭其煩地從父親出版的書中摘抄句子，一個詞一個詞地抄。周圍沒有一個人鼓勵我這麼做；另外，從事這些工作所需的艱苦和努力，往往令人不寒而慄，但我還是堅持著，繼續著這項奇怪而單調的工作。現在看來，自己的確有些古怪，但它已變成了一種欲罷不能的激情，讓我沉迷其中，完全忽視其他的課程和娛樂。

春天快來時，父親常到我的斗室來，只是為了把我攆到陽光下曬曬太陽。但沒過多久，我就又爬回斗室，重新陷入狂熱狀態。當然，這也給我帶來了麻煩。馬克斯小姐認為這純粹是虛度光陰，於是就大聲疾呼、強烈反對。我想，她一定會一邊樂著、一邊撕掉我的文稿和畫作，然後強迫我做所謂有用的事情。父親，天生就非常強調個性，當然不能贊同她的看法。此外，他對我進行的這種稀奇古怪的工作還有些興趣，所以並未完全譴責。但他一定認為這有些瘋狂。

對我而言，這引發了一場家庭管理體制的革命，因為父親開始鼓勵我與其他年輕人交往，其強烈程度，就如同他當初反對我與年輕人交往一樣。他明白，他不該允許我在這間發黴的小屋裡度過整個人生，以模仿的方式嚴肅而荒唐地創作論文，指望能在林奈學會[1]上朗讀。更重要的是，他對我糟糕的繪畫水準感到難堪，因為我沒有任何天分可言。他試圖教我學會，如何將他自己創造的縮微畫法，應用於自然史中，我被迫從自己怪誕的論著中轉向，在父親的眼皮底下，按照他的畫作，臨摹一隻正在飛行的漂亮的熱帶小鳥。模仿幫助了我，讓我終於可以創作出，能顯示出自己前途的作品來了。雖然這完全是在監工的強迫下，自己一筆一筆、一塊顏料一塊顏料地奮鬥而來的。

所有這一切，雖有荒唐的一面，卻也讓我認識到，我的付出是值得的。當然，以短視的目光看待教育的好處，一定不會正確。幼年時接受的教育，經常在塑造人的性格上影響最小，也永遠最無足輕重。我的努力，沒有讓我成為一名動物學家，因為紛繁複雜的結構和描述，讓我

1　位於倫敦皮卡迪利街的伯靈頓宮，建於一七七八年，以瑞典博物學家卡爾・馮・林奈命名。

感覺茫然無助，我甚至對海藻的構造都一無所知。但我卻無法認為思想薰陶一文不值，它教會我集中思想，描繪隱藏在細微差異之內的本質，準確地看待事物，並正確地說出所見事物的名稱。更關鍵的是，它讓我養成了一個習慣：要堅持完成自己手頭上的工作，不要因為興趣下降或主題不再新穎而有所懈怠，一定要為了既定目標堅持不懈，要有遠見，更要知其可為和不可為。在我看來，這種訓練，對我後來從事的腦力工作彌足珍貴。然而，現在的我，跟十歲時的我一樣，還是不清楚自己獲得這種習慣的方式到底有多可笑！

這段時間裡，我的精神狀況讓父親一直放心不下。他仍在追求自己的科學研究，並為此關上了所有世間快樂的大門，但他自己卻沒有任何負罪感，反而獲得了內心的安寧。萬幸的是，從潮水池中收集海洋生物，並將它們在書上描繪下來，以期讓更多的科學愛好者能夠看到，在他看來，與響應神聖的召喚並無二致。他內心細膩，幾乎細膩到病態的程度。假如他認為這兩者出現了偏差，他定會首先放棄自己的科學研究，那樣的話，他終會落得碌碌無為的下場。

但值得慶倖的是，他為自己的科學研究，找到了名正言順的理由：這是一項為上帝創造的作品增添光彩之事。現在，我要談一談他在此期間創作的《大不列顛放射學》。在這部書的前言中，他用一句話表明了他所付出的努力，讓我覺得這正是他能創作出這部博大精深、無與倫比的生物學專著的原因所在。他說，他發表這部著作，「謹為再次向三位一體的上帝致敬，他的金玉良言舉世無雙，他的創世傑作美輪美奐」。只有依賴這種踏踏實實的精神，才能將科學研究進行下去，這也是父親周日裡奉行的信仰，在平時工作中的一種闡釋。

我剛才提過，我的智力水準有了提高；這種提高不但開始延伸到宗教領域，而且在世俗世界的發展也絕不遜色。我還發現，我的模仿能力也變得不同凡響。在父親的陽光普照之下，我在茁壯成長。總體來說，我現在這個樣子讓他感到滿意。他找到了更富有意義的把手，可以讓我來把握生活。可是當他發現我的才能在細枝末節上延伸之後，他就變得焦慮起來，想確保上帝的恩惠得以維繫。幼年時，在某些方面，因性格使然，我對父親的一些想法存在抵觸情緒。

對於歡迎與不歡迎之間模稜兩可的事情，孩子們都是依賴好奇心作出評判。我也是如此，往往根據自己的好奇心，讓那些自己不在乎的事情在頭腦中先過一遍，只為了避免在昏然懵懂之中接受一些想法，憑藉愚蠢獲得那些不能憑藉講道理獲得的東西。我想，這就是我長年以來的做法。在我看來，父親是依靠著一堵死牆長大成人。雖然從本質上講，我在有些方面，表現的既聽話又馴服。但現在，我已經十歲，模仿天賦佔據了上風。任何事情，與父親期望我成為的那個人相比，對我都不具吸引力。如果現在對我還有所懷疑的話，懷疑的也應是我為什麼會變成這樣？一個這麼小的孩子，竟然有這麼強的接受能力、竟然這麼乖巧伶俐，這的確有些與眾不同。

此時，父親相信，付出如此巨大的努力都是值得的。他希望在我青春期到來之前，在靈魂為肉欲所羈絆之前，能不惜一切代價讓我一勞永逸。他認為，如果我現在可以成為「聖徒」，就可以與那些「聖徒」一視同仁，這樣就會確保我恪守教規。如果我能提早過上聖人生活，就可以用它來武裝自己，即使成長過程中再遇見什麼異教邪說，也可保證萬無一失。簡言之，他希望能夠按照成人的標準，將我吸收進教友會。這個計畫實施起來有些困難，需要迫切解決教會中的長老們帶來的阻礙，而且需要一定的勇氣，但父親最終還是說服了他們。至於這些事情如何困難，他又如何舌戰群儒才掃清這些困難的，我現在必須解釋一下，因為這是維繫我們父子之間關係的核心所在。

在與身邊的農民打交道時，父親一直不忘主動傳教，一再強調有必要對農民進行教化。重生和新生，都是上帝的再創造。他傾向於認為，只有在突然而至的某一特定的巨變中，人們才會產生危機意識。也許人們的虔誠持續而質樸，也許人們對罪的懺悔深刻而真實，但這本身並不意味著他們已悔改，只能認為這是為悔改做出的自然而恰當的鋪墊。人們總在再生的局限性上糾纏不清，而且經常持續很久。父親滿懷熱情地對待這些農民，長老們也關照他們，對他們進行解釋、勸導並為他們祈禱。這些人處於上帝的恩典之中，但他們並不一定會得到上帝的恩典。如果他們突然亡故，就會在未被感召的狀態下離世，那麼，所有在他們處於恩典之中時立下的誓言，因他們未與上帝立下盟約，若想蒙受上帝的恩典，不過是一個混沌不清的希望。

但是，在某一天、某一時刻，若生命得以倖免，這些人就會立刻知曉救贖的方式，他們不但會立刻接受救贖，而且會自覺地接受救贖，如同接受遞上來的蘋果。這種接受救贖的過程，就叫悔改。以這種方式接受救贖的人，哪怕一分鐘之前他還是憤怒之子，現在也變成了上帝之子。人的本性必須要改變，在大多數情況中，這種改變突然、公開而且一目了然。

我剛才說過「在大多數情況下」，因為父親承認可能有例外情況的存在。按照這一邏輯來說，「無論何人，如果沒有耶穌精神，他就沒有自己的精神」。通常情況下，如果不是有意識地且全身心地放棄靈魂，沒有人會擁有耶穌精神。但是這種說法定會導致淚水和放棄，而且它也需要用淚水和放棄為它鋪墊，所以除非在特定的時刻，否則這種說法不會也不能成立。信仰，在其神秘性和象徵意義上是必不可少的，但它不應該是辯論的結果，而應是心靈呈現出來的一種狀態。

基於這些觀點，父親不明智地脫離了新教中最嚴格的福音論，用自己的方式和獨有的嚴肅態度，把握著自己心靈的狀態。顯而易見，這種心靈的狀態，這種自願接受救贖的行為，需要一個前提，即對事物之間的關係，有著徹底而理性的認識。可以輕而易舉地獲得這種心態的，必須是謙虛且有教養的人，是那些充分具有獨立思想的人。換句話說，就是在人差不多成年的時候才能做到。因此，主張獲取懺悔特權的男男女女，必須明白並掌握自己所受的宗教教育的目的所在。

與眾不同的是，父親知道，他必須有足夠的理由，才能接受表達能力有限的人們參加聖餐儀式，這常給他帶來一些巨大的煩惱。不時會有一個與人為善、性格謙卑的勞動者過來，請求允許參加「擘餅儀式」。只有被問到一些敏感的關鍵性問題時，父親才會婉轉地提出：耶穌是他獲取信任的基礎。我記得，有一位上了年紀的農民，與父親關起門來談了很長時間，最後父親出來時，帶著某種迷惑的表情回答我們的提問，他邊聳肩邊答道：「我必須要把耶穌的名字、聖血和聖品送進他的嘴裡。的確，他終於真誠地同意了，但我不得不說，這可憐的智商著實讓我感覺有些氣餒。」

或許還有另外一群人，他們雖然離群索居，但從小就接受教誨，在信仰上帝的關照下，很早就熟悉如何接受上帝的召喚。因為他們悔改的時間很早，所以不為人們所知，也沒有記錄。在這種情況中，期盼悔改的事情再次發生就毫無意義。不要指望天國之火會第二次降臨，嘴唇只會一次沾上紅炭[2]，而且只有一次。因為這些過早獲選的臣民，在長大後發現他們並未得到

2 《以賽亞書》第六章，代表罪惡得到赦免。

新生，所以他們註定要被排除在上帝的救贖之外，必須繼續受到冷落，因為歷史不可重來。因此對獲得救贖不再有疑慮時，就沒有必要拖延；那樣的話，有百害而無一益。有些悔改，雖然沒有記載，甚至難以回憶，但只要有證據證實做過信仰聲明，就必須接受。只要智力有了明顯增長，雖然身體上還未發育成熟，在年齡上還是個孩子，都需要且必須接受參加聖餐儀式。這就是父親對我這種情況的看法。他欣喜地勸說自己，要在這群與眾不同的人之中，為我找到安身之處。

我說過，教眾們雖然溫順膽小，又沒有什麼能耐，但還是會抱成一團與牧師對抗的。他們背著父親，暗地裡反對我參加教會的計畫，因為他們自己的孩子還從未被提議過成為教友，而且他們當中的每個人，都是在心智成熟、經歷過嚴格的考察後才獲准入教的。我想，一個乳臭未乾的小孩，竟然享受連他們這些成年人都難享有的特權加入教會，這是讓他們一些人難以吞下的苦藥。瑪麗．格蕾絲．伯明頓拜訪鄉民回來，就報告各地教眾的不滿和上上下下的抱怨。但是還有相當多的人，尤其是婦女，強烈支持父親的計畫，大聲讚揚我這麼小的年齡就表現出來的虔誠，宣稱在我身上看見了神奇的承諾。「另一個少年撒母耳」[3]的說法廣泛傳播開來，

3 希伯來先知。

我成為了人們鬥嘴爭鋒的話題，以及鄉村早餐桌上的不和諧因素，性別大戰似乎因我就要一觸即發。在祈禱聚會上，人們也提起我，不是點名道姓地提，而是採用與眾不同的禮拜上的語言，人人皆知卻又很含蓄，稱我為「我們當中那位年幼之人」或「上帝葡萄園中的幼苗」。

對於這一切，父親都採取專橫的態度阻止著。一八五九年秋天，一個星期天的早會後，他懇請聖徒們關注一件私事。因為當時已傳言四起，父親的話並未讓他們感到意外。父親解釋道，這件私事就是接納他可愛的兒子參加聖會的「擘餅儀式」。我坐在那裡，腳尖勉強著地，在眾目睽睽之下，面色蒼白地衝著聽眾傻笑，他承認我還不是純粹意義上的成年人。但我對上帝的瞭解，已不亞於成年人了；而且我對上帝的救贖計畫具有深刻的洞察力，其全面性、條理性、與上帝教義的吻合度，即使上了年紀之人，也都會心生妒意。這番話，對那些磕磕絆絆尋求真相和愚鈍的人，不啻是當頭一棒，也讓一些老人不禁頻頻點頭。

父親接著詳細解釋了我早已確立的地位。他承認，在我悔改這件事上有些突然，引起了大家的關注，不能說不是一種遺憾，但它是建立在對我的罪過明白無誤的基礎之上的。然後，他陳述了他持如此堅定信念的緣由：在我年幼無知時，就已經信仰上帝。他說，如果這樣，我就不應該被剝奪參加教會的優先權利。在這種情況下，他寧願放棄自己做牧師的權利，提議教中德高望重的長老福克斯和貝雷行使他的權利，認真審查這個候選人。這真是精彩絕倫的一招，因為教友福克斯和貝雷無疑是這些不滿者的領頭人。父親的這一席話，將所有的包袱都拋給了他們。這次聚會在皆大歡喜中結束，父親和我回家時都興高采烈。我甚至有些得意忘形，竟肆無忌憚地問道：「爸爸，當我成為教會的成員時，可不可以叫你『尊敬的教友』？」父親也對早晨的努力異常興奮，居然沒有挑剔我的說法，而是笑著回答：「寶貝，雖然這百分之百地正確，但恐怕不太合適吧！」

有人建議，在我十歲生日時，是對我進行考驗的絕佳良機。因此為了紀念這件事，我們第一次點起了新燈，天色昏暗之後，我獨自回到自己的畫室。畫室終於裝修完了，看起來非常漂亮。第一個到我這裡來的是福克斯教友，他自己來的，然後是貝雷教友，也是隻身前來，而後他們兩人又一起過來。所以如果像學究那樣斤斤計較的話，可以說我連續經歷了三次面試。父親，雖不見蹤影，卻是正在幕後籌畫著一切呢。

我根本感覺不到害羞，只是神經高度緊張，整個人似乎都隨著激動的情緒而抖動著。另外，審查我的人，福克斯先生也極其困惑不解。他自己開著一家小型建築公司，又矮又胖，皮膚帶著比常人更深、也更統一的玫瑰色，因情緒緊張經常出現星星點點的汗滴，不時需要用花色手帕擦掉。他費了好長時間才切入正題，害得我不得不給他提示。我坐在光線充足的沙發上，證明著我對救贖論的信仰，其流利程度讓我自己都感到吃驚。我還沒有說完，福克斯這個因倔強古板而出名的中年雇主，就如孩子一樣淚流滿面了。

貝雷是位木匠，細長身材、不苟言笑，一雙一動不動的眼睛充滿好奇，可沒那麼容易為我著迷。他融合了檢察官的脾性和教徒的執著，苛刻地審查著我的能力。與他相比，我也毫不遜色。所以雖然他的頭抬得更高了，但受這種氛圍感染的程度，並不輸給福克斯多少。自從畫室裝修後，他們從未來過。我想，他們每個人都注意到了牆紙是多麼地漂亮。我認為，我讓他們注意到了它。在他們獨自盤問我之後，這兩位長老又一起來了，我剛才說過：他們在這裡祈禱了很長時間。我們三人都跪在沙發上，我位於他們之間。我的精神，從剛開始時亢奮的巔峰，到現在跌入壓抑的谷底，終於，輪到我哭泣的時候了。我模糊地記得，父親先走進了房間，接著是沉默而好心的馬克斯小姐，是她把精疲力盡、處於癱軟狀態中的我抱到了床上。

接下來的星期天上午，聚會的人群頭一次將禮拜堂擠得人滿為患；而我，當然成為了人們談論的焦點。父親，是渴望獲准參加「擘餅儀式」的人，也是他提出讓福克斯教友和貝雷教友向聚會的聖徒們，陳述一下他們拜訪的「那個人」，現在卻看起來比平時蒼白而陰鬱。在這種公眾場合，聽見自己的名字以這種方式被提及，令我興奮不已，而且其結果我根本不必擔心。

事實證明，我沒有必要擔心。福克斯和貝雷，雖然有時被指對我們懷有敵意，而且這種敵意的確在幾年後爆發了，也給父親帶來不少煩惱和痛苦。但在這個場合，他們卻不約而同、爭先恐後地讚頌我的虔誠。我的解答如此完整、清晰，我的謙虛「上帝保佑」！又如此令人感動，我對《聖經》的熟識如此令人驚奇，我對所有重要的救贖理論的陳述如此透徹明瞭，因此他們只能說，聽到這種清朗之音出自一個稚氣未脫的孩子之口，讓他們既困惑不解又無限欣喜，感覺在通往天國的道路上更進了一步。

我不喜歡被人描述為稚氣未脫，但瑕不掩瑜，就其他各方面而言，這兩位長老的報告功不可沒。父親看準這個時機，隨即站起來宣佈：透過公開受洗，我已獨立表達了皈依上帝的願望，我應該立即獲准「作為成年人」加入教會。此時，人們的情緒已高漲到極致，大部分參加聚會的人，都堅持要與我們一起走回我家的花園，卻讓看到這一場景的其他村民一頭霧水。

我的公開受洗，是我童年時最轟動的事件。從有了自我意識之後，似乎每一件事都為它而做，而這之後的每件事，似乎也由它引起並為了遠離它。當時，在奧蒂克姆海灘上教眾進行公開受洗的方式，已完全被淘汰。但在我們自己的禮拜堂裡，沒有專用的受洗盆。附近的鎮裡有間禮拜堂，是間非常大的教堂，所需的受洗用品也一應俱全。因此我們就主動請求鄰鎮幫忙。於是藉著促進兩鎮教會的友好關係這一理由，洗禮舉行了。它也的確增加了雙方社交往來。我想，這是在兩個教會的牧師和長老們的撮合下，雙方的力量才彙集到了一起，準備洗禮的人才有機會一起接受洗禮。

鎮裡聚會的執事牧師是S先生，一位非常瀟灑的老紳士，德高望重，雪白的頭髮，長長的白鬚，蓬亂的眉毛下，一雙黑色的眼睛閃閃發光，似乎在警告那些看見他的人：雪白是一種裝飾，而不是老朽的跡象。終於來到了我接受洗禮的前夜，我的受洗日期安排在十二月十二日，差不多是我十歲生日的三周之後。我身上穿的是古老的禮服，還將一件裝著許多漂亮飾品的衣服打包裝在旅行袋裡。夜幕降臨之後，這個旅行袋在父親、我和馬克斯小姐的護送下，被放進了四輪馬車上。車子在黑暗中走了很長時間，才來到我們朋友的教堂。在那裡，在耀眼的燈光下，人們紛紛伸出手來問候，人群中有低語聲、有歡呼聲，甚至還帶有淚水，伴隨著難以名狀的心情，我們被引導到聚會人群中前排的嘉賓席落座。

這種場景，不僅會感動我們這些離群索居之人，甚至會感動那些習慣周旋於生活之中、擁有眾多新奇且多彩經歷的見過世面之人。對我而言，它炫目得難以用語言表達，讓我感受到的只有難以抑制的激動，它揭開了自己獲取公眾關注和榮耀的序幕。有許多候選人，其他人大聲表示著感謝，跟隨著我、接受我的領導是他們的榮耀。我是此時此刻公認的英雄。在那個時代，新聞事業剛剛處於萌芽狀態，這個事件不值得進行報導。儘管如此，有關這個非比尋常的儀式的新聞，還有一個十歲的小孩子作為「成年人」接受洗禮的消息，還是在三周之內傳遍了整個國家。我們的東道主教堂，在這個夜晚，已被擠得水洩不通，每一聲溫柔的低語都讓我確信，他們的到來只是為了看「我」。

有的從埃克塞特[4]過來，有的從達特茅斯[5]，有的從托特尼斯[6]，只為了目睹這個與眾不同的儀式。有一位八十五歲的老人也來了，我旁邊的人低聲告訴我，她從漢普斯蒂德[7]專程來看我受洗。我非常驚奇，看著她那佈滿皺紋的臉，上面已顯現不出什麼是好奇、什麼是興趣了。她木然地坐在那裡，目光空洞，只在無牙的嘴裡嚼著看起來像棗一樣的東西。

教堂中間的地板已被取走，露出一片池子，應該是一個小的游泳池。我們凝視著這黑色的長方形的神秘水域，從它溫熱的表面升起了一團團薄薄的蒸汽。整個聚會的人群，都被安排在這個池子的周圍，一排挨一排；每個人都可以看見池裡發生了什麼，而無須丟人現眼地你爭我搶，也不必站在凳子上。這時，S先生站了起來，他是一位令人難忘的神職人員，立即就將人們的目光吸引過去，人群頓時安靜下來。S先生手中握著一本不厚的經書，正準備告訴大家讀哪篇讚美詩，這時，發生了一起意外事件。

4　英國英格蘭西南部城市。
5　英國德文郡一港口。
6　位於英國德文郡內的達特河口一小鎮。
7　英國倫敦西北部的舊自治市，現為卡姆登的一部分。

突然，池中水花四濺，人們發現一位高個少婦掉進了洗禮池中央，胳膊在頭上揮動，襯裙下鼓脹的空氣，把她整個人都筆直地支了起來，就像一隻吹足了氣的膀胱，被放在精美的老式托盤中。我無法確定她的腳是否觸到了洗禮池的池底，但我猜是觸到了。發生了這等匪夷所思的怪事，人群中頓時爆發出尖叫聲和吶喊聲，還有許多人激動地呼籲其他人保持安靜。詹姆斯·史密斯的話最適合用於這個場合了：他，為了尋求清靜，大聲呵斥道：「安靜！」但是這反而成了騷動的罪魁禍首。

這個年輕女人已處於昏迷狀態，馬上被人從水中救起，送到了專為洗禮候選人準備的帳篷中。人們後來發現，她自己一直熱切地希望接受洗禮，卻受到父母的阻撓。假如她是偶然落入水中，正好與她的虔誠相吻合，那麼，上帝註定要讓她接受洗禮，而不必理會所有的阻礙。但父親明察秋毫，對此產生了懷疑。第二天一早，他就向我們指出，首先，無論從哪方面上看，她並未接受洗禮，因為她的頭沒有浸入水中；其次，她一定是故意跳入水中的，因為如果是不慎失足落水的話，手和臉會拍打水面，而她的手和臉並沒有濕。但是因為她屬於鄰鎮的教會，我們沒有權力進一步追問。

現場又恢復了莊嚴的氛圍。S 先生一如既往地保持著威嚴的神情，向教眾提議唱讚美詩，這佔用了足夠長的時間，以便為真正的洗禮儀式做準備。之後，他退到教堂旁邊的小房間裡。

我將要成為第一個向上帝懺悔的人，在馬克斯小姐和瑪麗．格蕾絲的引導下，來到了剛才提到的那種帳篷裡。淺色的帳篷，在外面歌頌聖人們的歡快的歌聲中四面抖動。而此時，我的部分衣服已被脫去，準備接受洗禮。讚美詩的歌聲突然停下來，這提醒我們，牧師已經準備就緒。於是，在耀眼的燈光中，我們出現在眾人面前。我發現S先生早已站在齊膝深的水中，當我被眾人沿著臺階一路遞送到他那裡，落入他粗大的胳膊上時，感覺自己就像顯微鏡下的標本一樣渺小，幾乎可以忽略不計。他穿著一件白色長袍，袍子下是長長的氣泡，裡面蓄滿了空氣，他使勁地趕走空氣，捋平長袍，然後將美髯一端收束起來，並將雙袖在腕部挽起。

現在，所有的教眾都安靜下來，靜的在我下來時，腳下雜亂的踏水聲都似乎震耳欲聾。S先生對我短小的身材有點不太適應，但最終還是成功地穩住了我的身體，他的一隻手掌抵住我的前胸，另一隻手掌放在我的雙肩之間。他聲音緩慢，亮若洪鐘，似乎要穿透我的大腦並將其掏空：「我以聖父、聖子和聖靈的名義為你洗禮，我的教友！」吟誦完洗禮詞，他溫柔地扶我後仰，直至我的身體完全浸入水中，然後又輕柔地穩住我的腳跟，讓它們站在洗禮池的臺階上，最後將如落湯雞一樣的我，送到焦急等待著的女人們手中，她們迅速地把我送進帳篷。霎時間，人群中爆發出雷鳴般的歌聲，讚頌上帝無與倫比的慈愛。人群情緒高漲，氣沖雲霄，在我之後其他平淡無奇的成人洗禮者，再也無法追隨我潮濕而神聖的腳步接受洗禮，因為在他們接受洗禮時，人們哪怕最乏味的興趣都無法假裝表現出來。

在我受洗之後的幾周裡，父親激動的心情仍有增無減。現在回顧起來，我感覺有些可憐。他慣有的嚴厲已徹底消解，變成了讓全世界都可以感受到的親切隨和。他或微笑，或大笑，對我的意見也給予最深的敬意並加以審慎地考慮，沉溺於半遮半掩、羞羞答答的疼愛之中，極其不像他平時的習慣。我表達的所有願望，他都不遺餘力地加以滿足。他以溫柔的方式提出，他希望給我的唯一警告，就是要警惕精神上的驕傲情緒。

這當然有必要，因為對於當時的我而言，神聖感正在膨脹。我與父親保持的是宗教意義上的神秘感，對馬克斯小姐則頤指氣使，對僕人傲慢無禮，對與我同齡的年輕夥伴更是趾高氣揚，而且都已到了令人難以容忍的程度。現在，我與他們又開始有聯繫了。

我願意以莊重的口吻，結束這一不尋常的插曲，但上帝啊！若我要忠誠於事實，就必須記下有些孩子對瑪麗．格蕾絲發出的對我的抱怨：在教堂舉行儀式時，我曾向他們吐舌頭嘲笑他們，只為了提醒他們：我現在是擘餅的「聖徒」之一了，而他們還一文不名。

第九章　靈魂深處的自我救贖

第九章　靈魂深處的自我救贖

我受洗成為教會的「聖徒」之事，如過眼雲煙，飛逝而去；之後我所處的位置，反而比以往更為尷尬和局促。誠然，在某些方面我獲得了更多的自由，可以自己做主做些事情，而不必沒完沒了地讓人告訴自己：在這事或那事上，什麼是「主的意願」。我現在才明白，在這種進退維谷的境況中，我完全可以運用自己的思想進行思考。實際上，受洗之後我們嚴格的生活方式並未放鬆，透過與他人的生活習慣對比，我才知道了我們的生活有多麼清苦、嚴厲。

我是一名領聖餐的人，與其他在正義的帳篷中獨坐的人相比，唯一的區別在於，人們期望我隨時滿腔熱情地，回應每一次良心的召喚。如果做不到這一點，我的位置比之前或許更為糟糕，因為負載在我身上的責任，具有更活躍的本性。我行為上的瑕疵，也開始顯露出可怕的後果來，只是因為這些瑕疵，來自一個受到特殊啟示之人。父親不厭其煩地提醒我，我現在已正式入教了，必須記住，我做的每一件事，都是給其他人樹立榜樣。他常畫些可怕的畫，在畫中，一些想像中的小孩子，正從遠處偷偷地窺視著我，而他們的整個事業，有朝一日，甚至永久地會可悲地毀在我手中，只因我沒有保持我的燈火在一直燃燒。

洗禮接下來的那年，雖然禮拜堂的開端並不順利，但教區還是發生了巨大的變化。父親主持的儀式令人難忘，他的傳道也為他贏得了聲譽。有這樣一個精力充沛的人主持教會儀式，單就這一事實，就足以讓人們趨之若鶩。如果我的記憶沒有辜負我的話，這時我們已搬離了建在馬廄上的閣樓，親自在村中心建了一座小型教堂，雖極其簡樸，但是很寬敞整潔。這也讓教會活動更加熱鬧起來。所謂好事不斷，我們的宗教儀式開始廣受歡迎，還吸納了更年輕的一代人成為我們的新成員。許多年輕的石匠、木匠、女店員和僕人，發覺禮拜堂是個約會的好地方，一旦被納入父親的救贖名單並受到了邀請，就半真半假地故意上鉤接受救贖。

父親獨具慧眼，能清晰地分辨出哪些人動機不純，而哪些人只是好奇而已，然後果斷地將那些來這裡只是為了與姑娘拋媚眼的小夥子，或單純為了炫耀自己新帽帶的「女士」打發回家。可是對於暫時的虔誠，或虛幻的內心是否真實地發生了改變，他卻無可奈何。提到一些年輕人時，我常聽他說，這些人開始時信誓旦旦地參加儀式，但沒過多久，就「三天打魚，兩天曬網」，直至最後轉身離開——「我想，聖靈在他身上起了作用！」他這種失望情緒，讓福音傳道者都感到有些氣餒。

宗教組織的興衰沉浮，瞬息萬變、難以預料。我們來這裡的第三年年初，就參加的人數、悔改的人數以及其他活動的外在跡象而言，教會似乎正處於興旺發展的階段。然而沒隔多久，父親就開始麻煩纏身。一八六〇年，在教區的發展史上是至關重要的一年。雖然父親願意高聲讚揚那些聖徒，有時還領他們參加一系列宣揚玄學的活動，但事實證明，他們只不過是帶著原始氣息的農民，沒有受過良好的行為規範的指導，易沾染上侵入每個國家、每個維度的鄉村農民身上同樣的惡習。雖然父親勸誡他們，希望他們成為「光明之子」，雖然他們中的大多數人，真誠地想回應神聖的召喚，都無法阻止他們為罪過所羈絆的人性。這些罪過，從他們的祖先伊始，就已經滲透進他們的骨髓之中。

隨著加入教會的年輕人數量的增加，造成了新一輪的尷尬局面：年輕的男教友和更年輕的姐妹一起「出去散步」並「私定終身」。這給教會帶來了糾纏不清的麻煩。瀏流覽父親的筆記，我發現上面記載的某某正「追求」某某的事情一遍遍地出現，再就是一些可悲的事情：他「離開」了她。父親的語言一向嚴謹，「離開」一詞，它的意思就是這對戀人中有人改變了主意，但不是任何一方的過錯。但在有些情況中，它的含義要比這複雜的多。有時，對《聖經》興趣盎然並帶著全部的理智接受救贖的人，正是這些似乎對不貞的誘惑難以抵抗的人，這令他感覺痛心疾首。他認為這是撒旦的惡意最集中的體現：撒旦將最毒的箭矢瞄準了人群中最脆弱之人。

除了這些麻煩之外，教會還面臨著各種糾紛。教友相互指責對方私下酗酒，還有各種各樣拿不上檯面的忌妒和醜聞。那些剛剛被「勸誡」的成員，往往會「故態復萌」。這類事情，就其本身而言都微不足道，但當很多這樣的事情集中爆發時，就讓人覺得教會的肌體狀況不太健康了。有關這些醜聞的具體細節，大家都瞞著我，但我有著機靈的「長耳朵」，養成了一種技能：大人們在秘密交談時，表面上看我正饒有興趣地做一件事，比如說讀書或賞花，但我真正感興趣的卻是他們談話的內容。通常情況都是這樣：雖然我願意得知更多的細節，而且也清楚地知道聖徒們錯在哪裡，但奇怪的是，我還是常常對這些過錯的真正性質一無所知。

在父親的諄諄教誨之下，陷入罪惡泥沼的人們會懺悔罪惡——這種情況並非罕見。他們在悔罪時，習慣用一些我不太熟悉的象徵性的表達方式。我記得有位皮英斯夫人，她是我們的洗衣工，一直被人指責酗酒，所以被暫時阻止加入教會。當她重新出現在我面前時，她掛著洗衣皂的臉上充滿神聖，對我說：「噢！幸運的孩子，在這兒又看到老皮英斯了，你一定好奇吧，但是上帝已經搬走了我的山！」我曾經對她說的話百思不得其解，其實她的意思是，上帝已卸載了她罪惡的重負，讓她可以重新蒙受恩典了。

這些教友的反複無常，有時頻繁到驚人的程度，迫不得已之下，父親在一八六〇年年初，決心宣佈進行一次嚴格的禁食。一個周日，他發表了一次令我肅然起敬的演說，號召我們所有的人認真審視自己的良心，提醒我們說，老底嘉教會[1]正面臨令人震驚的命運。他說，如果我

1 《聖經．啟示錄》第三章。

們無法恪守自己的承諾，那麼，只做出信仰聲明還遠遠不能令人滿意，甚至洗禮也無法保證我們悔改。這是一個陰暗、有雨的冬日清晨，他發表的這番講話，讓教眾驚駭不已。當骨髓在骨頭裡凝固、人們在他面前低下了頭、後面女人們的抽泣聲若隱若現時，他知道他的這一番訓誡擊中了要害，於是，他宣佈將下周的一天作為懺悔日加以恪守。「各位教友，如果想繼續自己日常的工作，就請繼續，但只能靠苦難之餅和苦難之水為食」。

他對這些溫順的農民的影響註定非比尋常，沒有人試圖反駁他的訓話。在晨禱儀式結束後，他習慣留下來多待一會兒，與聖徒們友好地握手告別。但在那天，他一言未發就揚長而去。當時他緊緊攥住我的手，快速走上大街，一直未曾放鬆。

剩下的教眾如何恪守禁食的，我不知道，但對我們來說，這是可怕的一天。夜色漆黑時分，我被父親喚醒，隨他到了禮拜堂。那裡有寥寥幾人在舉行懺悔禱告。破曉時，我們回家，那一刻可真淒涼。吃早飯時發現，早餐只有幾片乾麵包和一玻璃杯冷水。整個上午，我不能畫畫、不能寫作，不能回到我儲藏間裡的書房。我們只能乾坐在早餐室裡，讀某位信徒寫的書，偶爾哼幾句憂鬱的讚美詩。終於，午餐來了，但跟早晨一樣，幾片乾麵包和一杯冷水。

下午跟上午沒有區別，父親也是如此。但是，馬克斯小姐看見我面頰蒼白，還出現了黑眼圈，就懇求帶我去散步。她獲得了准許，但得保證絕不能給我吃任何點心。雖然在散步期間，我告訴馬克斯小姐自己感覺「空落落的」（我們德文郡的語言，意思是餓了），她還是不敢違背承諾。最後一餐與前幾餐一樣，一天結束時，我們穿過潮濕的夜晚走到另一間禮拜堂。從那裡返回時，我已幾近崩潰的邊緣，沒有再吃東西就被放到了床上。我想，這天的遭遇雖非十分艱苦，但它的確非常嚴格地恪守了禁食的規定。父親煞費苦心，想看看他所說的苦難之餅和苦難之水，在他自己的家庭內是如何踐行的，他希望我們每個人都和他一樣堅持到底。

不在父親眼皮底下時，自己對於他人的靈魂所持有的態度，現在回頭再看，總令我心生愧疚。在這個事無巨細都可以說三道四的世界裡，父親有很多不同尋常的管道，瞭解我離家後的行為。這是我過去沒有意識到的，所以對我的言行為何能在他的掌控之下，總是百思不得其解。他習慣教導我「無論合不合時宜，都要為耶穌講話」，鼓勵我像聖女大德蘭[2]那樣，不顧一切地為摩爾人[3]和殉難精神奉獻自我。但是無論何種令人警醒的話語，雖然能對他人產生作用，卻只會神奇地冷卻我的熱情。若沒有那個可悲的「不合時宜」，我根本就不會「講話」。這樣看來，人們似乎真不該隨便說話，因為如果在一個「不合時宜的」場合說了話，那麼他說的話

2　西班牙聖女大德蘭，也稱阿維拉的特蕾莎，一五一五—一五八二年，宗教改革者、學者、教會聖師、十七個會院的創立者、四本書的作者，也是帶領基督徒祈禱的傑出聖師。

3　指盤踞伊比利亞半島——現在的西班牙和葡萄牙——將近八百年的柏柏爾人。

一定是「不合時宜的」。不可能有其他選擇，對於靈魂而言，沒有關閉的時候。

父親對我非常寬容。為了聖化我對教友的拜訪，他常常誇大我付出的努力，儘管誇得有些磕磕絆絆的。現在我才明白，人們出於好意，常習慣按神聖的方向引導我。另外，為了取悅父親，他們彙報給父親的都是：我已經在為上帝的服務中「證明了自己」。自始至終，所有的一切都是刻意而為，究其根源，部分歸因於父親永遠無法讓一切都聽之任之。他對我非常擔心，這不是因為苛刻或惡念，相反的，這是他出於對我的愛意，只是過於焦急了。他迫切希望我成為一盞閃亮的燈火，讓我實現他自己未竟的意願，而且不再犯他曾犯下的過錯。

在此期間，他本不經意的一句話，卻開始折磨起我的整個靈魂，讓其備受煎熬。如平時一樣，他一直忙於為我的信念鍛造磨光。一次，他不由自主地談到我要第一次站在佈道壇上傳道的那天，「噢！若我能參加的話，我會站在不起眼的地方，聽見福音從你的口中高聲傳遞出來，那麼，我就會說：『我卑微的工作終於完成了！噢，我主耶穌啊，請接受我的信念吧！』」

這種渴望，讓我心情沮喪，卻又無法言表。一想到這種形式的西緬之頌[4]，我的心中就充滿恐懼，感覺自己像隻孤苦伶仃的小鳥，被人抓住放在了金光閃閃的籠子中，再難衝出牢籠，

4 《聖經．路加福音》第二章，意思是「永別」。

內心滿是絕望。這個清晰的畫面對我產生的影響，是任何經文、禱告詞和預言都無法比擬的。看見自己將被永遠地囚禁於宗教體制之中無法自拔，我頓時感覺陷入絕望之中，我的思想開始旋轉，如同在夜裡夢魘中的同心輪上盤旋不止。我沒有與之奮力抗爭，我想，我已無能為力，這是與那令人敬畏且永遠關注你的「忌邪的上帝」和平相處的唯一出路，我別無選擇。但是當我再看自己的命運時，我已再無激情、再無興奮，對上帝的恐懼吞噬了我的一切，讓我拋棄了任何熱愛上帝的念頭。

儘管有這些想法，可我還是要為自己說幾句公道話。雖然將自己對信仰的態度描述為三心二意，但其實，我只是沒熱切地追尋父親指引的道路而已。我之前談過的模仿給我帶來了激情，此時，這種激情越發強烈起來，它吸引我以上帝般飽滿的情緒高聲朗誦經書。對於我的這種行為，那些成年同伴們也不勝感慨，而且我現在判斷，當時的我，必定帶著百分百的真誠。我極其希望陶冶靈魂、聖化自我。父親永遠都是正確的，對這一想法，我心中從未懷疑過，我把他當成指引我走向天國的嚮導。可是我也非常清楚，雖然從我聖潔的嘴唇中，可以隨時流淌出如溪水般津津有味的話語，但我的內心，的確並未帶著油然而生的熱情，做出相應的反應。對當時的記憶，我現在是一片空白，只記得自己成為了一個思想上的屈服者，無奈之中永遠不會有快樂可言。一旦感受自己彷彿變成了遊魂，就不會產生不可言喻的欣喜若狂。自己乏味的靈魂，正為榮耀之火所瀰漫，為之驚悚、為之包裹；而這火焰，燒光了我周圍所有的一切，所有專屬我個人的一切。

在我年幼時的內心深處，無論歷經多少艱辛，我一直堅守著外殼強硬的個性。面對來自外部的壓力，我放棄了其他的一切，包括我的思想、我的語言、我的期盼和我的信心，但只有一件東西我從未放棄過，那就是內在的堅定的自我。我似乎溫順乖巧，只是一個聽話的應聲蟲，但我一直清楚地意識到，小時候在伊斯靈頓學會的最深刻的品質：只有心靈相交的兩個人，才能無所顧忌地分享秘密。

「對於一個看似真實的歷史，世人可以這樣高談闊論，也可以那樣侃侃而談，並為它增添世間的光彩。但一定要堅信，在所有的歷史之中，存在著一個神聖的真理，必須勸導人們去接受它，因為它比我們肉眼所見的任何事物都強大。這一觀點，就是上帝精神的獨特成果，當然，也是在挽救信仰。」這段話不會出現在任何普利茅斯弟兄會浮華的作品中，只能出現於最恒久的宗教經典中——雷登主教的《彼得前書評論》[5]。我引用它，因為它比我使用的任何語言，都更能準確地定義我和父親之間早已存在的分歧，而且在不知不覺中，這種分歧變得越來越尖

5　羅伯特·雷登，一六一一—一六八四年，蘇格蘭高級教士和學者。

銳。父親的確擁有已挽救了的信仰，可以動搖如磐石一般堅固的現實，即使面對失望和失敗，也不會絲毫退縮。而我，開始只是隱隱約約地感覺，現在已心明眼亮——只是獲得了一種習慣，能為教義增添雷登主教所說的「一種世間的光彩」。雖然這教義能如此持久地印記在我的良心之上，卻不能融合於雨露之中，不能在生命中的陽光、思想和經歷中昇華。

不知為何，任性的父親總會突發奇想，不時讓想像力綻放的光芒噴湧而出。可這種光芒，卻往往對召喚我的天性充滿敵意。我早已提過，我天生對地理感興趣。對於這門知識，我不需要有人教授，似乎可以不費吹灰之力，就讓它滲透進我的大腦細胞。十一歲時，我對地圖、地球上各地點之間的相互關係，有了更深入的瞭解，這種能力幾乎是自然獲得的，我完全為西印度群島、為自己繪製的地圖上每一處地形地貌迷住了。綿延不斷的安的列斯群島，讓我浮想聯翩，它宛如一隻開口的手鐲置於海洋之中，其中的大大小小的珠寶，用清晰可見的針線穿接起來。我喜歡閉上眼睛想像著一切，從聖安東尼奧角到蛇口海峽，腦海中的遠景不斷綿延伸展。還有好幾塊類似的可愛的島嶼，恰如一塊塊的祖母綠和紫水晶，分佈在加勒比海之上。父親年輕時對它們就已熟知，我也總糾纏不休地問他相關的問題。一天，我又沒完沒了地問他時，他氣沖沖地站起來，爬到書架的頂層，搬下來一大本厚書，扔到我面前，「你能查到的所有有關安的列斯群島的事情都在這裡。」說完他就走了，把《湯姆．克林格爾航海日記》（Tom

Cringle's Log）留給了我。

雖然母親去逝四年了，但她對各種小說因強烈的顧忌而實施的禁令卻從未解除過。在之前的章節裡，我說過這件事，而且我認為，這就是父親並未完全與她一致的一點。然而父親卻屈從了她的偏見。於是任何情節浪漫的故事書、任何內容虛幻的小說，從未有一本到過我手中。真是不可思議，我家的藏書有好幾百種，我卻從未在其中找到過一本小說，直到父親親手將邁克爾．司各特[6]那部狂野的代表作送給我。

對於文學創作獲准的尺度，我知之甚少，開始時我的確認為，小說上所講的內容都是真實的，認為是父親為了應付我的問題，才解釋說它是「虛構的」。父親只建議我讀描寫大海的那部分內容，還有對牙買加山脈的相關描述，「跳過」給人遐想的冒險情節和對話章節。但我沒聽從他的建議，對我而言，要「跳過」的部分才是書中的朵朵鮮花。我從未讀過，也從未夢想過，居然有這樣的故事存在，它們用自豪和喜悅填充了我更為廣闊的視野。

我想，如果父親再年輕一點，那時的他還沒有虔誠到固執的程度，那麼，他讀《湯姆．克林格爾航海日記》時一定是滿心欣喜，因為這會讓他回想起那些熟悉的場景。實際上，這本書

6　一七八九—一八三五年，英國作家，常以湯姆．克林格爾為筆名創作。

的卷首插圖，就是一幅精緻的布盧菲耳德灣的線雕畫，一個坐落於牙買加多香果花園之中的一座孤寂的別墅。父親曾在這個被稱為人間天堂的地方住了十八個月，從事博物學工作。看到這幅畫，父親不可能不回想起從這個人間天堂裡吹來的、美妙的回憶和清新的氣息。但對於一個從未獲許瞟過一眼故事書的孩子來說，哪怕是最為溫和、最為平淡的故事書也好呀，把邁克爾·司各特這部喧鬧、曖昧的冒險小說放在他手裡，的確超乎常理。

這就像把一杯未摻水的白蘭地，給了一個還未斷奶的孩子。從那之後，我再沒讀過《湯姆·克林格爾航海日記》。我想，我不願意打碎那迷人的記憶，雖然很大程度上，這也是一種幻想。我記得其中的大量情節，還有不少辭藻。雖然我確信它引人入勝，令人愛不釋手，但我也同樣確信，書中描寫的人物，在現實社會裡並非百年不遇。西班牙城鎮的夜景，不但我聞所未聞，更是超出了我的想像力，感謝上帝！航海者在談話中使用的語言，也是所謂的「某類階層的專用語言」。如果我沒記錯的話，其中的浪漫故事，從始至終都流淌著生活之水，散發著生活的氣息，但如果它描述的不是異教徒的故事，它的浪漫便一無是處。

《湯姆·克林格爾航海日記》中的有些場景，不僅讓我久久難忘，更給我的世界觀增添了生活的色彩。漫長的冒險經歷、打鬥和逃跑的場景、突如其來的暴風雨、內部暴亂，在這廣闊無垠的、炙熱而湛藍的熱帶海洋之上，都淋漓盡致、惟妙惟肖地勾畫出來了。這本書，在我的內心產生了一絲希望的光芒，起初非常微茫，然後慢慢放大。雖然很長時間內這光芒保持不變，光絲孱弱，但它滋養了一種信念：自己終將會從狹隘的家庭生活中、從律法和預言的束縛中逃離出來。

那些充滿孩子氣的思想活動，我不一定能清晰地描繪出來，也不該煞費苦心、鄭重其事地抓住不放。但我非常確信，在我人生至關重要的第十一年，我做得最多的事情，就是反複閱讀《湯姆．克林格爾航海日記》，它讓我的個性堅韌起來，但同時也孕育了巨大的風險：容易屈從於父親從各個方面帶來的壓力。我的靈魂關閉了，像法蒂瑪[7]那樣，被關閉在一座孤塔中，沒有任何外部力量可以對我施加影響。如果抓住我的那個人，沒有突發奇想、平白無故地打開一扇小窗，給我添加一台功能強大的顯微鏡，那麼我的靈魂一定會受餓而死，至少它會一蹶不振。邁克爾．司各特那浪漫大膽的熱帶傳奇故事，就是那台顯微鏡和那扇打開的窗。

這年春天，我可以獨自在村中散步了，甚至可以走很遠的路到鄉下去。讀過《湯姆．克林格爾航海日記》後，每次長途跋涉時，總希望碰上一次冒險經歷。我並不強求這事，只是幻想而已，因為見到真人我都會感覺害羞。一兩個農民在我身邊經過，都會讓我中斷美夢，閃電般

7　約六〇六—一六三二年，先知穆罕默德之女。

地跑進田裡，躲在樹籬後面。但我有時也會突然變得豪情萬丈，就像有一次，聽說要遭受長期的乾旱，我就攜帶一個紅色的小水罐，裡面裝滿水，來到村頭，再沿著小道一路下來，將罐裡的水都澆到了苞米地裡，希望以這種方式改善莊稼的收成。還有一件事讓我深受打擊。我必須得講一下，因為它給我留下了難以磨滅的道德印記。

那個偏僻而美麗的小村莊叫巴頓，瑪麗·格蕾絲·伯明頓經常帶我去那裡拜訪村民。在巴頓，住著一對夫婦，他們讓我產生了特別的興趣，理由很奇怪，單純出於好奇心理。原來，在看我受洗的那一刻起，他們就深深地確定，他們存在一種精神危機。這對夫婦就是約翰·布魯克斯，一位伐木工和他的妻子安·布魯克斯。之前他們不但不再懺悔，還經常滿帶怒火和蔑視公開對抗教友。的確，他們是以嘲笑的心態來看我洗禮的，沒想到離開時卻深受打動。

第二天早晨，安·布魯克斯告訴我們，在洗衣服時，地獄之門在她腳下打開了，魔鬼走了出來，舉著長長的一串名單，上面有她的名字，還列著她的罪過。於是她深受刺激，不但流了產，而且人也病入膏肓。她丈夫同樣深受洗禮的感動，也決心悔過。因此妻子的病剛好，他們就一起接受了洗禮，並和我們一起「擘餅」。布魯克斯夫婦的經歷，經常為人談起，也會順便帶上他們對我的感謝，因為如果我沒有成為公眾好奇的對象，他們也許還受到邪惡的羈絆。

正是這些理由，讓我對他們特別感興趣。當聽說他們極其窮苦，我就熱切地渴望為他們提供一些生活用品。最近有人捐了些錢，我又這兒那兒地討到了一些，直至籌到了可觀的七先令六便士的錢。我把這些硬幣牢牢地放進小尼龍袋裡，在一個星期天早晨，我帶著尼龍袋出發了，沒有告訴任何人。我來到了布魯克斯夫婦在巴頓的農舍。約翰·布魯克斯是個大塊頭，髒兮兮的，臉上生著痲子，笨手笨腳的。那天，他寬大而紅潤的臉膛留著淺淺的絡腮鬍子，可能是剛刮完的。

我到他家時，夫婦二人都在家。按照傳統，星期天在家休息。他們有些吃驚地接待了我，我很快解釋了自己來的目的，拿出了尼龍袋子。令我難以容忍的，他們兩人說的竟是：「我知道，上帝會提供給我們的。」他把小袋傾空，倒進了一隻巨大的手掌，然後再放進口袋，接著拍了下大腿。他連一句感謝的話都沒說，讓我的內心頓時感覺一片冰涼。

我想在漫長的一生中，我從未感受過更為苦澀的失望了。那個女人比她丈夫敏銳些、反應更快些，無疑看見了我的尷尬，但她選擇安慰的方式，讓我的自尊心受到了更大傷害。「別在意，小主人，」她說，「你過來看我餵豬吧。」我的忍耐是有限度的，我感覺自己正在被忘恩負義的牙齒殘酷地撕咬著，我從布魯克斯家逃離出來，自此再未去過。

下午茶時，我心情沮喪，在馬克斯小姐的盤問下，我才道出了事情的來龍去脈。父親，如平時一樣，思想一直在飄離，好像在思考著什麼；突然，我的某句話引起了他的興趣，他的思緒被拉了回來。我不得不再把這件事講了一遍，這時的我怯怯懦懦的，擔心受到責備。可恰恰相反，父親和馬克斯小姐都認真地聽著，對我寄予了莫大的同情，這讓我感覺寬慰不少。

「我們必須記住，他們是上帝的孩子。」父親說。

「真是朽木不可雕啊！」馬克斯小姐說道，她被大大地激怒了。

「天啊！天啊！」父親一邊回答，一邊揮手表示反對。

「可憐的孩子！」馬克斯小姐義憤填膺，隔著茶桌拍著我的手。

「你對窮人的熱切和關愛，無論他們受到感化還是知道感激與否，上帝都會回報的。」父親說道，棕色的眼睛動情地看著我。

「野蠻人！」馬克斯小姐叫道，她想到了布魯克斯夫婦。

「噢，不！不！」父親回答，「他們只是劈柴挑水的人！我們必須盡自己有限的理智容忍他們！」

他們說的這些話，撫慰了我的傷口，讓我得到了些許安慰。但仁慈的泉水在我的內心已然枯竭，直至今天，我仍未恢復過來。約翰．布魯克斯粗魯睥睨的態度，和他那句「我知道上帝會提供的」，讓我受到的打擊太大了。樂善好施的幼苗，在我的內心彷彿被生石灰燒掉了一般。

夏日的一天，有一位年輕的校長M先生來拜訪父親，說他剛在附近開了一所日校，專為紳士的孩子們開設的，懇請父親賞光參觀。於是父親回訪了他。M先生住在一座別墅裡，位於白色的小別墅群中，周圍簇擁著桂樹叢，帶來一種隱秘的生氣。M先生坦率而謙虛，既能尊重父親的建議，又能維護自己的主張。他的學校以及他本人，都給父親留下了良好的印象。所以八月時我就成了他的一名學生。學校很不正規，位於別墅一層的兩個大房間裡。M先生還雇了個門房，我不記得這對他帶來了什麼好處。

學校最多時才有二十來個男孩，經常比這還要少。一天之內，我要在學校和家之間往返四次。如果走快一點，大約需要五分鐘時間，但因為一路上有幾個好玩的地方，所以我通常要拖到一個小時。天氣好時，上下學我都非常快樂，雖然距離不遠，但可以玩的花樣著實不少。有時會遇上同路的校友。一天早晨，父親從牆裡看見我們，非常高興地發現，我一邊沿著路邊石階走，一邊興高采烈地手舞足蹈著；我臉衝裡，胳膊不時拍打著大腿，一直在說個不停。這純粹是一種遺傳，大約四十年前，父親沿著普爾[8]的街路上學時，也是這個樣子。

一天，我碰巧一人上學，有一位老紳士過來與我搭話，他打扮得像個不信奉國教的牧師。他對我的回答很滿意。沒多久，他就養成了一個習慣：在我可能上學時來散步。從此我們便成

8　英國英格蘭南部港市。

了很好的朋友，後來他帶我去了他的家，一個非常樸素的地方，但令我感覺非常驚奇的，就是餐廳裡掛著兩張巨大的畫像：一個男人，還有一個女人，穿著華麗奢侈。我這位上了年紀的朋友告訴我，那個男人是他之前的樣子，「很久之前，在我未悔改的時候，在臺上。」

我孤陋寡聞，根本不清楚「在臺上」的意思是什麼，他就向我解釋道，在上帝打開他的眼睛，讓他見識了更美好的事物之前，他是位演員和詩人。我對演員一無所知，但詩人卻是我長久崇拜的對象。這位朋友是我見到的第一位詩人，他不是別人，正是創作了《弗吉尼厄斯》和《駝背》的名作家詹姆斯．謝里登．諾爾斯[9]。他在晚年成為了洗禮牧師。回家後，我提了這位熟人，但沒人感興趣。我想，儘管這個人是英國當時最著名的戲劇作家，可父親也許從未聽說或注意過他的名字。

從謝里登．諾爾斯口中，我第一次聽到了莎士比亞的名字。我想，他一定認為我很奇怪：在一些領域，我知識淵博；可在其他的一些領域，我卻孤陋寡聞，這讓他困惑不解。像我這樣一個熟諳神學和地理學的孩子，對哈姆雷特、福斯塔夫[10]和普洛斯彼羅[11]卻毫無概念，他無論

9 一七八四—一八六二年，愛爾蘭戲劇家和演員。

10 莎士比亞作品《溫莎的風流娘兒們》中的喜劇人物。

11 莎士比亞劇作《暴風雨》中的人物。

如何都不會相信。諾爾斯先生建議校長與我們一起讀莎士比亞的作品，尤其認為《威尼斯商人》最合適不過了。我把這位上了年紀的朋友謝里登．諾爾斯先生所說的話告訴了M先生，他果然接受了建議（雖然我認為，這位第一任校長對從事這項職業準備還不夠充分，但我所有的記憶也表明他聰明、和藹而且靈活）。

於是，學校宣佈，閱讀莎士比亞作品，將成為我們的一門課程，而且從第二天下午就開始讀《威尼斯商人》。這部書只有一本，很厚，在班級裡傳遞著。我獲准讀巴薩尼奧那部分；帶著陶醉的聲調，我讀道：在貝爾蒙特，有一位富家的嗣女，她生的非常美貌，尤其值得稱道的，她有非常卓越的德性[12]。

M先生一定非常迷戀舞臺，他對莎士比亞作品的喜愛顯而易見。他教我的其他事情，我都印象不深，只有他對高聲朗讀時如何恰當地把握重音，令我至今難忘。我正處於無限快樂的第七層天堂[13]。但是，天啊！我們剛讀到第二場，閱讀就莫名其妙地停止了。我至今還不知道原因，但我猜這一定遂了父親的願望。他一向以從未讀過莎士比亞而驕傲，也以只去過一次劇場

---

12 朱生豪譯。

13 根據古宗教典籍記載，天堂分為七層，而至高無上、盡善盡美的就是那第七層，唯有上帝和身居高位的天使，才能住在七重天上美輪美奐的天宮裡。

而自豪。我想，一定是我在家提到了讀書的事情，他聽說後給了校長某種暗示，讓他恢復到以往的課程上來。

獲准加入神秘的宗教領域的人，我們習慣上稱為「信徒」。我是一名信徒，這是一個事實，因此在與「非信徒」交往時，我有責任「在無論合不合時宜時，都要向上帝證明自己」，這就阻止了我在第一所學校裡，與人建立親密的友誼。在同學衝出教室時，那種把他人強行截住的行為，既令人費神又讓人尷尬，而逼著他問「你找到耶穌了嗎」這樣的問題，又很可能不太明智，這些都令我望而卻步。莫不如避開它，像蜥蜴一樣溜進桂樹叢，消失在孤獨之中。

下午放學時，男孩們會一股腦兒地衝到這所別墅學校前的路上。這是一條風景宜人的鄉間道路，兩旁簇擁著高高的樹籬，榆樹為它遮蔭避雨。這裡，尤其是臨近夏日黃昏時分，學生們常常逗留此地，玩著說不清、道不明的遊戲，在漸漸暗淡的陽光下俯衝或旋轉，我也常常加入這些蝙蝠一般的遊戲之中。但是，我的同伴——雖然並不迴避——卻刻意不想讓我參加。我想，他們知道我那非比尋常的經歷，儘管我並非不友好，但還是受到了他們本能的迴避，彷彿我是個異類動物，不屬於他們的種群。

男孩子的遊戲總是萬變不離其宗，他們傳統上的顏色也總是單一的。雖然我沒交上朋友，但也沒有樹敵。課堂上，我只在地理課上表現突出，大家認為這有些難以理解，幾乎不可思議。

而在其他科目上，我都落在別人後面，而不是走在前面。因此我沒引起任何人的忌妒，只知一心一意沉浸於自己的世界之中。我想，籠罩上陰影的我，躲避了大多數同學的目光。

我說過，在學校和我家之間的道路兩旁，有一口大的飲馬池。樹籬將它的三面圍攏起來，一棵削去樹梢的榆樹躬身伏在池子上面。池子，因榆樹的枝葉落在其中而不斷變幻天空的影像。池子靠近路的一邊，是我喜歡的落腳點，這裡有黏土，相當堅硬，可以捏成任意形狀。在這裡，我創造了自己的戰時帝國：有島嶼，有海濱，海濱上築有海港、燈塔和城堡；我在地理方面的模仿力充分展現出來。

有時，當我正在築造帝國時，會有馬車粗暴地駛近池子，於是，馬匹暢飲著我的海洋，它的鐵蹄踐踏了我的群島，破壞了我的港口，其傷害程度比颱風更為猛烈。但馬車走後，一旦泥土安穩下來，我會立刻開始工作，重新清理我的海岸線，掘出一座新的海濱。

這個遊戲給我帶來了無盡的快樂。在我腦海裡，所能見到的，不再是遍佈淤泥的沼澤地帶，取而代之的是壯麗的海岸線，以及類似托貝的那種海灣。老薩姆·蘭波，一個鐵匠，是「聖徒」之一，父親問他是否見過我時，他答道：「是的，我在那邊看見他了，在路上玩泥巴呢。」在我的記憶中，這是最刻薄的雙重羞辱了。對於一個被「當成成年人」納入教會的人，這真令人無地自容！對於一個未來的哥倫布而言，這是他盾牌上怎樣的一記污點啊！「泥巴」，千真萬確！

然而，還是有欣賞我的人。一天下午，我正忙於修建地理工事時，一位漂亮的中年婦女，有著柔嫩的粉腮和一雙亮晶晶的褐色眼睛，停下來問我是不是誰誰。我以前見過她，不是本地人，聲音裡完全沒有一絲德文郡的那種長腔。我模糊地知道，她有時來參加聚會，與我們的一些朋友住在阿普頓。他們允許付費的客人住在一所老房子裡，不過要花些費用，就是一籃子玫瑰花。她是布萊特文小姐，這是我第一次和她說話。

很明顯，她對我的海港和島嶼感興趣。她沒有看我笑話，而是問了我一些我建的這個半島的事情，問得非常內行。最後，我甚至被她說服了，離開了我的帝國，和她一起向村子走去。我喜歡她的聲音、她的優雅、她的著裝，都比我日常見到的更為精緻。她的舉止，隨和親切，更是我從未體驗過的。我們談的非常愉快，分手時，我還得意揚揚地認為，這次談話不但讓我心情輕鬆，恐怕也一定讓她受益良多吧。我告訴她，將來有機會一定告訴她更多的事情。她先鄭重地表示感謝，然後意味深長地笑了一下。我承認，我沒明白這有什麼好笑的。我們互帶敬意熱情地分手了。但讓我沒想到的是，這位善解人意的貴格會教派的女士，竟會成為我的繼母。

第十章　繼母帶來的變革

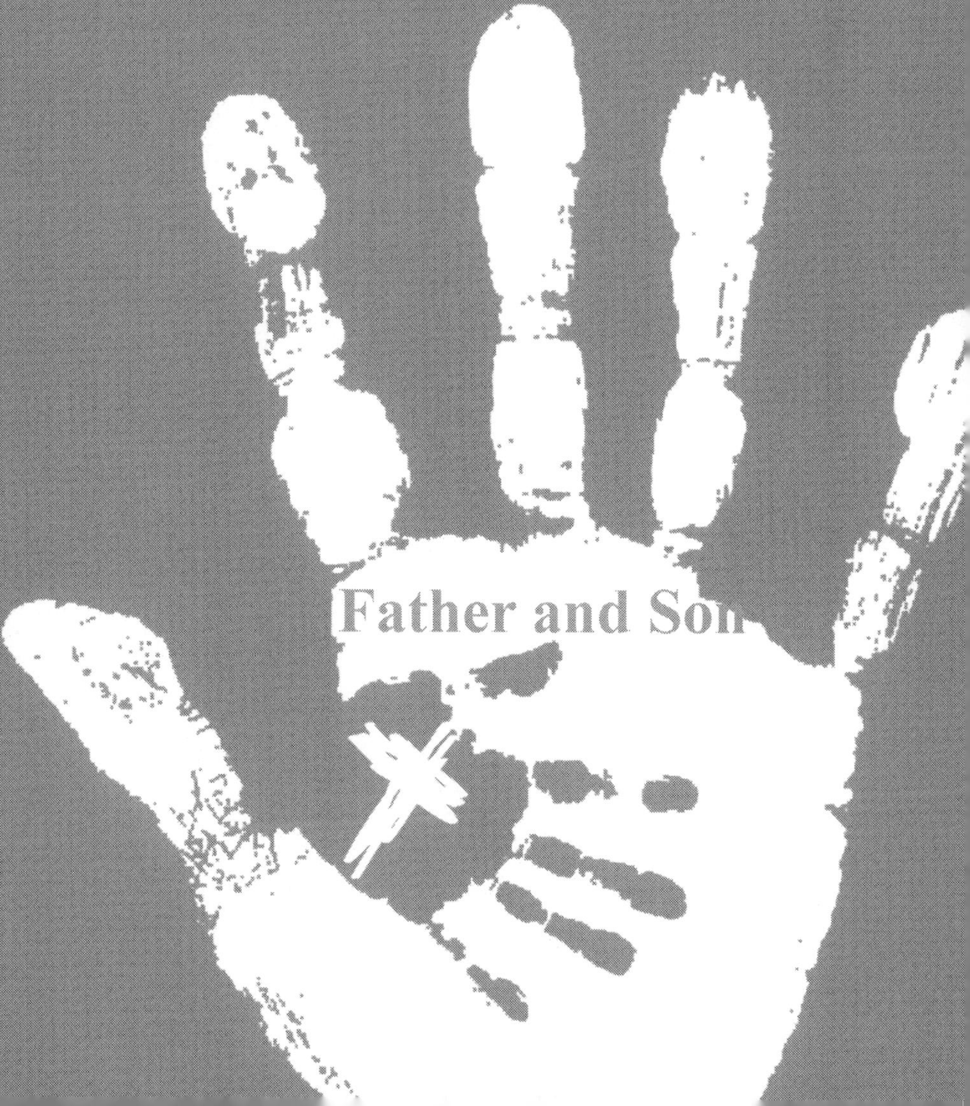

第十章　繼母帶來的變革

我通常睡在一張小床上，父親則睡在離門不遠的一張四柱古床上。快到十一歲時，在一個明亮的九月清晨，父親早早就把我叫到他那裡去。我爬起來，懶洋洋地裹著被單，與父親進行了一次意味深長的談話。一開始他就單刀直入，問我是否喜歡有一個繼母。我向來不是個小肚雞腸的人，但還是轉了個心眼，回答說這要看是誰了。他沒有繼續問我，而是當場宣佈：不管怎樣，一位新媽媽要來了，我一定會喜歡她的。我仍然表現出不置可否的態度，問道：「她會和我一起去石灰窯後面嗎？」父親對我的問題感覺困惑不解。我不得不解釋道，我終生的抱負就是去爬到可以俯視巴頓的那座山頂石灰窯的後面，那是一塊禁區，被當地人認為是極其危險的地方之一。

「噢，我敢打包票，她會的，」父親接過話頭，「但你得猜猜她是誰？」我猜了一兩個不太好看的女「聖徒」，這讓父親感覺很難堪，因為我猜的第二個人已經結婚了，而且還在村裡開了一家糖果店。於是他打斷了我的話頭，說道：「是布萊特文小姐。」

如此甚好，我感覺非常滿意。但不幸的是，我突然想起來，我有責任證實「合不合時宜」，於是就急迫地問道：「可是，爸爸，她是上帝的孩子嗎？」父親鄭重其事地回答：「是。」、「她在洗禮時背起了十字架嗎？」我不依不饒地問道，這是我作為一個信徒的特權。父親面露羞愧，回答說：「哦，目前為止還沒有這個必要，但我們必須祈禱，上帝會為她清除障礙的。你知道，她一直在那個英國國教裡長大。」

現在，我們的位置不可思議地對調了，我似乎是那個忌妒的勸誡人，而父親則是那個持異議的悔過者。我坐在被單裡，對他搖晃著手指，說：「爸爸，你該不會告訴我她是幼兒洗禮論者吧？」我最近才學會這個詞的，感覺有用，就抓住這一寶貴機會用上了。這句話戳中了父親的痛處，於是他反複強調，他相信，如果我們共同祈禱，就會讓《聖經》裡的天機，展現在布萊特文小姐面前，那時她就會真正明白她要走的道路，接受成人洗禮論。父親接著說，在自己接受審判之前，我們一定不要輕易審判他人。我略施小計將這件事敷衍過去了，但我清楚地知道，我們整個制度就是審判別人，我們根本無意接受審判。另外，即使只有十一歲，我也明白，在某些場合中灌輸道理並不合適。

臨近耶誕節時，在一個冷霜刺骨的夜晚，父親給我們帶來了他的新娘。當時我們家的房間已裝飾一新，還換了新傢俱，我自己的東西也被清到了一個私人臥室，聖徒們送來了結婚賀禮。但所有的一切——在那個下午，隨著布萊特文小姐的閃亮登場——都黯然失色了。我在畫室裡歡呼雀躍著，不停地叫道：「噢！新媽媽來了，我太高興了。」這時，馬克斯小姐很不自然地說道：「唉！你這個殘忍的孩子。」我停了下來，驚奇不已，愣愣地看著她，而她則一改往日的謹小慎微，哀怨道：「我還以為我會成為你的寶貝媽媽呢。」我簡直驚呆了，然後清晰而強烈地表達了自己的意外。對此，馬克斯小姐歇斯底里地發作了一陣。看到這些，我感覺自己徹底對她失去了同情，只剩下深深的惱怒。

她說的對，我是殘忍的，天啊！但是，她是一個多麼愚蠢的女人啊！再後來，她滿眼噙淚，渾身顫抖著躲進了她的深閨，將自己緊鎖在裡面。而與此同時，我則一臉笑容、溫情脈脈地站在門口的臺階上，迎接著新郎和新娘，我一副彬彬有禮的樣子，彷彿是位受人尊敬的老管家。

繼母很快成了我的親密盟友。她從不是我心中力量的燈塔，但她至少是「我葡萄園裡的草棚」[1]。她善良而虔誠，但並不狂熱，她的思想不會輕易沉迷於某種精神追求。在社交方面，她唯一的缺點就是她有時稍顯焦躁，這是她受過傷害的個性為她打下的烙印。但她有愛心、嫻靜，最重要的是優雅。她的優雅令人心曠神怡，相比之下，周圍所有的一切都似乎很不和諧。

這個與世絕緣的可憐女人，在她第一次體驗禮拜堂的生活時，她會受到怎樣的刺激，我不知道。但我認為，她是有思想的人，她出乎所有人的意料，以一種義無反顧的精神，無視家庭

1 選自《以賽亞書》第一章。

所有成員的反對，拿走了自己的蛋糕。現在她意識到，自己必須要吃下它，不剩下一點渣屑。在她的希望與偏見上面，父親施加了愉快而平和的持久壓力。他從未表現出惡意或唐突，但他在不斷地加著砝碼，直至她的意志在純粹的重力之下妥協。對於公開進行的浸禮儀式，對於上了年紀的女人，哪怕有些害羞和敏感，也會認為是很自然的事情，可是她卻滿臉惶恐地看待這件事，以至於花費了很長時間才過了這道坎，在她對洗禮做出讓步後，星期日早晨擘餅時，父親還不無欣喜地對聖徒們宣佈：「我親愛的妻子終於能夠在洗禮中，見證上帝的意願了，而且她還要在星期四晚上，親自證實自己的信仰。」可以想像，繼母有時會感覺焦慮不安，也不足為奇了。

在健康方面，我對她存有無限的感激之情。那些強烈反對她婚姻的親屬們，雖然為她預言了諸多美好的前景，可還是不忘告訴她：「你將做的第一件事，就是要為那個可憐的孩子送葬。」在古板的馬克斯小姐的監督下，我睡覺時要裹著毛毯，不穿著厚大衣和大圍巾就不許出門，像防瘟疫一樣防著新鮮的空氣。繼母展現了了不起的勇氣，將這一切都顛倒過來。她讓我臥室的窗戶整夜四敞大開，還拿掉了我身上厚厚的大衣，有時會給我換上貼身的法蘭絨外套，此外，她還強迫我盡可能出外走走。

所有喜歡愛管閒事的「聖徒」們都搖頭慨歎：瑪麗．格蕾絲．伯明頓，對於她的馬克斯的失寵感覺心中難受，向父親提出了嚴肅的忠告，可父親仍我行我素，允許繼母繼續實施她的大膽計畫。對於這種管理方式的改變，我的身體迅速做出了反應。雖然我的身體強壯了，可精神狀況卻並未有所改善。父親整日忙於塑造繼母的意志，點燃她的虔誠之火，我現在幾乎可以恣意行為，從某種意義上來說，這是前所未有的事情。儘管我沒有喪失信仰，可我頭腦中的顯著位置，卻為許多其他的雜事所佔據。

證明一個人宗教上的真誠，沒有任何事情可與熱切的個人祈禱相媲美。對於這一點，想必沒有人會不認可。如果一個人獨自跪在床邊，不斷地延長祈禱時間，沒完沒了地與自己的神聖夥伴抗爭，直到自己的懇求得到了答覆，並獲得了所謂的證明，那麼，無論他公開抗爭的性質如何，無論他的做法有何缺陷，可以肯定的是，他對自己的信仰篤信無疑。

私下裡父親也進行著祈禱，以一種幾乎可以稱為精神虐待的方式，懇求獲得精神上的指引。為了擺脫困擾，他闖入上帝恩典的城堡，一再地懇求上帝。我常常在本該入睡的深夜目睹父親祈禱。祈禱時，父親雙手伸展開來，指間的骨節咯咯作響，伴隨著深呼吸，發出低沉的聲音，似乎於寂靜中突然爆發，像維吉爾筆下的蜜蜂出巢一般，嗡嗡作響[2]。父親透過祈禱強化他的

2 原文為拉丁語。

宗教生命，如同運動員透過肺部鍛煉和不停摩擦機體強化他的體育壽命一樣。

我無法模仿這種虔誠，這讓我感覺煩惱。祈禱內容的貧瘠，很長時間以來一直是我煩惱的根源，但我卻不知道如何豐富它。父親曾嚴厲地警告我們不要「敷衍了事」，他的意思是說，雖然我們參加了禱告儀式，也在唱著讚美詩，可是，我們卻沒有把主要心思放在上面。我們的內心全都溢於言表，昭然若揭——其實我們有這種心思，也很好理解。但還有一種「敷衍了事」更具毀滅性，他卻從未警告過我。當我獨自坐在床邊吹滅蠟燭時，它常常侵襲而入，讓我的雙膝在睡袍裡癱軟。它，就是我那死氣沉沉的靈魂，讓我感受到了沉沉死氣；它，存在於我機械的禱告中、空洞的語言中以及虛設的塗油儀式上。

當我迫切地想擁有某件東西時，我會向我知道一定會給我的那個人祈求，但是我卻無法用同樣的聲音，以同樣的態度祈求上帝，更從未想方設法地祈求上帝，給予我精神上的禮物。這種祈禱的真實感，總是讓我難以把握。現在我明白了，我這死氣沉沉的靈魂，來源於由信仰缺失所產生的羞恥之心。而在當時，我卻從未將自己的猜測落在這一點上。我將自己的靈魂當成一個陀螺，試圖透過孤注一擲地鞭笞它，來努力維繫自己的熱情。

繼母的到來給我帶來的最大收穫，莫過於她鼓勵我與同齡的男孩建立友誼，讓我結識了一群男孩子。對這種友誼，她不但施以寬容，更精心培育。甚至可以說，正是她的良苦用心，我們的友誼才能破土萌芽，我們的旅途才在某個特別的日子、從這所房子抑或那所房子動身出發。我不知道從什麼時候起，我不再是那個只會做假想的論文和玩泥團的孤獨的小孩子了，我成為了一群八歲至十歲活躍的男孩的俱樂部中的一員。一八六一年漫長的暑假，註定定格在迷人的明麗之中。

回首過去，站在地平線上的我，看不見一絲烏雲，看到的只是一抹絢麗的陽光，柔滑的草地垂落在雪白如月的彎彎的岩石之上，透出砭膚的涼意；還有紅紅的海角，兀然衝入綠寶石般的大海。我們一家人，在整個炎熱的夏天一直在快樂地爬山、游泳、划船、散步和聊天。再一次，我不得不記下一個事實，我認為這些並非乏味無趣，當生活不再孤單的時候，它也不再清晰了。當我和父親是存於圍牆之內的唯一的演員時，回憶那時的歲月我毫不費力，而且如照片一樣歷歷在目。但與那些狂野的孩子在海邊度過的那些絢爛的日子，我卻只有模糊而片段的印象，雖甜蜜快樂，卻又無法捕捉。

父親沒有對我與這些新夥伴的交往橫加阻攔，這是父親暫時沉迷他的事的最佳證明。他自己正處於不同尋常的狀態之中，而婚姻就是一個證明；另一個證明，就是他在此期間的創作，是他所有創作的作品中最為生動、輕鬆和優美的。僅就《自然歷史的浪漫》而言，即使現在，從某種意義上講，它也無愧經典之作。所有的一切都讓他相信：上帝賜福於他，至少是用一層玫瑰色的暮靄，遮住了世界的黑暗。

這期間，每天一大早我就來到海邊，與夥伴們度過漫長的一天。這段時期，我不記得他曾提醒過我：無論合不合時宜，都必須跟他們講耶穌之血。我當時年幼膽小，總是避免惹事生非。夥伴當中，並非所有人都是我們教會中「聖徒」的孩子，有些父母屬於職業階層，只是剛剛被吸收加入我們的教會。他們雖在宗教家庭長大，卻不屬狂熱的宗教家庭。在他們當中，我是唯一的「悔改」之人。

現在，我要提一下佩吉特夫人，她說過的一句話很有代表性。她說，看見「一隻羔羊落入這麼多娃娃之中」，令她感覺傷心。但是，「娃娃」一詞有多重含義，而且這種帶有象徵意義的說法，用在我們身上並不奏效。事實上，我們當時達成了一種心照不宣的妥協，即使現在，我仍是這種感覺。我的年輕夥伴們，從不因我「與聖徒為伍」而嘲笑我。而我，也從不將贖罪論強加在他們身上。實際上，我開始越來越多地將自己的宗教行為只應用於星期天了。

我希望，人們也終將會發現，在這些稀奇古怪的成年人當中，多數人也許軟弱，一些人也許愚蠢，我被投入其中與他們為伴。但在我看來，他們當中沒有一個人是虛偽之人。有人認為，虛偽是生長於草叢之中的罪惡，我不敢苟同。當然，宗教事務有別於其他凡塵俗事，我們的思想和行為存在著一種永恆的矛盾，它是我們維繫社會秩序必不可少的因素，註定要引向帕斯卡

[3]所說的「一種雙方互相的欺騙」。[4]欣賞描寫答爾丟夫[5]的精彩段落時，我時常好奇，是否有這樣一個魔鬼，曾經或經常漫步在人生的舞臺之上，是莫里哀真的找到了他，抑或只是虛構了他。

假裝虔誠，其實只是一種伎倆。採取這種伎倆，無非是為了獲取某種感官利益。它根本無視信仰的真實存在，不啻於對內在的自我公開承認：這是一種厚顏無恥的欺騙行為。這種行為，理應而且確定無疑地應該遭受唾棄。然而它卻並不常受到唾棄，至少比憤世嫉俗者建議唾棄的次數要少的多。在我的故事敘述到這個關口時，我有幸認識了這樣一個人，一個徹頭徹尾的偽君子，他在整個世界面前被打上了恥辱的標記，受到了國家法律的懲罰。這麼說一個人，父親除了徒然歎息之外，也是無可奈何。然而我，卻仍將信將疑。

在村莊和小鎮之間的路上，有一座寬敞的別墅，裡面住著一位退休律師，或許是檢察官，我稱他為多爾芒先生。我們經常拜訪他這個位於半路上的家，雖然他是教會的一員，卻不經常來「擘餅」。多爾芒先生結實、膚白、隨性，有著一頭漂亮的白髮，聲音柔和，八面玲瓏，招

3 布萊士·帕斯卡，一六二三—一六六二年，法國數學家、物理學家、哲學家和散文家。

4 原文為法語。

5 法國十七世紀喜劇作家莫里哀所作同名喜劇中的主角，一位假裝虔誠的偽君子。

人喜歡。他熱衷於使用宗教術語以示虔誠，而且用起來極其熟練自如。父親向來不太喜歡他，但多爾芒先生卻承認，他對父親欽佩的五體投地。我想，這是他的真情實感。多爾芒先生並不非常富有，但在去年，他卻說服了一位富有的老紳士過來和他一起居住。冬天時，老紳士去逝了。可令大家吃驚的是，老紳士在遺囑中幾乎把自己所有的財產——絕對不是一筆小數目——都留給多爾芒先生。

這個遺囑非常令人震驚，因為老紳士還有個兒子，他也一直非常喜歡這個兒子，只是因為住的遠，我想是在南美，從事一項令他父親非常欣慰的很體面的工作。對於金錢，父親總保持一種謹慎和自尊，如果他不信奉主，也許對金錢就不會變得如此敏感了。我欣慰地記得，第一次提到遺產時，他遺憾多爾芒先生竟然允許老紳士立下這樣的遺囑。父親說，如果他知道老紳士的這種打算，如果他能勸說立遺囑者放棄這種不恰當的財產分配，那就更能恰如其分地表現他的責任感了。

這件事過了很久，才出現了法律糾紛。當時，多爾芒先生如願以償獲得了財產，開始為一些傳教機構和教會捐贈不菲的錢物。如果我沒弄錯的話，他曾不請自來，主動為我們的建設資金捐贈了一筆錢，後來父親都如數返還了。但在此期間，我們聽說，老人的兒子從澳大利亞回來了，還就遺囑的事情進行了調查。在我們還沒弄清楚怎麼回事前，一條爆炸性的消息撲面而來：多爾芒先生因被指控刑事犯罪被捕了，現在被關在埃克塞特的監獄裡。

對這名犯人，我們首先給予的是同情。但當我們知道，老紳士住在多爾芒家是被「悔改的」。多爾芒還告訴他，因他的兒子「不信奉主」，所以不能繼承他的遺產。這時我們就不再對他同情了。一位伺候老紳士的護士，也是「聖徒」之一，解開了所有的疑問。她在壓力之下洩露了真相：在老人昏迷不醒時，多爾芒把著立遺囑人的手指，讓他在文件上簽了名。

在最終的證據提交之前，父親靠強大的意志力，摒棄了自己的憎惡情緒，去探望這名囚犯。回來後，他說多爾芒似乎擁有十足的信心，還表達了對上帝的喜樂與平和。父親後悔沒能勸說他不犯錯誤，哪怕是判斷上的錯誤。但是這個囚犯在被告席上的態度，仍超乎常人的想像。雖然證據確鑿，但他不僅當庭否認指控，沒有一絲的悔改之意，更令法官氣憤不已的是，他聲稱自己阻止這位富有之人的財富落入異教徒手中，只為了盡基督徒的責任而已，而那個異教徒只會將錢用來服侍肉體和魔鬼。法官義正詞嚴地對他進行了譴責。在最後陳詞時，多爾芒說，此時此刻，他感受到了上帝的存在，上帝就在他身邊，在被告席旁，上帝悄聲對他說：「幹得好，你是個稱職而忠誠的僕人！」他就是帶著這種心態和滿臉的得意神情，被匆匆收監入獄的。

這件事令人心痛，也拖累並殘忍地打擊了教會，對教會的影響顯而易見，也給了我們的對手大肆攻擊的良機。無論在何種聚會上，沒有人能夠、更沒有人願意為多爾芒先生辯護。在門口遇見對手時，我們不得不對他們避讓三分。在多爾芒作為成員、曾經風光無限或夸夸其談的聚會上，這種打擊更為沉重。當然，這種打擊也落在了我們身上，父親更是深受其害。許多年過去了，他仍不願再提起這個人的名字，甚至拒絕所有有關這件事的話題。

即使到現在，我還是沒把握說，這個卑鄙之人是否是名偽君子。低俗的宗教狂熱者，跟傑出的宗教人士一樣，數不勝數。雖然多爾芒先生卑鄙而狹隘，但他也許還未真切地知道：將金錢用於宗教宣傳中，要比用於塵世的歡愉更為有益。毫無疑問，他對此幾乎一無所知。這件事，讓我冥思很久，它讓我的思想第一次覺醒，進而產生了一個疑問：我們獨一無二的倫理制度，如果可以引導一個信徒容忍這種行為，這種被父親譴責為卑鄙無恥的行為，那麼，它還是一種有益的制度嗎？

繼母帶來了很多書，可以填滿一間小型圖書館。這些書籍，我們之前從未讀過，但也許全世界的人都非常熟悉，只有我們陌生而已。其中最惹眼的是一套沃爾特·司各特詩集。父親一反常態，變得少有地親切起來，以一種罕見的溫柔態度，至少是在靜謐的春夜，向繼母大聲朗讀這些詩。這是如願以償贏得芳心後的一種喜悅，是獻給新娘的頌歌，動情而迷人。繼母安詳地坐在針線盒旁，父親面對著她，像畫眉鳥一樣傾吐著詩句。這充滿柔情蜜意的情景，我本不該參加的，但我還是忍不住加了進來。因此，相比於男女主角，這種朗誦給我留下的印象更為強烈。

父親朗讀詩歌的水準的確令人豔羨，他聲音充沛：抑揚頓挫，高轉低和，都恰到好處。讀到人名術語時，更是喜形於色。他一開始讀的是《湖上夫人》，真是一個再好不過的選擇了。聽見他用洪亮的聲音，完美地讀出「鄧肯」和「肯尼斯」時，我心蕩神怡。而他的「羅德里克·阿賓，萬壽無疆！」更是讓我心神激蕩。當他讀到下面的詩句時，我激動的渾身戰慄，幾乎窒息了。

> 尖厲淒涼的陣陣迴聲，在科蘭尤里斯金洞口盤旋！呼聲震盪在那灰濛濛的隘口，赤楊在比拉蘭波小道上招展。

在我看來，這一段似乎已達浪漫的極致。我的思想，一整天都沉浸在騎士詹姆斯的冒險之中，掛念著艾倫島的居民，欲罷不能。我記得有人曾問我，是否記得聖經上基督教的牧師居住的那個農舍的名字，這時，我會半夢半醒般地回答：「記得，是比拉蘭波。」

沃爾特·司各特爵士的史詩，令我沉迷其中不能自拔，完全陷入一種癲狂狀態。繼母看到這一切，就問父親是否讓我開始閱讀《維佛理故事集》。但父親拒絕了，理由是這些小說給出的，是虛假而令人困擾的生活畫面，會將我的注意力從神聖的事物上偏離。對於他允許的詩歌和他拒絕的小說之間微妙的差別，我還不特別理解。父親認為，相比於敘事文體，詩歌體裁更有人為的痕跡，因此不太容易打下現實的烙印。因此，對於他允許我讀《島嶼的領主》而不讓我讀《羅布．羅伊》，我總會多少產生微妙的良心上的不安。[6]

但令人不可思議的是，也許是一時心血來潮，他卻突然作出決定，我可以隨便閱讀狄更斯的作品。我記得繼母對此有些吃驚，父親向她解釋道，狄更斯「用不可思議的筆觸，揭示了愛的激情」。繼母似乎沒有聽從他的建議，因為這個建議有些過於敏感了。但她還是為我找來了一本《匹克威克外傳》[7]，它立刻征服了我，而且我也是心甘情願地為其征服。讀到精彩段落時，我會發出陣陣的笑聲，幾乎總招來父親的數落，責備我在他專心在樓上的書房讀《聖經》時，打擾了他。我一定花費了好幾個月的時間，才讀完了《匹克威克外傳》，因為我通常是先快速瀏覽一遍，然後再仔仔細細地慢讀，一個字一個字的，經常還會閉上雙眼，想像著書中的人物和動作。

《匹克威克外傳》中的滑稽情景，令我忍俊不禁。我想，再也不會有哪個孩子能為它如此癡迷了。我感覺，自己彷彿就是那個書中人的同伴，他滑稽透頂，每次一張口，都令我笑的前

6 《島嶼的領主》和《羅布．羅伊》都是沃爾特．司各特的作品。

7 狄更斯的成名作。

仰後合，甚至還沒等他說完「天空黑暗而悲觀，空氣潮濕而陰冷」[8]，我已控制不住自己，發出來陣陣笑聲。我退身於生活幽閉的一角，使得我也許有些落伍，但在所有能以一種不容置疑和歇斯底里的態度、不顧一切地沉迷於《匹克威克外傳》的人當中，我很可能是年齡最小的了。當然，對於癡迷地品味如何，現在的年輕人，幾乎不會再有人像我和我之前的無數前輩那樣百般挑剔了。

有趣的是，雖然生活在一個擁有繪畫細胞的家庭，而且這個家庭也能夠創作出精美的繪畫作品，但直至今日，在這個家裡，我卻從未見過一幅真正的繪畫作品，也根本不瞭解如何構思雕刻藝術。然而隨著繼母入門，一股藝術氣息也尾隨而至。它散發著美學的濃香，像紫丁香的味道，跟著繼母應聲而入。年輕時，她結交了一些名副其實的藝術家。她看過老克羅姆[9]作畫，還跟一位聲望不亞於科特曼[10]的名家學習過繪畫。她本人畫水彩風景寫生，手法精緻簡潔，帶有優雅的諾里奇畫派風格。她的寫生簿上，滿是雨後清洗一新的修道院，還有讓上帝的選民隱

8 《匹克威克外傳》第五十一章。

9 約翰．克羅姆，一七六八—一八二一年，英國風景畫家。

10 約翰．塞爾．科特曼，一七八二—一八四二年，諾里奇畫派的英國風景畫家。

隱約約想起《鑽研之書》[11]的深褐色的河岸，以及克雷齊克[12]的幽靈盤旋呼吸過的森林。她的畫作，不是那種看上一眼就激動不已的藝術，就其本質而言，它如女性一般含蓄內斂，可稱得上是真正的藝術。我們的海葵、熱帶鳥類、帶著珊瑚褶皺和佈滿珊瑚的海綿般的岩石，也都需用心和技巧，但從藝術角度而言，卻不屬於真正的藝術。

雖然我對英國早期水彩畫鼎盛時期的意義不甚了了，但我開始明白它的創作構思了。有一幅水彩畫格外特別，畫的是一口大理石水井，裡面裝滿了水。井上方籠罩著灰藍色的天空，有幾棵翠綠的白楊樹——科特曼曾親自給它們潤過色——形狀像濕掃帚，在畫的中間位置上虎視眈眈。這幅畫掛在畫室的牆上，在暗淡樸素的畫框襯托下，看起來既賞心悅目又令人充滿遐想。

雖然繼母常常談到在皇家藝術學院時的快樂，但我卻從未親眼看見過一幅出自它的作品。因此，當我和父親一起去欣賞霍爾曼·亨特先生[13]的《在廟中找到基督》時，我興奮極了。當時有公告說，這幅畫正在我們鄰近的鎮裡公開展出。我們付錢買了門票，隨觀眾一起登上了樓上的房間，裡面沒有任何其他的作品喧賓奪主，強烈的頂燈都聚焦在這幅孤傲的巨幅畫作上。

11 英國學院派畫家的代表約瑟夫·馬婁德·威廉·透納的銅版畫集。

12 一八一三—一八八八年，英國戲劇演員，因扮演莎士比亞作品中的喜劇人物而聞名。

13 威廉·霍爾曼·亨特，一八二七—一九一〇年，英國畫家，拉斐爾前派創始人之一。

我們默默地欣賞了一會兒，然後父親向我指點著各種各樣的細節，如聖遺物箱和主教法冠，還有區別大祭司的長袍等。

其他的一些來訪者，據我回憶，對他們口中所謂的「拉斐爾前派」的處理手法，要麼表示驚訝、要麼表示厭惡，但我們並未受他們的影響。的確，如果有什麼不同的話，那就是亨特先生那精準、細膩而堅實的處理手法，與我們畫蝴蝶和海草時習慣性的手法不謀而合：把純淨的顏料都一股腦地塗抹在畫板上，卻不會糾纏於什麼明暗過渡。展出的這幅畫，高大精美，色彩明麗，給我留下了深刻的印象。我沒有把它當作一件藝術品，而是當作了一件與眾不同的天然標本。我高興看見了它，就像我高興看見彗星和放在卡車上帶到我們家的鯨魚一樣。

我的興趣在柔柔地生長，現在已開始四處發芽，但這似乎根本未讓父親感到驚訝。他的想法很簡單，只要我高興、聽話就好；只要他召喚我時，我能快樂地回應就好；他並不在乎我的快樂來源於哪裡。他把我的快樂感歸因於對耶穌的喜樂，是上帝的恩典散發的光芒，穿透罪惡或懷疑的烏雲照耀在我身上。通常來說，「聖徒」很容易讓人理解，因為他們的情感就掛在臉上。

他們欣喜快樂，是因為他們良心上沒有重負；他們萎靡不振，是因為他們心中有病，幾乎可以確定地表明他們的良心正受困擾；如果他們表現的冷漠，可以確定他們的信仰正在喪失，這是他們仇視上帝的開始。對於這些思想簡單的靈魂而言，一切都是呆板機械的。雖然我比這些農民「聖徒」小很多，但我比他們更為複雜和狡黠。父親不是一位心思縝密的心理學家，對我採用的方式與對待他們的方式一樣，這種方式在教會非常有效，但對待我，其效果就差強人意了。

學校的生活豐富多彩，我的興趣在不斷擴大，兩者的結合，更顯出星期日的枯燥無聊。在主的日子裡，沒有任何一種娛樂方式，這讓它逐漸變成了從未有過的負擔。我之前說過，一周中我的自由時間現在非常多，只要按時一日三餐，其餘時間就無人顧及。但是這種自由，在暑假時慢慢超出了「在深潭裡愜意地啜飲的魚」[14]所獲得的那種自由，與星期天沒完沒了的儀式，形成了越來越心痛的對比。

父親強烈反對安息日這種說法，認為這種說法通常為長老教會和其他教會所使用。他言之鑿鑿地說，這是一次蹩腳的現代變革，安息日是在星期六，在一周的第七天，而不是在第一天，它是猶太教的節日，根本就不是基督教的紀念日。然而他關於遵守第一日的說法，卻有些誇張。他認為，在第一日人們只能舉行公共或私人的神聖祭拜儀式，不能做其他事情。可是他這種說法的根據，卻來源於猶太教的律法，而非基督教的律法。事實上，為了扭轉極其被動的局面，

14 選自英國詩人勒夫萊斯的《獄中致愛爾西婭》。

父親是否從《新約》中找到確定的論據，來支持其主的日子的觀點，我不記得了。他遵循的是早期清教徒的習俗，只是沒有將他的行為推廣出去。據我所知，老一輩的清教徒，從星期六日落至星期天日落，的確是按照早期清教徒的習俗行事。

遵循主的日子，世人早已不那麼嚴格了，但我想，對於在五十四年前我們星期天度過的方式，應該有個準確的記載，這樣會大有裨益。那時，我們吃早飯的時間跟普通人別無二致。吃飯前，父親會進行簡單的禱告。飯剛一吃完，鈴聲就會響起，於是還沒等飯桌清理完，我們與僕人們就還得進行一次冗長的佈道和禱告儀式。如果天氣好的話，我們會到花園裡散步，只是隨便走走，大約半個小時。然後回到各自房間，打開《聖經》研讀，身旁放著一些經文的注解，專心準備晨禱。上午十一點前，我們走出房間，拿著《聖經》和讚美詩，來到祈禱室進行上午兩個小時的晨禱。這是星期天的核心活動。

之後，我們回來吃飯。非常有意思的是，必須有大塊的肉、蔬菜和布丁，所以廚師一定緊張忙碌。飯後，父親和繼母各自在不同的房間午睡，而我則偷偷溜進花園待上一會兒，但從不敢跑到外面去。下午時分，繼母和我去村裡的主日學校，我很早就被選中，為那裡幾個很小的孩子授課。下午茶時，我們回家。之後，又帶上《聖經》和讚美詩，像上午一樣馬不停蹄地進行晚禱；其間，父親還要進行佈道。這時早已過了我平時上床睡覺的時間，但我們還有另外一個儀式要參加，那就是信徒祈禱會，持續四十多分鐘。之後我們才會一身疲倦地往家走去。我經常累得筋疲力盡，這種勞累彷彿變成了一次對身體的傷害。只有在獲得特許的情況下，我才可以不進行接下來的「禮拜」，溜回樓上上床睡覺。

在所有的星期天裡，我們都在進行著絕對一成不變的儀式，它們之所以如此令人感覺煎熬，就在於我沒有任何常人應有的喘息時間，我既不可以翻看科學書籍，也不可以畫畫，更不可以觀察標本。除非與父母一起去祈禱室，否則我不可以走到馬路上、不可以在吃飯時談論凡塵俗事，更不可以進入珍藏著我的寶貝的小儲藏室。無論熱到什麼程度，我都必須一整天穿著緊身黑衣，就好像要穿戴整齊、隨時準備參加葬禮一樣。有時接近傍晚時，常常感覺自己所處的境地，單調無聊到令人發狂，但這個時候的我，卻常常是軟弱的，總向所謂的世界秩序卑躬屈膝。

第十一章　成長的煩惱

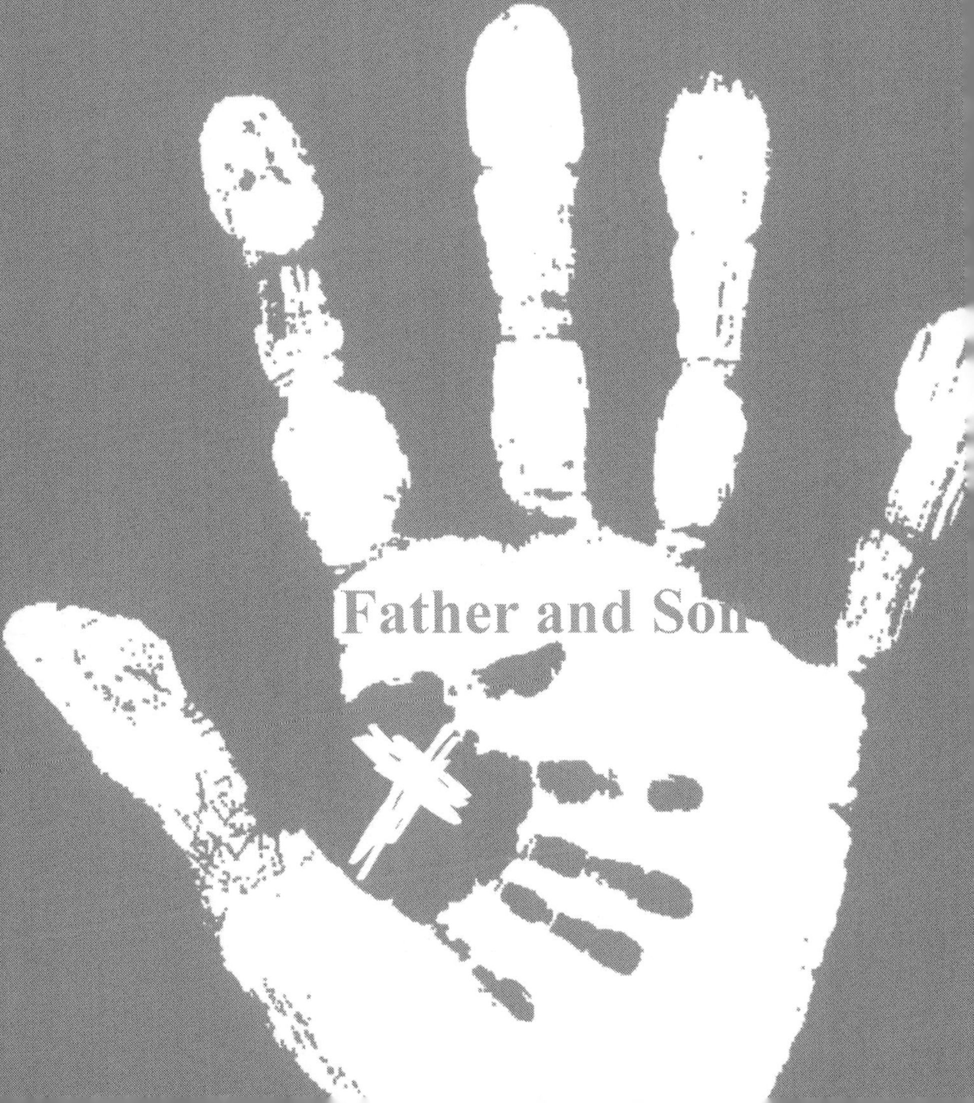

第十一章　成長的煩惱

我的視野開闊了，父親常追隨著我看待精神世界的目光，看著它所凝視的方向，卻滿臉困惑，不知道它凝視的到底是什麼。雖然視野一直在抓住我朦朧而膽怯的注意力，我卻不能將之付諸語言，更不能給出明確的定義。孩子成長了，可那些帶著或溫柔或煩躁的態度對待孩子的大人，卻很少能準確分析出孩子智力的發展水準，很大原因在於，如果在孩子成長過程中需要記錄什麼的話，其內容卻通常是在成人所能理解的範圍之外。現在我得提一下自己的一次突發奇想，它對我的思想解放起到了很大的作用，更準確地講，它對我思維模式的形成有很大的影響。但無論父親還是繼母，對它的形成卻一無所知。實事求是地說，我自己也不知道它是如何形成的。

在繼母隨身帶來的書籍之中，有幾本詩集，什麼稀奇古怪的都有。有坎貝爾[1]的，有彭斯[2]的，有濟慈的，甚至還有拜倫的敘事詩。可以想像，他們之中每個人都能令我著迷。可我當

1　湯瑪斯．坎貝爾，一七七七—一八四四年，英國詩人。

2　羅伯特．彭斯，一七五九—一七九六年，蘇格蘭農民詩人，在英國文學史上佔有特殊重要的地位。

時情感稚嫩，對他們又孤陋寡聞，所以他們迫切的呼聲，是後來才召喚到我的。在這些浪漫的經典著作旁邊，有一小厚卷的詩集，用黑山羊皮包著，由四本重印的十八世紀作品組成，都是些憂鬱的悼亡詩。它們排列的順序，如同在鄉村墓地裡墓碑上的骷髏和振翅天使一樣，早已落伍了。這四本小冊子的順序，我永遠都不會忘記，依次是楊格博士[3]的《最後一日》，布雷爾[4]的《墳墓》，貝爾比．波蒂厄斯主教[5]的《死亡》和撒母耳．博伊斯[6]的《上帝》。這些詩，或是無韻詩，或是英雄雙韻體，情真意切、哀怨淒婉，充分展現了十八世紀中葉藝術神學的魅力，在復仇與讚美之中，傳遞了喬治二世統治時期那種優雅的虔誠。

我能翻看到這些悲傷的詩集，得益於主之日帶來的獨一無二的壓迫感。在主之日的下午，剛才說過，我不能散步、不能交談，也不能在書房裡進行科普探險，更不能從事水彩畫這種大費周章的活動。普利茅斯弟兄會神學是唯一對我開放的東西，但在炎熱的下午，它總令我感覺到有些噁心，伴隨著隱隱的頭痛。有一天，我看見了這些滿是憂傷的詩集，發現它們與宗教相

3 愛德華．楊格，又譯作愛德華．楊，一六八三—一七六五年，偉大的英國詩人。
4 羅伯特．布雷爾，一六九九—一七四六年，蘇格蘭詩人。
5 一七三一—一八〇九年，英國率先支持廢奴運動的聖公會主教。
6 撒母耳．博伊斯，一七〇二／三—一七四九年，愛爾蘭詩人和作家。

闢，就問道：「我可以讀嗎？」在驚訝地簡單瀏覽目錄後，我得到了回答：「噢，當然——只要你能讀懂！」

草坪從我們畫室旁的陽臺一路傾斜而下，其間有兩棵巨大的榆樹，它們最初是草地樹籬的一部分。在修剪過的花園裡，它們仍保留著自然的狀態，圓形的枝葉，帶著原始的意味，散發著泥土的氣息。它們像兩位農人祖先，在不斷進步、走向文明的家庭中生存下來。它們倆都從草坪濃密的陡峭山丘中破土而出，其中一棵樹的樹根，很長時間以來，一直是我喜歡的夏季書桌。我可以伸展身體躺在草坪上，頭和肩膀枕在樹根上，書本立在粗糙的草坪的裂紋中。我帶著墓園詩逃到了那裡，在陣陣驚顫中追尋著苦澀的美德，其中滋味誰又能體會得到呢？

我是否廢寢忘食地讀完黑皮包裝的詩集，我不敢確認，但這部詩集的確成為我彌足珍貴、患難與共的友伴，至少它比朱克斯的《啟示錄思考》和風格模糊、令人鬱悶的《非尼哈的投槍》要友好上千倍。[7]那兩本書都沉悶地放在我的畫室桌上，裹著乏味的紅色封皮。我將水桶垂入這些詩作之中，舀上來了前所未聞的新奇。從《最後一日》的深處，我舀上了由耶穌復活的號角喚醒的靈魂發出的吶喊：

---

7 《聖經．民數記》第二十五章。

> 仁慈的天父啊！為何從寂靜的凡塵驚醒，讓我在詛咒中獲得生命？從安靜中你撕裂了我，在夜晚裡你蹂躪了我，把你的光變成無情的禮物？將你逆轉成人，用悲痛賦予泥土生命？

讀完這些詩句，我已激動的渾身戰慄。我想，這是韋林教區[8]那些一本正經的牧師永遠無法做到的。在同一首詩裡，我還讀到了下面這令人目瞪口呆的場景：

> 現在，停屍間慌成一團，殘肢遍佈，奇形怪狀的骨頭，諂媚地聽從著召喚；接著，它們自己動了，向前爬動——脖頸也許要與遠處的頭顱會合，遠處的雙腿要與兩腳連接。

可是因為《聖經》中沒有證據支持這種場景，所以我對它還是有些抵觸的。我認為，是楊格詩句中的辭藻和力量讓我心蕩神怡。而從一開始，我就拋棄了貝爾比．波蒂厄斯，因為他讓我捉摸不透。我當時對這位奢侈荒唐的作者一無所知，但是在《上帝》中我獲得了一種贖罪後的持久快樂，而從布雷爾的《墳墓》中，我體驗到的是極致快樂，為它如泣如訴的淒慘和生動逼真的描寫所震懾。

大約在這個時期，鄉村裡盛行擺茶桌招待客人的習俗，我的朋友和他們的朋友，經常被各自的父母或一些和藹的未婚姑娘叫出來，給客人表演些小節目，有願意唱歌的可以唱唱歌。在

8 英國英格蘭東南部的赫特福德郡一教區。

豐富的茶點招待之後，大家一起玩遊戲。父親總是在腦海裡琢磨，是否該讓我接受這些俗氣的邀請。如果他拒絕讓靈魂接受這些能夠「品嚐世界」的快樂，在他面前就會盤亙著一種痛苦的危機意識。雖然這些事情表面上無罪，但它們也許會滋長欲求，產生更具破壞力的墮落行為。

記得有一次，布朗夫婦家是洗禮信徒，在附近的鎮裡經營一家雜貨店，曾欣然邀請我「喝茶、做遊戲」，而且還喜滋滋地主動提出，要用當地特有的交通工具「蠓蟲」接送我。父親的內心糾結不已，以至於他希望我隨他一起，去已故的馬克斯小姐荒涼的「香閨」，讓「上帝做出評判」。我們一起到了那裡，並排跪下，背衝窗戶，頭顱枕在如小棺材一樣的沙發馬尾襯墊上。

父親情緒激昂地大聲祈禱著，似乎想向我表示，上帝會發出聲音，告訴我參加布朗家的聚會是否符合上帝的意願。在我看來，父親的態度難說公正，因為他毫無顧忌地提醒上帝，對享樂生活的諸多反對意見，以及埋藏在晚會四周草叢中的毒蛇。我想，對於他想獲得或期望的答案，他不做任何暗示，也許更講理一些。

公正地說，在我的生活裡，平時淨是各種瑣碎的小事，所以必須承認，布朗一家邀請我做客這件事，有些與眾不同。當我跪下時，在父親高大身形的映襯下，我感覺到了自己的渺小，但同時，從我的血管裡如葡萄酒一樣，湧出一股反叛的決心。在我聽從使命安排這麼多年來，從未感受到自己的叛逆思想，具有如此精準的形狀。沒多久，我們從沙發上站起身來，我的前額和手背仍能感覺到馬毛質地表面的擦痛。父親，對成功地獲得所謂的預言信心十足，用動人的聲音問我：「那麼，上帝給予你的答案是什麼呀？」我沒回答，父親仍咄咄逼人地問道：「我們已經請求上帝指引你瞭解他的真正意願了，希望他能讓你知道，接受布朗家的邀請是否符合他的願望？」

他目光炯炯、把握十足地看著我，對我將怎樣回答他已了然於胸。我想，他早已計畫好了，準備給我點好吃的，以彌補我物質上的損失。但是我卻帶著失望的高音回答道：「上帝說我可以去布朗家做客。」父親目瞪口呆，怔怔地看著我，他已落入了自己佈設的圈套。雖然他確信上帝從未說過此類的話，但他已無路可走，只好退讓。然而，不問青紅皂白就「砰」地把門關上，顯然是一種戰略失誤。

儘管感覺深深地內疚，可我仍按時赴約，正是在布朗家的聚會上，我的墓園派詩人跟我開了一個低劣的玩笑。當時有人提議：為了逗老人開心，「我們當中的年輕人」應該給老人們背誦一些精彩的詩句。於是，一位小女孩背誦了《卡薩比安卡》[9]，還有一個小女孩背誦了《我們是七個》[10]。另外，有不少孩子被叫出來背誦了讚美詩，「有些相當長。」卡爾弗利說道，

9 英國詩人菲利西婭．赫門茲的作品。

10 英國詩人威廉．華茲華斯的作品。

但它們都能親切而得體地傳遞福音。布朗夫人的未婚妹妹領著我們做遊戲，她盤著螺旋式的卷髮，總愛興奮過頭，不管我願不願意，就邀請我「背誦一些甜美的詩句」。此時，我正按捺不住、躍躍欲試，於是片刻都未遲疑就站了出來，大聲背誦了布雷爾的《墳墓》中我喜歡的段落：

若死亡空無一物，而死後又一無所有——若一旦亡去就不再——返回空蕩蕩的子宮，他們最初正是從那裡誕生，那麼，浪子也許——

「謝謝你，親愛的，這就夠了！」卷髮女士說道。「但這只是開頭。」我叫道。「好的，親愛的，這真的夠了！我們不會讓你再背下去了。」我困惑不解地退回到人群邊上。布朗夫婦，還有客人們都不會知道，如果環境再合適一些，「浪子」會說些什麼或做些什麼。

我的心情日益強烈，想迫切與上帝選中的校友結交，想在自己力所能及的範圍內享受更多的快樂。我的這種迫切心情，讓父親感覺很頭疼。以蒸汽機車般飛快的速度，他的幻想衝了上來，卻看見了我在賭博俱樂部裡活躍的身影，看見我正在馬比耶區[11]揮霍炫耀。他對如何調節精力分配沒有信心，卻總喜歡重複說，下坡容易上坡難啊！與夥伴在鵝卵石海濱上一起沐浴時，有人會感覺不太自在。但如果他認為，與研究《聖經》相比，這要舒服很多，那麼這就意味著

11 巴黎夜生活活躍的地區。

他已陷入可怕的墮落之中，而且墮落的速度會越來快，直至毀滅。

從本性上而言，父親膽怯而避世。只要可能，就儘量躲避與人交往。只有當主人和佈道的時候，他才會換上另一番面孔。繼母和我，既不傳道也不管理人，渴望更為寬鬆的聯繫和更為輕鬆的關係。對於我，父親突然萌發了一個給予他很大希望的計畫，可到頭來卻是竹籃打水一場空。他指望喬治提供給我的年少友誼，能彌補我性格上的缺陷。雖然到現在我還未提過「喬治」，但他並不是位新交。

父親和我初次到鄉下時，發生了一場事故，它喚醒了我們的同情心。在這場事故中，有一個男孩讓一匹馬給撞倒了，男孩的大腿骨折了。我想是瑪麗．格蕾絲，就來醫院看望了這個孩子，因為父親是不會親自在公共場合訪問的，偶然間發現他跟我正好同齡。喬治是個善於思考、頭腦清醒的孩子，這讓我們更加喜歡上了他，於是在父親的佈道之下，他也進行了懺悔。他觀看過公共洗禮儀式並為之深深感動，所以也迫切地渴望獲得洗禮。實際上，幾個月後，他就接受了洗禮；這讓我感覺有些懊惱，因為此後我不再是教會裡唯一的少年聖徒了。

當我們都到了十三歲時，喬治成為了我家負責打理屋外雜務的僕人，在園丁的指導下做些零工。按父親所言，發現他「溫順、聽話而且專心」，因此非常寵愛他，教授了他許多植物學知識。父親甚至突發奇想，稱呼喬治為我「精神上的兄弟」，而且預料他會跟我一樣，司職教會。

我們的花園遭受到了鼻涕蟲的入侵，它們殺死了馬鞭草，然後像剪刀一樣削去了康乃馨。為了應對這次蟲災，我們投入了一對鴨子，它們是受過洗禮的「鮑西絲和費萊蒙」[12]。一到晚上，我們就將捲著啤酒渣的大片捲心菜葉圍著花房鋪開，作為捕蟲的陷阱。第二天拂曉時，這些捲心菜葉就變成了綠色的客廳，裡面擠滿了醉醺醺的鼻涕蟲。每天一大早，喬治就要把「鮑西絲和費萊蒙」從籠裡釋放出來，為它們備好拐杖，領著它們在一個挨一個的捲心菜葉裡大快朵頤。父親常常從樓上的窗戶觀看這場景，有時會一時興起，模仿詩人格雷[13]吟誦道：

驅駕於南畝，喬治耦耕歡！[14]

這幾乎是我記得的喬治所做的全部事情了，而且他做得的確無可挑剔。

按照父親的打算，我應該與喬治建立親密無間的關係，因為他與我同齡，擁有和我一樣的信仰和未來。繼母仍然固守一些社會傳統，對此感覺非常煩惱，主張還是要堅持等級差別。父親回答道，這種親密關係會讓我保持「低調」，而且從這麼優秀的孩子身上，我不會學到亂七八糟的東西。「他助長了孩子進入房間時不擦鞋的壞習慣。」繼母說。父親歎口氣，認為女

12 《變形記》裡的老倆口，天生善良，傾其所有招待了喬裝成乞丐、四處乞討碰壁的宙斯和赫耳墨斯。
13 湯瑪斯．格雷，一七一六—一七七一年，英國十八世紀重要抒情詩人。
14 原文為：驅駕於南畝，耦耕歡時務！選自湯瑪斯．格雷的《墓園挽歌》，王佐良譯。

人看待神聖事物時的視野總是那麼膚淺。

如果可以稱之為任性的話，那麼父親的這種任性行為，我想，他所想到的一定是《桑福德與墨頓的故事》[15]中那對傑出的共和國榜樣，其中的有些內容令他百讀不厭。因此喬治和我會被一起放出來散步。我們剛要散步，父親就帶著一臉仁慈的表情，推薦給我們《聖經》中的一段內容：「有關上帝創世紀時的慷慨計畫，你們一起思考一下，一定會受益匪淺。」於是，喬治和我就開始探討父親一兩分鐘前起頭的經文，可是不一會兒就陷入了沉默，或者轉而談起了當前的景色，還有其他的鄉村話題。

作為窮人家的孩子，喬治有些早熟；相比之下，我卻有些幼稚，可在我成熟的地方，喬治卻又不太成熟。我們的思想很難找到契合點。然而在我的不斷詢問之下，他還是給了我一些農村生活有趣的啟示。雖然感覺我和他的友誼有些平淡，可我還是願意與他交朋友。我現在上的學校距離家很遠，有時他背著書陪我一起上學，但我總感覺惴惴不安的，擔心同學看見他，指責我竟然被「背」到學校。若向他們解釋說，自己與這個既善良又相當愚鈍的小農民的友誼，是為了提升自己的思想，又是我力所不及的事情。

15 英國小說家湯瑪斯．戴的作品。

這件事不久之後，繼母進行了一次嘗試，想打破我們沉寂的生活，卻全無用處。父親的精力似乎在衰退，變得越發神經兮兮的，而且開始不講理了。母親本能地感覺，父親越來越古怪了。除了去教堂，他幾乎從不離開他的望遠鏡，越來越不想見客人。她喜歡父親文學上的卓越成就，但她知道，如果再固執地不想拋頭露面，他的思想終會枯竭，他的成就也終會離他而去。我不知道，她是如何鼓起如此巨大的勇氣的。我記得她還叫上了我，與她一起想辦法。我們兩人要齊心協力，強迫父親邁開腳步，面對世界。天啊！我們倒不如嘗試喚醒達特姆爾高原上的葉斯陶山峰[16]，讓它火山噴發。

對於母親的建議，父親帶著困惑的笑容，回答道：「我認為，耶穌的責備，是比埃及的寶藏還要珍貴的財富！」這一回答不亞於間接地給出了答案。母親希望他做做報告，去倫敦走走，在皇家學會宣讀論文，與外國專家學者進行學術研討，在時尚的海濱浴場來次動物學講座。在她暢談她的計畫時，我摒住呼吸傾聽著，對她佩服的簡直五體投地。她的計畫如此大膽、如此完美，定會萬無一失，讓我們家的這位才子功成名就。可是，父親一直帶著模稜兩可的微笑聽著，然後衝我們搖了搖頭，繼續研讀《聖經》了。

16　Yes Tor，位於英國德文郡的達特姆爾高原的第二最高峰。

在我寫這本書時，插圖藝術已經傳遍世界，廣為人知。因此，對於半個世紀前偏遠山村的懵懂無知，現代人是無法理解的。當時對於我們這些居住在偏僻村莊的人，沒有任何機會可以瞭解外部新奇的事物。雖然我們家也許是教區裡最有教養的家庭，但我直到十三歲，才真正見過那麼多經典的雕塑作品。當時，母親收到了從娘家郵寄來的一些書冊，其中有一本外表華麗的贈書，書中有幾個鋼版雕像。

這些塑像讓我癡迷不已，是我平生第一次能細細端詳帶著驕傲手勢的阿波羅、身姿婀娜的維納斯、長袍及身的戴安娜、鬍鬚濃密的朱庇特。課本上介紹他們的資訊少之又少，即使介紹了也是不甚明瞭，只聽說他們都是古希臘時的天神。我讓父親告訴我有關這些「古希臘天神」的事情，他說這話的時間和地點我仍記得，是在一天清晨，我站在裝修俗氣的早餐室的窗戶旁——這些所謂的古希臘的神，都是異教徒的邪惡投下的陰影，反映的是他們卑劣的生活：「正是因為這類人，上帝才傾瀉硫黃和火毀滅諸城的[17]；這些神，更確切地說，這些魔鬼，沒有傳奇可言。當然，基督徒知道他們也沒有什麼不好的。」說這話時，父親的臉色鐵青駭人，顯得極其憤怒。我現在仍可想像出他當時激憤的心情，給你一種印象，他好像剛從希臘競技場的血

17 《聖經．舊約．創世記》第十九章。

腥恐怖中逃出來似的。

此時，父親在我心中的形象也大不如前，雖然我仍熱愛他、尊敬他，但不再認為他完美無瑕。雖然我對父親的這種譴責低頭了，但我並沒有接受他的這種譴責。私下裡，我仍不忘欣賞那些鋼版塑像。我認為，他們美妙動人，並不像父親認為的那麼邪惡。美麗掩飾了邪惡，這種觀點已在我思想裡發芽了。不需外人的指點，單憑這一想法，我就與自己一直以來所秉持的信仰，出現了深深的隔閡。我不知疲倦，盡可能收集有關希臘諸神的資訊和他們的塑像，雖然收集的不多，甚至可以說少的可憐，有些又是錯誤的，但它們是正在萌芽的種子。在我的審美進入這個緊要關口時，一系列非比尋常的事情發生了，如怪圈一樣將我纏了進來。

村裡的「信徒」之中，有一對鞋匠夫婦，他們有個女兒叫蘇珊．弗勒德，一個心情浮躁、愛激動的姑娘。最近，在一些宗教復興者的巡迴傳道期間，被「悔改」了，不過是以最為鬧人的方式，在哽咽、哀歎和咯咯的笑聲中進行的。這一重要儀式過後，她隨父母來到我們的聚會，大家若無其事地接受了她，甚至讓她「擘餅」。在此期間，蘇珊．弗勒德去了倫敦，拜訪她未悔改的叔叔和嬸嬸。我們中有人開始私下裡傳，後來就公開說，親戚帶她去了水晶宮。在水晶宮裡，路過雕塑館時，蘇珊的淑女情結受到了深深的傷害，還沒等驚恐的同伴上前阻止她，她已揮起陽傘，把裸體的雕塑砸個稀爛。當她在雕塑之間橫衝直撞時，她被逮捕了。她的叔叔嬸嬸都是非常正直的人，這件事令他們後悔不迭。她被帶到地方官面前，地方官釋放了她，但警告她的親屬：必須帶她回德文郡老家，小心「照顧」。

可蘇珊．弗勒德卻對我們說，自己是凱旋而歸，根本沒意識到她的行為缺乏理智、有失體面。她還到處跟人炫耀自己的所作所為，但語言上卻有些遮遮掩掩的，講述她怎樣在「彼列[18]的宮殿裡」向主證明自己。為此，她還把水晶宮描述的如詩般豪華漂亮。當然，她當時處於一種難以駕馭的歇斯底里狀態，但畢竟這種用身體進行的表白，不會得到我們的鼓勵，但她的事情還是引起了許多人的同情。

長老們在我們的繪畫室裡舉行了一次會議，專門討論這件事，我也想方設法地參加了。當然是在沒人注意到的情況下。父親雖然認可蘇珊．弗勒德的虔誠純潔無瑕，但卻質疑這種行為是否理智。他強調的一點就是，雕塑不是她的個人財產，而是水晶宮的財產。至於其他與會者，我想，甚至沒有人知道蘇珊砸碎的、或者試圖砸碎的物件到底是什麼，卻都坦誠地認為她的行為非常榮耀。至於我，經過不斷地打探，收集了足夠的資訊，知道她那把該受天譴的陽傘，打碎的是我的那些神秘朋友希臘諸神的軀體，即使村裡所有人都為破壞偶像的蘇珊鼓掌，可是我

18 《新舊約全書》中魔鬼撒旦的別名，彌爾頓的《失樂園》中的墮落天使之一。

不會；我只會強硬地站在對立的一方。但我意識到，這個世界上，沒有任何人能同情我。如果我認識「希臘文」，我應該可以輕輕吟誦：

阿波羅、潘[19]和愛神，甚至連奧林匹亞的朱庇特，都在蘇珊氣勢洶洶的目光下，變得軟弱起來。

那天，等不到畫室會議結束，我就夾上墓園詩集衝向了花園。花園建在大片的桂樹中間，人們清出來一塊空地，上面種有蕨類植物；此外還安了一把椅子。這是一處靜謐之所，沒有一條固定的小徑可以到達，只有一頭紮進桂樹蛇一般的枝葉下，才能出現在這片絕對的幽閉之地。

來到這個棲息地，我的思緒馬上飛到了那個野蠻而虔誠的破壞者蘇珊．弗勒德身上。當時的我，孤陋寡聞，甚至認為她毀壞的，是這些雕塑品獨一無二的大理石真跡。我對石膏模型一無所知，以為這種損害難以修補。我沉坐在椅子裡，四面環繞著桂樹叢，在它們的悄聲低語中，我情不自禁地流下了淚水。這位年幼的普利茅斯弟兄會成員，在其德行日益提升的歲月裡，能為對赫耳墨斯[20]和阿佛洛狄特[21]所做的無恥行為滴下苦澀的淚水，肯定會讓人感覺奇怪，甚至

19 人身羊足、頭上有角的山林、畜牧神。
20 眾神使者，司道路、商業、科學、發明、幸運、口才等。
21 司愛與美之女神。

會引起人們的同情。過了不久，為了尋求安慰，我翻開了書，在《上帝》裡讀到了一大段誇張的詩句。在朗讀的過程中，因受不住炎熱和香氣的溫存，我很快進入了夢鄉。

在對蘇珊的陽傘激情稱頌的人之中，佩吉特一家表現的最為突出。他們是退休的洗禮教牧師和他的妻子，來自埃克斯茅斯鎮[22]，最近才在此定居，也參加了「擘餅儀式」。佩吉特先生是位上了年紀的胖子，圓臉刮的非常乾淨，短平的白髮，厚嘴唇無論說話與否總在翕動。現在想起來，他長的像畫中年老的柯勒律治[23]，但卻沒有柯勒律治那樣的智慧。對嚴肅宗教的失望情緒，讓他在恍惚中度日，已然拋棄了對靈魂的拯救，因為他確信，他犯下了違背聖靈的罪過。

他的妻子比他小，又矮又瘦，很活躍，異常狹長的前額上，一雙黑眼睛如同針孔一般，前額兩邊是光滑的卷髮。佩吉特對老婆非常粗魯，人們私下裡說：「親愛的佩吉特夫人經常處於水深火熱之中。」他們兩人非常窮，但對禮節卻講究到刻板的地步。佩吉特夫人也非常小心，盡可能不讓外人，看見她可憐的丈夫那瘋子一樣的喜怒無常。

在我們圈子裡，人們從不認為佩吉特先生是個瘋子，都說他犯了嚴重的罪過，惹上帝發了怒，因此只有進行大量的祈禱，才可以重新被領回光明之路，上帝才會一改現在嚴厲的面孔，

22 德文郡東部的港口城鎮。
23 英國湖畔派詩人。

露出笑臉。這個人在大街上癲癇發作時，人們不是把他送到醫院，而是一邊搖頭一邊反複說道，撒旦，你這個邪惡之蛇，這個時候被放了出來。無論私底下還是在公開場合，佩吉特先生喜歡談論他那可怕的精神狀況，而且一旦談起他犯下的不可饒恕的罪過時，他就壓低聲音，渾身因癲狂而驚顫，好像人們患上罕見疾病時的那種狀況。

人們也許認為，像佩吉特先生這樣如此痛苦而古怪的人，雖然可以在團體裡擔當職務，但他的職務一定非常不穩固。但是，在我們教會卻不是這樣；相反，他們這種人都會擔任重要的職務。佩吉特先生雖然精神方面一無所長，但卻非常渴求幫助我父親處理一些宗教事務，常常懇求允許他主持祈禱和勸道。勸道時，他的語氣讓人感覺像受過傷的老兵，雖然自己在血腥的戰場上倒下了，但仍鼓勵年輕人繼續向勝利前進。每個人都渴望知道，佩吉特先生所犯的違背聖靈的罪過，到底是什麼性質的，以至於能夠剝奪他每一線希望的曙光，無論是一時的還是永久的剝奪。人們私下裡說，即使是我父親，也不太瞭解這一罪過的性質。

佩吉特先生這種無奈的現實，帶著一絲神秘的色彩，反而給他裹上了一層浪漫的外衣。我們看他，如同女人看維羅納[24]裡的但丁雕像，會不時地竊竊私語：

24 義大利名城。

看他啊，地獄的臭氣怎樣弄他的長髮，燒焦他的面頰！

當然，佩吉特先生的為人，缺乏但丁那種高貴的人格。每天中午，他總是晃晃悠悠地在大街上走來走去，身上披著瀑布般的彩紙，叫作「壁爐裝飾品」，一條甩在背後，另一條露在胸前。這些彩紙，是他專門製作來賣的。他採取了一種奇特的行銷方式：將這些彩紙像做廣告一樣誇張地戴在身上。而佩吉特夫人，則向來喜歡在牧師中指手畫腳。正是佩吉特先生與眾不同的罪過，將牧師們排除在外，讓她有了掌管權杖的機會。在我所遇見的人之中，她是唯一不怕父親生氣的人。她會用她那雙毒蛇般的眼睛，緊緊盯著父親的雙眼，以犀利且不容質疑的口吻說：「我認為這不是真正的闡釋，G教友。」或者「讓我們轉向《哥羅西書》吧，看看聖靈在這件事上是怎麼說的。」她的這種做派，反而引起了父親的好奇心，因為父親不習慣有人這樣打斷他。此外，她不會為任何恭維話所軟化，比如說，「你真是太棒了，姐妹，你對蒙恩之道這麼熟悉！」她幾乎讓父親感覺到了恐懼。

她將濫用職權發揮到極致，並且總能如願以償，成功地讓父親注意到我可憐的繼母，展示了「一種對衣著過分的喜好」。這種指責無中生有。繼母雖然經常變換衣著，但衣服的樣式卻總是貴格教派的。她唯一的裝飾物，就是一隻大茶花胸針，鑲嵌在繡花的璞金上。對於這個胸針，不懷好意的佩吉特特別提醒父親，說它「可能引導『羊群』屈從於誘惑」。可憐的父親受到這麼直截了當的責備，認為他負有責任，於是就對母親說：「親愛的，你難道不認為你應該為他人樹立榜樣嗎？別再戴那些花俏的胸針了。」

「我想，我們必須在領子上戴些什麼吧？」

「好吧，但是佩吉特怎麼別她的領子呢？」

「佩吉特姐妹，」母親回答道，父親的反駁讓她感覺心痛，「她用別針別她的領子——我死也不會這麼做的！」

我也沒有逃過這位熱情的改革者的關注，佩吉特夫人對我感興趣到極致的狀態，她對我接受教育的方式不太滿意。她的身影似乎遍佈整個村子，進進出出都躲不開她刻板的女士帽和翹起的嘴唇。她會急匆匆跑去告訴父親，她看見我「和許多不信教的孩子」說說笑笑。而這些人是我的夥伴，我完全可以和他們打成一片的。她強烈要求父親採取明確的措施履行我的神職，這樣他就可以將我徹底奉獻給上帝的事業。她認為學多了也沒用，只能滋長思想上的驕傲。她提醒道，佩吉特先生年輕時，很少為世俗的事情所煩惱，在招致聖靈的惱怒之前，他在進行靈魂懺悔時是多麼幸福啊！

我真的不知道她想讓父親怎樣對待我，也許她自己也不知道。她好管閒事，無知而又固執，喜歡幻想她正在對人發號施令。但是令人稱奇且難以理解的是，父親雖然有其局限性，但他畢竟品行高尚、與眾不同，怎麼還會聽從她的指揮呢？更令人奇怪的是，他居然允許這個可憎的刁婦干涉他的計畫、阻礙他的目標。我想，原因在於，她採取的立場有其合理性。父親發現自己最終要面對的，不是那些信徒，而是一位在他這套獨特的宗教體系中訓練有素的專家。從任何方面講，她都於理有據，他知道她這些理據有處可查，也知道它們合情合理。父親在佩吉特夫人面前顫抖了，就像一個人做夢時，面對心中的自我幻象時顫抖一樣；他無法責備她，只能將自己擺放出來任其挑剔。

但是，繼母做事依靠的是原始的本能，所以她不會像父親那樣糾纏於瑣碎的細節。如虔誠的信徒通常下好大的決心，才不喜歡主內姐妹一樣，她也是思量再三，才決心不再理睬佩吉特夫人的。繼母默默無聞地、按照她認為最好的方式撫養我，絕不會為一個癲狂的洗禮教徒的妻子所左右。此時的我，既有孩童的幼稚和自負，又有孩童的好奇心和懵懂無知。我的一部分思想，伴隨著不良行為而滋長，而另一部分思想卻進展緩慢，有些甚至根本就停滯不前。我就像一棵植物，因為上面被放上了花盆，因此中間的樹幹部分就受到擠壓和阻礙，而枝葉又要掙扎著，從各個角度向有光的地方伸展。父親自己也意識到這些，也希望調節我的思想，但總是忽冷忽熱的。而且他所做的一切，只是試圖將枝葉弄直，而不是將壓彎它們的花盆搬走。

上寄宿學校的事情，是繼母下的決心，她認為我足夠大了，可以去了。父親早前發現一對普利茅斯弟兄會的老夫婦，在附近的海港鎮開了一家「年輕紳士學院」。學院的入學簡介上說，學院將主的知識和愛作為校長和員工的著眼點，而不僅僅是關注學費，於是他接受了勸告，將我委託他們關照。但父親規定，每星期六晚上到星期一早晨，我必須回家。按照他的說法，不是擔心我會沉溺肉體的放縱享樂，而是因為我是信徒，不應中斷在星期天與村裡的聖徒們，一起進行聖餐儀式。因此雖然當時的我既笨拙又愛想家，卻立即出發上學了。由此，我的靈魂與父親的靈魂之間的裂痕進一步變大了。

第十二章　出現裂痕

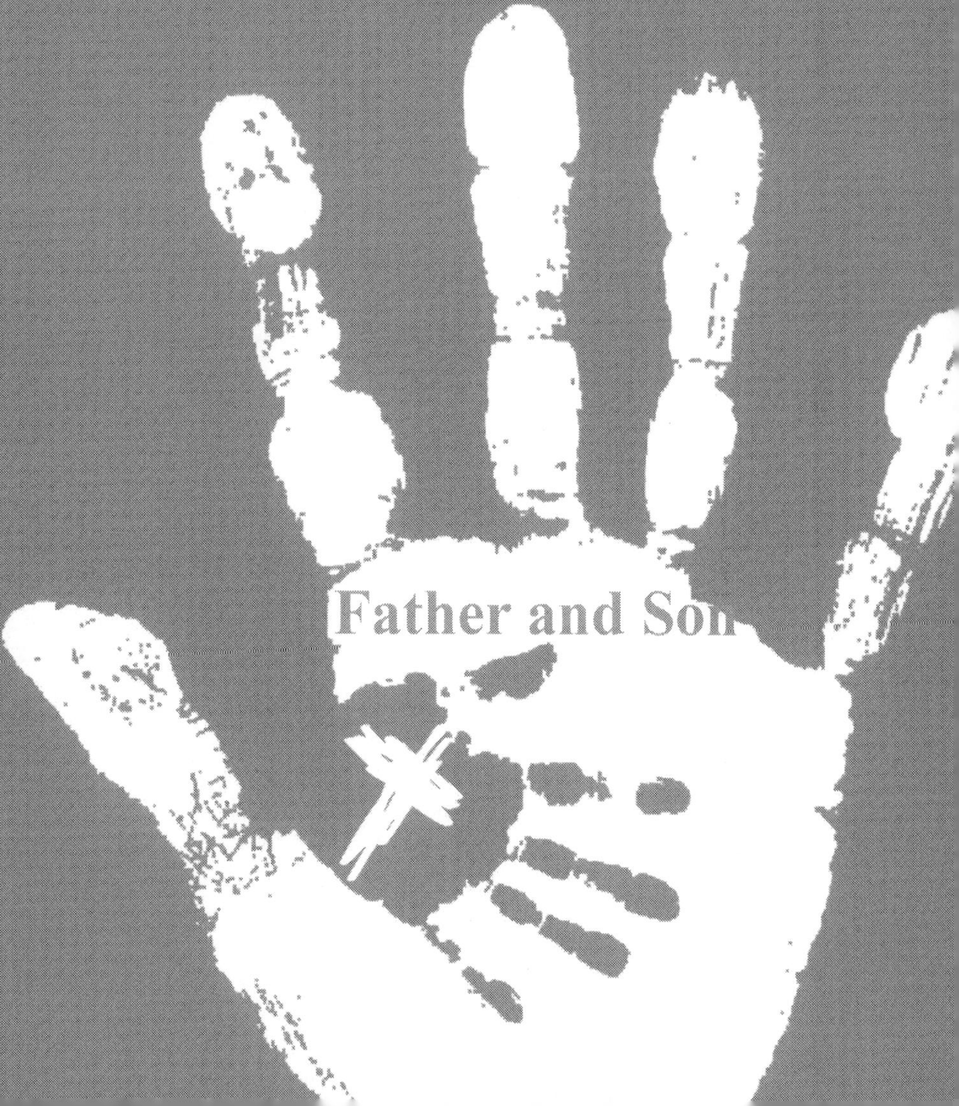

第十二章　出現裂痕

來自平和而虔誠信仰家庭的小孩，到達寄宿學校就會發現，在那裡的日子，總有一個裂縫在你的雙腳之下張著大口，隨時會把你吞掉，而你卻茫然無知。實際上，因我星期六和星期天仍然回家睡覺，我想這讓我免受了許多驚嚇。但還是產生了一種危機，雖然這種危機——在我看來——朦朧而緩慢；但對父親而言卻明顯而急劇。允許我放棄父母的關愛，有幾周甚至要放棄五天時間，在他的思想裡，無異於承認，如此之久以來精心看護並全情培育的神聖計畫，剛剛處於萌芽狀態就要夭折了。

這一神聖的計畫——我情不自禁地用黑體字以示哀悼——就是，讀者們知道，我要用我的整個一生奉獻給「服務上帝的事業」，這是我獨一無二且矢志不渝的目標，它明白無誤、不容中斷，也不容妥協。另外它也是我母親的願望，在她臨終之時，她將這一遺願傳遞給父親，像傳遞應許之地[1]的夢想。在父母的幻想中，如同很久之前以利加拿和哈拿將撒母耳[2]從他們

1　指耶和華上帝應許給猶太人的「流奶與蜜之地」——迦南。

2　《聖經》記載，撒母耳是以色列的最後一位士師，也是以色列立國後的第一位先知。

位於拉瑪瑣非山上的家中帶下來奉獻給耶和華一樣[3]，他們早已將我奉獻給了上帝。他們用尼龍做的以弗得[4]繫在我的腰上，希望將我留在那裡。「只要他一息尚存，」他們說，「他就將被奉獻給上帝。」

毫無疑問，在十四年中，只有在父親無意間聽到我的話，或發現了我的某種怪癖時，他才偶然間閃現出這樣的想法：有些人天生就適合清苦的宗教生活，而我並不屬於其中的一員。然而他所希望的是，當童年的稜角削平之後，圓潤的成熟會襲上我的靈魂。他寬恕我行為過失時的方式非常感人，總是先直截了當地譴責這些過失，然後再溫和地指出我本人的缺點，話語中帶著令人心痛的溫柔：「難道你不是祈禱的產物嗎？」他認為，只要像他這樣飽含深情且連綿不斷地祈禱，就能最終如願以償。信仰可以移山，他確信自己的信仰堅貞不屈，難道就不能塑造一顆柔弱的孩童之心嗎？他渴求並期盼的是這樣的一個兒子：他全然沒有人類的魯莽，為人謙卑、純潔，不為凡塵俗世所煩惱，他遵從上帝的旨意[5]，他的人生將在天國得到洗滌和矯正；除了救贖所需之外，他的一切都應奉獻給上帝。

3 《聖經．舊約．撒母耳記》。
4 古猶太教大祭司穿的聖衣。
5 原文為拉丁語。

我想，父親從來就沒想過，像這樣一心只想洗心革面、創造神跡的卑微信徒，又該如何生存呢？父親從來淡漠金錢。他認為，如果任我這樣下去，我註定會胸無大志，倒不如讓我儘快成人，繼承他的事業，為窮苦的基督徒服務。我想他有個夢想：我不需從事任何工作或交易，就可以養活全家；但這個夢想終是模糊不清的。在寄宿學校的首個學期剛開學，我就目睹了父親與湯瑪斯．布萊特文先生的一次對話，我雖沒說話，卻感到有些憤怒。湯瑪斯．布萊特文先生是繼母的弟弟，是東部一個縣裡的一個銀行家。

他們探討的問題是：就目前的實際情況來說，我將來的出路在哪裡？我確信，這是他們第一次討論我的未來，至少當著我的面是第一次。我猜，一定是繼母動員布萊特文先生和父親談的。繼母對我的愛越來越強烈，所以就有了這個提議。也有可能是鄰里周圍的人，暗自動員他們詢問我的未來。布萊特文先生沒有孩子，繼母也是一樣，所以我想，他們有種善意的衝動，如俗語所言想要「探一下路」。我認為，布萊特文先生想說，如果銀行業做得聰明和體面的話，有時會發財。

但談話中發生了令我害怕的事情，父親的聲音越來越高，語氣也越來越重，他大聲說道：「如果有人給我可愛的孩子提供一個所謂的『出路』，可以每年賺上一萬英鎊，卻要將孩子的心思和興趣偏離上帝的事業，那麼，我會代表孩子拒絕它。」布萊特文先生是位嚴謹而優雅的紳士，我想他一生之中從未有言過其實的時候，因此認為自己受到了誤解，沒過多久就離開了我們，而且在我的印象裡，再未登過我家門。

我默然無語。我感覺自己非常像基哈西[6]所以，如果我有勇氣的話，我會欣然追隨這位銀行家，哪怕追到深更半夜。我會請求父親原諒我那熱情的以利沙[7]，提醒他先知還有兩個兒子——「請你賜他們些銀子、兩套衣裳」[8]。父親竟以如此粗暴的方式，放棄了我獲得富足的良機，似乎讓我難以接受。事實上，我的確非常憎惡這種方式，為我失去所謂的「良機」感到遺憾，這也表明我與父親早已南轅北轍。父親，我確信，認為在他反駁他妻弟那非常溫和且含糊不清的仁慈時，他是在為我內在的本能代言，但他的的確確不能為我代言。我想，就在財富如此之近地為自己掌控之時，看見它一股腦被父親粗暴地扔進疑慮的汪洋，我感受到了一種強烈且發自內心的失望。

我上的這所寄宿學校，沒有一個村裡的夥伴，所以我到學校時沒見到一個熟人。然而我卻在這裡找到了屬於自己的一隅之地。這得益於父親的規定：我不與同齡的孩子在宿舍裡過夜，

6 《聖經．舊約．列王記（下）》記載的人物，先知以利沙的僕人，因貪財受詛咒。

7 西元前九世紀以色列先知以利亞的門徒，繼以利亞之後為先知。

8 《聖經．舊約．列王記（下）》第五章。

而要睡在一位德高望重的普利茅斯弟兄會成員的家裡。父親認識這位成員，他有兩個年長的兒子，我就睡在他們的房間裡。從社交角度上講，這種安排是不幸的，因為這些年輕人年齡上比我大，又比我成熟的多。實際上，最大的那個兒子馬上就要畢業了。他們擁有自己的獨立空間，對中間插進一個不認識的孩童深為反感。巒以為他們會保護和維護我的宗教行為，像父親說的那樣，鼓勵我接近施恩的寶座。然而他們根本就不會假裝虔誠，反而把我看成一個不速之客。

過了不久，其中一個又年輕又無禮的傢伙就公開宣稱，他們認為我是被插入這個房間裡「監視」他們的，這是他們的父親和我之間的一個陰謀；他還拐彎抹角地警告我，「如果任何事情洩露出去」，我就會遭殃。但是我根本無意得罪他們，對他們的事情也根本沒有任何興趣。很快我就發現，他們正與附近學院的女孩子眉來眼去，忙得不可開交，但「這些眉來眼去，又與我何干呢」？

這些年輕人，本該早就離開學校的。在公共場合，他們並未對我做過什麼，只是讓我不要瞎說。他們不再跟我說話，只偶爾發號施令。因為我年紀小，晚上還沒等他們上樓，我就上床睡覺了。清晨，我總是被喚醒，然後忙著自己的事情，而他們仍在昏然入睡。實際上，我與同齡人夜晚隔絕，白天也無聯繫。或許對他們而言，我什麼都不是，不是搭夥者，也不是校友，更甚者我既不是人、也不是魚，更不是禽。

這樣的生活已寂寞的不能再寂寞了，我總在星期六下午回家，再在星期一早晨返校，這進一步阻止了我與同學們的交往。很長一段時間，我身處社交生活繁忙的人群之外，「我獨自漫遊像一朵浮雲」。[9] 有時甚至會感覺到從未有過的悲傷。但這樣也有好處，就是沒有人欺侮我。雖然隱隱約約地目睹到一些骯髒和殘酷，但我卻未受過傷害，也未碰到任何不可告人的秘密。想必是我那非凡的聖潔之名，帶給人的半是恐懼、半是荒唐，於是在我周圍築起了一道絕緣層。

我們是那些神聖諺語的受害者，其中最經典的一句就是「從小看到老」。就我而言，我卻難說它是正確的。長大之後，我一直好與人交往，喜歡志趣相投的朋友，依賴朋友的相伴，獲取道德生活的脈搏。孑然一身，封閉於孤獨一隅，居住在燈塔上，或獨宿在森林中，在我看來這些都似乎過於沉重，是一種難以忍受的折磨，我想都未曾想過。處於無人交談的環境中，對於我，不啻於呼吸無氧的空氣，讓肺部感到窒息。

回首寄宿學校的日子，我卻發現，周圍的人當中，沒有一個人喜歡我。我的成年記憶，為朋友們熱切的容顏照射得閃亮光明，而我卻幾乎回憶不出超過兩三個校友的名字。我的校友當中，沒有一個人，因性格或思想與眾不同，給我留下難以磨滅的印象。晚年後，我忍受不了孤獨，

---

9 選自英國浪漫主義詩人華茲華斯的詩《我獨自漫遊像一朵浮雲》。

也害怕孤獨。在學校時，我祈求的只是從喧囂中偷偷溜出，與回憶和幻想結伴而行。人性的魅力，成熟之後也許會變成一種痛苦，但我在童年時根本就找不到它的蹤跡。脆弱的愛情，人們回首時常常滿懷深情蜜意，但只有蒙田[10]可以闡釋得清楚：「因為是你，因為是我」[11]，而我卻不明就裡。友誼，對我既像陽光又像睡眠，可是直到畢業，我既沒有被照亮，也沒被喚醒，仍孤獨一人，沒有交上一個朋友。

如果我聰明一點，肯定會引起同伴的忌妒；但遺憾的是，我在班級學業水準中等，做不到讓人忌妒的程度。我提個細節，它說明了四十年來我在觀察力方面的進步。我近視的極其厲害，不能看清講課用的石板或黑板。細想一下，這似乎不可思議，但在整個念書期間，的確從未有人提過或想過這件事。直到我十六歲時，教授我們德語和法語的波蘭老師，才讓別人意識到了我患有近視。我本反應不快，又因近視，感覺眼睛像蒙上了一層霧，以至於有人甚至認為我有些愚笨。

我不滿足於成為一個可有可無之人，不想只有自己才認識自我的存在。上學大約一年後，我以一種孩子們慣有的方式，終於「一鳴驚人」，驚得連自己都嚇了一跳。有個門房B先生，

---

10 一五三三—一五九二年，法國作家，法國文藝復興後期、十六世紀人文主義思想家。

11 原文為法語。

大家都不喜歡他。我想他是個難以填飽肚子的傢伙，患有結核病，是我們所有人當中混得最慘的了。他焦躁、易怒，沒有同情心，對他來說，門房工作有點勉為其難。我們的校舍既老舊又不規整，有一個長長的像地窖似的房間，像其他的房間一樣朝走廊方向開門。房間靠寬大的窗戶採光，透過窗戶可看見花園，窗戶上精心安裝了欄杆。有間地下室，只供放置個人用品使用。學校裡有一條不成文的規定：教師從不到這間地下室來。一天晚上，剛剛黃昏，夜課鈴響了，我們許多人因佈道而耽擱了，還待在這裡。B先生生氣了，他的樣子看起來非常滑稽。他催促著我們、尖聲斥責我們，趕我們上課。我離開的最晚，當門房轉身看屋裡還有沒有其他同學時，我決心教訓他一下。於是我飛快地將門在我身後帶上，閂上了門閂。我閂門閂時，聽見了被鎖在裡面的門房，在氣急敗壞地大叫大喊。我們男孩們都興高采烈地上樓了。只可惜，由於性格孤僻，我沒有一個「哥們」，無法向他袒露自己的壯舉。

但B先生被鎖在屋裡面的消息，還是立刻傳了出來。因此通常無法無天的晚課，受這次事件的影響，變成了守紀律的典範。沒有教師在我們身邊，教室裡仍是一片寂靜，幾乎沒有笑聲或口哨聲，同學們都在勤奮學習，或者說假裝在勤奮學習。雖然我手裡拿著書，但內心卻是心潮起伏、浮想聯翩。我誅殺了暴君，解救了大家，我從可惡的壓迫者手中將同伴解放出來。當他們知道這一切都是我做的時，他們一定會簇擁在我的周圍，我一定會成為校園裡的英雄，再也不是一個徘徊的影子了，也不再是那個不被視而不見的生命了。似乎過了很長時間，終於，B先生被一位僕人放了出來，他上樓來到了教室，找到了我們。不祥的預感籠罩在我們頭上。

一開始他什麼都沒說，只是頹然地坐在椅子裡，一臉迷蒙，一隻手緊壓在身側。他的沮喪和沉默，讓孩子們驚訝不已，也讓我心中產生了一絲懊悔。我第一次認識到，他也是人，也會感受到痛苦。不久他站了起來，拿上一塊石板，在上面寫下了兩個問題：「是你做的嗎？」，以及「你知道是誰做的嗎？」，他輪流問了每個男孩一遍，而每個男孩都迅速重複著「不是」，這讓他倍感失望。

他默默地將石板舉到剩下的最後幾個人當中，其中一人必是罪魁禍首。看到這一時刻即將來臨，一股難以名狀的膽怯席捲全身。我回顧事發時的情景，應該沒有人看見我，更沒有人能指證我。否認，是最容易也是最安全的策略，這會讓對手更加困惑，讓惹禍的人風險更小。在我看來，說出真相，似乎不僅愚蠢而且是錯誤的。然而當門房站在我面前，用他蒼白而顫抖的手伸出石板時，我卻突然抓起一支鉛筆，越過第一個問題，直接在第二個問題旁寫上了「是的」。

我這種模稜兩可的做法，讓B先生感覺有些困惑，他追問道：「是你做的嗎？」我置之不理，轉身跑到了一間空寢室，整個夜晚和第二天一整天，都把自己關在裡面沒有出來。校長和其他好事的人不時過來看望，終於我接受了他們的勸說，交代了事情的始末並道了歉。不管怎樣，這件荒唐的小事最終還是發揮了作用，它向校友們表明了我的存在。從那時起，我不再生活在視而不見的恥辱之中，我已具有了物質形式，已暫時將陰影擲入道聽塗說之中。可在其他方面，一切依然如故。

我不但令人驚奇地並未受到環境的影響，而且未能施展影響環境的能力。實際上，我還是獨來獨往，比以往有過之而無不及。因此在我的記憶中，在與人交往方面，學校的寄宿生活單調而模糊。現在回首那個時候，似乎在這段期間內，我思想的溪流已流淌出來，彙集成了一汪淺池，但多少還是死水一潭。很多時候，我都在努力獲得一直以來都特別匱乏的傳統知識元素，可惜我思想貧瘠、認識模糊，總未能如願。

後來，老人們在談到我的校園生活時，都坦率地向我保證，在他們的印象中，我是一位聰明而且特別有趣的孩子；他們還說，現在根本看不出來，我是念書時信誓旦旦要成為的那種人，那些最溺愛我的人，最終都放棄了讓我證明自己可以在某方面出人頭地的希望。的確，對那些格外溺愛我的監護人而言，特別是我溫柔賢慧的繼母，尤為如此。

然而，若本書不嚴格尊重事實的話，它將毫無價值。所以我一定要聲明，我的校園生活枯燥乏味，這一點毋庸置疑。一直以來，我都在沿著某種道德軌跡和思想路線成長，若校長和同學都認為我了無情趣的話，那麼只能說，我展現出來的是緩慢培養「正確思想」的過程，因為他們都甘於平淡，所以他們的想法在某種程度上並非事實。我想，如果某些憐憫的水珠降臨到我的那塊沙漠，它就會像玫瑰一樣發芽開花，即使在最不堪的情況下，也會開成虛幻之花——耶利哥玫瑰[12]。

實際上，陳規舊俗和乾涸的思想，一直令我舉步維艱，讓我沒有機會向外生長。它們雖然沒有摧毀這些花朵，卻將花朵禁錮起來，讓它們緩慢發育，但已不可能發芽生花。我說過，我的思想雖繼續保持著生命的跡象，卻仍然不被視而不見。這期間的我，寄身於夢想與思索之中，經歷了許多精神折磨，雖然這些體驗讓我受益匪淺，可我仍無法實現自己真正的目標。如果再對我的意思細緻解讀一下，我想說，在校園生活期間，我沒有思想，可我正在培養思想，開始學會思考。

我那了不起的好奇心，此時主要的任務就是學習語言，語言已成了我表達思想的工具。我不厭其煩地添加詞彙，為事物尋找恰當且個性化的語言。這也算是將語言付諸實際創作前的一種練習吧。因為在我忙於學習新詞彙的時候，我還不知道如何用它們進行表達。在讀莎士比亞

12 象徵著生命永恆，死者能夠復活。

時，我碰到了一段內容：普洛斯彼羅[13]告訴卡列班[14]，在主人教他說話之前，他是沒有思想的。我記得，自己由此開始欽佩詩人的直覺，因為之前我就是這樣的一個卡列班：

> 我因為看你的樣子可憐，才辛辛苦苦地教你講話，每時每刻教導你這樣那樣。那時你這野鬼連自己說的什麼也不會懂得，只會像一隻野東西一樣咕嚕咕嚕；我教你怎樣用說話表達你的意思[15]。

對於自己的普洛斯彼羅，我在類似能讀到的書中漫無目的地搜尋著。我意識到，那些語言讓我深深癡迷，它們緊緊抓住了我，讓我隨著它們一起走出黑暗，獲取力量、意象和思想。

父親有一本書叫《詞源詞典》[16]，出版於十八世紀早期。我對這部字典愛不釋手，數小時地玩味著其中的詞語。那時的情景難以再現，當時的我興奮不已，反複品味著那些豐富而古老的民間用語。父親發現我這麼孜孜不倦，開始好奇我沉迷的到底是什麼；但我真的無法提供給他非常明晰的解釋。他強迫我放棄這種毫無意義的行為，應將語言付諸實踐。為此，他專門設

---

13 莎士比亞的戲劇《暴風雨》中的公爵。

14 莎士比亞的戲劇《暴風雨》中野性而醜怪的奴隸。

15 選自莎士比亞的戲劇《暴風雨》第二幕第二場，朱生豪譯。

16 指南森·貝利的《英語詞源詞典》。

計了一種訓練方式並強迫我接受它，這令我心生怨氣。一有可能，他就打發我來到通往沃伯格山（Warbury Hill）旁的路上，圍著家附近的樹林散步，或者沿著山脊下到海邊，再順著海灘下到懸崖的末端，最後經過村子回到家中。他希望我用最豐富的語言，描述在途中看到的一切。我剛才講過，這種訓練讓我怨恨而惱火，但現在回過頭看，我更傾向於認為，它是父親給予我的最有效、最實用的訓練，它強迫我去進行敏銳而明晰的觀察，形成視覺印象，保留在大腦中，然後再裹上細膩而精準的語言外衣。

十五歲時，我做出了一次明智的選擇，並由此與莎士比亞再次相知。我拿到一部專供學校使用的《暴風雨》劇本，我猜是為大學入學考試使用的。當時的大學考試仍安排在各個省舉行。我一遍遍地讀著這個劇本，連注釋也不放過，對它的詞彙表更是細心品味、百看不厭。我研究《暴風雨》的語言，彷彿我之前從未認真研究過經典著作似的，它讓我的身心佈滿音樂和浪漫。只有這本書，屬於我自己珍藏的財產，而其他莎士比亞的作品，卻在我的夢想之外。但我還是透過東借一本、西借一本的方式，想方設法地讀完了《威尼斯商人》、《辛白林》、《尤利烏斯．凱撒》和《無事生非》[17]。

17 全部譯名取自朱生豪所譯的《莎士比亞全集》——譯者注。

我想，在很長一段時間內，其他大多數作品都讓我關在了門外。莎士比亞的這些作品，如旭日初升時絢麗多彩的陽光，讓我的視野無限開闊明亮起來。毋庸置疑，由於我特殊的成長經歷，戲劇從未吸引過我，因為它們既受到舞臺的桎梏，又受到演員表演的束縛。但是它們在我腦海裡生成的形象，就是活生生的人，行走於世界裡，用最自然的方式抒發人類的情感。在我看來，裝扮這些情感的語言，最為直白、最為貼切，卻也最為美妙動人。

正當莎士比亞的魅力令我如醉如癡之時，發生了一件大事。父親把我帶到了倫敦，這是我有生以來第一次來倫敦。我們只能在倫敦盤桓幾天，就是為了參加福音教會的一次大型會議。我們住在離斯特蘭德大街[18]不遠的一家陰暗的旅館裡，那裡沒白天、沒黑夜的吵鬧聲，令我苦不堪言。不開會時，我大多待在旅館的咖啡廳裡與麵包屑和麗蠅為伍，而父親則在大英博物館和皇家學會忙碌。這次會議在位於倫敦北部的某個巨大禮堂舉行。我記得，因自己近視，感覺這裡的人多的可怕，一圈一圈的灰白臉龐籠罩在霧裡，都變得暗淡起來。父親，作為一名德高望重的客人，有幸被請到臺上入座，於是我們就坐在了一大群聚會者的中心，這些人都是我第一次見到。

18 位於英國倫敦中西部街，以其旅館和劇院著稱。

祈禱儀式、讚美詩和演講冗長而且單調，並沒有給我留下印象，但不經意間聽到的一席話，卻讓我感受到了內心的刺痛。一位上了年紀的老人，胖嘟嘟的，聲音如低音管一般。他旁若無人地譴責說，背信棄義的行為現已氾濫，而那些宣傳信奉基督教的人，對已經逼到家門口的邪惡，仍在採取不瘟不火的態度，避而不戰。這些基督徒，就像那些老底嘉教徒，天啟的使者終將他們從口中吐出去[19]。

舉個例子，這位演講者問道，誰在竭力遏制我們中間偶像崇拜的蔓延呢？「此時此刻，」他繼續說道，「有人在慶祝莎士比亞誕辰，卻沒有人譴責這種褻瀆神靈的行為。莎士比亞是一個迷失的靈魂，他正為自己的罪過遭受懲罰。」這番話，讓我如雷轟頂，眼前金星四射。我愛的人在自己面前受到奇恥大辱，我感受到的痛苦和無助也不過如此。如此眾多的人之中，居然沒有人對他的話提出異議，我的思想如墜深淵。按其所言，這是我第一次聽人說，在斯特拉特福德[20]要舉行莎士比亞三百年誕辰紀念活動，而且我根本就不清楚，這種紀念活動，為什麼會激起虔誠的信徒們爆發如此的憤怒呢？

但顯然，人們談論的就是莎士比亞。午飯後回旅館時，父親不自禁地談到這一話題。我摒

19 《聖經．啟示錄》第三章，專指對宗教不冷不熱的人。

20 莎士比亞的故鄉。

住呼吸準備忍受新一輪的折磨。然而他所說的話，卻令我吃驚和釋然。「那個什麼教友，」他評價道，「據我判斷，無法為他說的話給出合理的解釋。我們不清楚上帝對那些未立約人的仁慈是怎樣，因此在這麼魯莽地認為莎士比亞是『一個迷失的靈魂』之前，他應該明白，我們對詩人的一生知之甚少。女王伊莉莎白在位時期，救贖的光芒恩澤四方，我們不知道，在莎士比亞臨終之前，他的信仰是否變得單一起來，接受過耶穌的救贖。」今天，這種寬容態度對於輕鬆快樂的普通人而言，似乎有些貧乏無力，但它卻讓我感受到了無法言喻的慰藉。我雙眼滿是感激，越過乳酪和蔬菜凝望著父親，要不是侍者出現了，我真想由衷地擁抱他一下。

這件事，也許有益於解釋我此時對神學的心態。對從小到大一直薰陶我的那種嚴格的信仰，我絕無有意冒犯，但我卻無法不面對一個事實：文學正誘使我偏離它的道路；我有無數條道路可走，可每條路都無法與一直引導我直接走向救贖的那條狹窄之路重合。我想，如果允許我繼續追求固有的信念，如果我還沒有偏離的太遠，以至於失去了大路的方向，那麼，我也許仍可怡然地在原路上繼續行走。比如，如果我信心十足地，確認莎士比亞可惡到無可救藥的地步，該受到詛咒，那麼我就不可能找到合理的理由繼續讀《辛白林》。如果一個人，每個星期天都與其他聖徒一起「擘餅」，平時每天都在主日學校上課，像父親總喜歡提醒的那樣，每週都進行公開的懺悔，表達自己願意背負耶穌的十字架，那麼，這樣一個人，無論他的思想困惑痛苦與否，他都不會繼續崇拜迷失的靈魂。可事實是，只要想到莎士比亞臨終前也許進行過懺悔，我就不勝欣喜、渾身輕鬆！我總是安慰我自己說，當莎士比亞寫下醉人的詩句時，他也許正在呼吸耶穌基督的信仰給受苦的靈魂帶來的令人欣喜若狂的氣息。這有些詭辯的意味，但我就是靠著這些信念，為自己思想和身體上的享受開脫。

寄宿學校，自從父親最初將我留在那裡之後，他就再沒去過。父親對它還維繫著原有的印象，認為它與自己的家庭都奉行同樣的原則。我經常想衝動地點醒他，卻沒有這個勇氣。事實上，這所學校，接納了父母來自鄉下地區、且都是虔誠的福音教徒的孩子，它的虔誠主要體現在學校簡介上。它所能做的也不過是進行《聖經》誦讀練習。每天早餐前，學生一個接一個地朗讀，每人一句話。沒有選擇、沒有解讀。讀到最後一個學生時，就是每天朗讀的結束，即使是讀到句子中間也無所謂，第二天再接著讀。

這種「段落」朗讀之後，就是長時間枯燥的祈禱。我不知道，對於其他孩子而言，是否還有什麼比這更敷衍了事的了。雖然我已經習慣了在家進行禱告，但它仍讓我感覺吃驚和厭惡。在家時，父親朗讀「上帝之聲」時，聲音洪亮，充滿激情，抑揚頓挫恰到好處，偶爾還會停下進行點評和解釋，他把每句話都當成個人傳遞的資訊和激動人心的家族史。而在學校，「晨禱」不過是一個乏味且晦澀難懂的練習，伴隨著這段晦澀，一天的宗教開始或結束。但是孩子們的唯唯諾諾，的確出乎我的意料，沒有人將真相告訴家裡虔敬的父母。

如果有人講出了真相，我肯定是第一個需要「證實自己清白的人」。但我一直小心翼翼，唯恐洩露秘密。沒有人會知道，孩子們會以怎樣令人尷尬的方式成長，他們陡然之間，又會產生怎樣令人不安的違逆的激情。我要防著父親，雖然他渴望我求助於他，為了尋求安慰也好，為了祈求神的建議也罷，但他表達的方式過於直白。雖然我體質日益強壯，但仍然「脆弱」，經不起嚴重的驚嚇，還常伴有突發性的神經痛，這令父親幾近瘋狂，儘管他一心渴望這些痛苦是神對我的恩典。通常在我為病痛折磨時，他會站在我的床邊，滿眼憐惜地為我祈福。

雖然他具有科學常識和漫長的人生經歷，但還是特別迷信，認為所有的痛苦和疾病都是上帝直接賜予的，以懲罰那些犯下罪過的人，卻不曾想過，這是人的身體出現了問題。他的這種想法，真令人感到驚奇，而其後果，有時是不可想像的。

我印象特別深的一次，當年輕的補鞋匠的妻子古德伊爾夫人摔斷了腿時，繼母和我互相交換過看法，都認為父親的行動不可思議。開始時，父親有些迷惑不解，彷彿要弄清楚她摔斷腿這件事，究竟意味著什麼。但鑒於古德伊爾夫人是我們教會中，最溫柔且最與世無爭的成員，於是他最終認定：這一定是因為她曾經非常崇拜她丈夫的緣故。於是父親就站在她床邊，懇求聖靈讓她真心懺悔，讓她的良心得以安寧。父親的這一舉動，讓這位客人感動的痛哭流涕。

因此，每當因微不足道的小恙讓我躺在家裡時，我的思想狀況總令父親坐臥不寧；而他的緊張情緒，也同樣讓我無法放鬆心境。他時常出現在我床邊，一臉嚴肅，表情落寞，跪下來深情地大聲祈禱：上帝對我施以這個痛苦，是上帝對我的恩賜，對此我已心知肚明。接著他起身站在我枕邊，強迫我進行一次精神上的反思，去尋找這個神已經向我點明的罪過，因為天堂裡洞察秋毫，註定譴責這個罪過。

他要審視我的，並不是我道德行為方面的問題。我想，他對諸如此類的低劣把戲不屑一顧。但他認為，對宗教信條的模糊不清，放棄對這個教義或那個教義的純潔性的信仰，對「背負耶穌的十字架」持有不慍不火的熱情，還有思想上驕傲情緒的滋長，都是居心叵測的罪惡，最終，神的信使會因此讓我患上感冒或牙疾，以召回我那已偏離其清晰的責任之路的良心。這種時候，讓我良心感覺不安的並不是臥病在床時的痛苦，因為這根本就不是一種折磨。相反，它讓我遠離了學校的無聊，可以躺在有溫暖爐火的家裡，有賢慧的繼母笑意盈盈地坐在身旁，無微不至地照顧著我。此外，不管我讀多長時間的書，也沒人會打擾我。我很想知道，自己到底犯下了什麼樣的罪過，受到的懲罰居然能讓自己這麼愜意地打發時間。但這種想法讓我心生愧疚，感覺自己沒有臉面「接近那施恩的寶座了」。

在學校期間，我的人生河流，在假期時流淌的最為歡快、最為充實。那期間，我又可以與之前提過的那些小夥伴們一起在戶外玩耍了。我想，他們比我學校裡的任何學生，都更舉止得體和有教養，至少與這些家鄉的夥伴，我感受到了什麼是親密無間的友誼。在這些孩子當中，曾經有一代人的時間，有一個孩子都杳無音信了，我發現他的情趣與我相差無幾。我們在散文與詩歌中搜尋著，特別是在詩歌裡，只為了讓我們的視野更清澈。

隨著我身體日漸強壯，我靠步行獲得了可觀的收入。從學校所在的鎮子到離我家最近的火車站，我要來回往返，於是家裡就經常給我些錢來買車票。但如果我選擇沿著海濱走上六、七英里，相當於學校與家之間的一半距離，那就可以把剩下的錢存下來作為零用錢。透過這種方式，我存了相當可觀的零用錢，只為了買詩人的詩集。

與現在不同，當時不是有錢就能買到書的，因此每買到一本經典名著，就是一次特別的勝利。尤其令我難忘的是，當我存夠了書商索要的大價錢，可以買到唯一一版有點小毛病的撒母耳·泰勒·柯勒律治的暢銷詩集時，我的心情真是激動極了。我們一起完成了這次莊嚴的採購，帶著寶貝回家時，我們倆輪流大聲朗誦著橙色詩集中的詩句，我們讀了一路，最後在一條僻靜的路上，在一個有一棵凸起的榆樹根的地方，我們坐了下來。在那裡，我們沉浸於詩歌的涅槃之中，讀啊，讀啊，忘記了時間的流逝，忘記了午飯時間早已過去，直到最後迫不得已，才匆匆趕回家補上午飯。當然也免不了受到一頓訓斥。

過去讀書時，偶爾也會遇到一些問題；但現在，既不多了，也不經常了。我經常留個心眼，小心翼翼地不把任何文學書籍帶回家裡，以免惹人注意，帶來不必要的麻煩。可不幸的是，快十六歲時，我的一次買書經歷卻給我帶來了麻煩，也對我的自尊心造成了永久的傷害。在書店櫥窗裡，有部詩集，據說是本．強生[21]和克里斯多夫．馬婁[22]的詩歌合集，讓我垂涎已久。最終我還是買到手了。

星期六下午，我隨身帶著這部詩集，一邊如饑似渴地讀著，一邊沿著通向懸崖邊的荒廢公路走著。我對本．強生還不以為意，可當讀到《海洛和勒安德耳》時，我不由自主地被帶入了充滿激情與音樂的天堂。在這裡，我目睹了浪漫之美神奇的表演。我一路走著，沿著那條寂寞而幽靜的公路。公路環抱著無垠的海洋，不時在四處窺視。我穿過斜坡上的樹叢，一直下到雪白的海灘，我一邊走著，一邊高聲吟誦著：

她穿著鑲滿貝殼的鞋子，銀裝素裹，膝蓋上爬滿羞澀的珊瑚，那是麻雀的棲息之所，裡面盛滿珍珠與黃金，這一場景令世界都側目關注。

我就這樣讀著，我想，我從未讀過如此美妙的詩句：

---

21 一五七二——一六三七年，英國著名劇作家、詩人、批評家和學者。

22 一五六四——一五九三年，英國詩人和劇作家。

癡情的勒安德耳，美麗又年輕，
你的悲情，神女繆斯都在傳誦。

對於一個不熟悉任何現代浪漫詩人的我而言，這些詩句令我心馳神往、難以自持。回家時因激動和路途勞累，我已筋疲力盡。一吃完晚飯，我就迫切地找到繼母，想讓她分享我的快樂。我哄繼母坐下做刺繡，自己則沒有片刻耽擱，就開始為這位無可挑剔的基督教淑女，大聲朗讀馬婁那挑動人心的詩句。當時的情景，我現在還記憶猶新，因為它尷尬地見證了自己當時的年幼無知。開始時一切都還好，可在我讀到丘比特因愛憔悴那節時，繼母手中的針開始因緊張而磕絆起來，當接下來讀到對勒安德耳身體的描寫時，她非常嚴厲地打斷了我，說道：「請把那本書給我，我想自己讀剩下的部分。」我驚訝地停下來，惶惑不安地看著她拿走那本詩集，「啪」地合上，然後藏在了針線盒下面。我再也無法從她口裡，套出一句有關這些詩歌的話來。

這件事令我惴惴不安。那天晚上上床不久，父親就來到了我的房間，臉色鐵青、眼睛冒火，可以看出來，他非常生氣。這尤其令我驚慌不已。他放下蠟燭，站在我床邊，過了好一會兒，才決定採取什麼方式跟我說話。他毫不留情地責斥了我，因為我不但擁有、而且還讀了一本如此醜陋的詩集，並將它帶回到家裡。他解釋說，繼母給他看了這本詩集，他也從頭至尾讀了一遍，最後將它燒了。在他發表言辭激烈的長篇大論時，最讓我忍受不了的，就是這句話：「你不久就要離開我們，到倫敦租房住。如果女房東進入你的房間，發現這樣一本書隨便放著，她馬上就會把你當成行為不檢點的人。」

我根本不明白他說的是什麼。在我看來，似乎是我頭腦簡單、思想幼稚，所以才主動給繼母讀了那些詩。但這完全可以證明，讀詩時我根本沒有任何不光彩的念頭。我感覺自己受到了莫大的傷害，但我的憤怒，完全被我的震驚窒息，也被我激動的情緒給澆滅了，因為緊接著我聽到了這一消息：我要出去租房住。顯然，是到倫敦，我一個人住。這件事，事前沒有任何徵兆或暗示。

回想起來，我得承認，父親對十七世紀的文學風格還不習慣，一定是本·強生詩集中的某些內容讓他震驚了，而且他很可能還沒接觸到《海洛和勒安德耳》。這類詩歌，對純粹的異教徒思想產生的藝術影響力，是他的人生經歷根本無法體會得到的。毫無疑問，他對風格大膽的伊莉莎白時代詩人的判斷，與那個有問題的女房東在思想上別無二致。

我對那個外部世界，那個昏暗而狂熱的漩渦般的倫敦，雖然持有一種恐懼心理，但還是願意隨時離開這個狹隘的德文郡圈子，再也不願看見它的紅土地，再也不願看見它單調的鄉路，再也不願看見它人滿為患的老朽，再也不願聽見聖徒們拖長的祈禱聲。我再一次將自己的命運，與那隻在父親的魚缸裡四處遊走、後面拖著巨大的螺紋殼、帶斑點的寄居蟹進行比較，卻發現很難讓自己信服：在離家之後我會快樂的。如果碰巧從軀殼中脫身出來，這些寄居蟹，就會拖著蒼白而柔軟的肉體，尋找另一處寄身之所。它們的傷心顯而易見，而且每一不光彩的意外，都會讓它們受到更大的傷害。

我的思想已被可憐地分成兩半：一半希望繼續待在家裡，受家人保護；另一半則希望走進世界、嶄露頭角。我孤陋寡聞，無法想像即將到來的未來將會怎樣。對於這件事，父親也無法給我指明道路，因為他自己也不確定我可能做些什麼，怎樣才能誠實地生活下去。從內心上講，我想在學校和家裡再待上一年。

我童年生活的最後一年，在愉快中飛逝而過。我懶惰的思想終於覺醒，學會了學以致用。在會考中，我取得了優異的成績，甚至連學校都認為我為它爭了光。然而我仍沒有親密的朋友，我甚至想方設法地逃避那些令我厭惡、也因此格外寶貴的課程。但這也終成了我的遺憾，是我多年以後才感受到的。但是在好幾件我感興趣的事情上，我卻廢寢忘食地努力著。莎士比亞，現在已完全為我擁有。可惜它再版的樣子，出乎意料地醜陋而刺眼。另外我還認識了濟慈，他令我神魂顛倒；還有雪萊，他的《麥布女王》，最初將我擋在了他的宮殿門口。我還認識了華茲華斯，但我過於稚嫩，還無法運用他的神奇魔力。父親將騷塞那石頭般堅硬的詩歌全集送給了我，我卻發現自己很難進入。而繼母送我的《英詩金庫》[23]，幾乎所有的內容都讓我至今難忘。

雖然我的思考範圍不斷延伸，但我並未因此對信仰產生過懷疑或仇恨。相反的，最先到來的，卻是我的信仰熱情地急劇升溫。我的祈禱不再冷淡而機械，也不再想盡辦法躲避對宗教思想的冥思。雖然談不上激情所致，但我還是因興趣和憐憫，開始讓自己鑽研《聖經》。我開始在不帶敵意的情況下，思索父親的宗教體系中的奇怪狹隘之處，我發現，它似乎只考慮了一小部分為上帝所選擇之人，一群受到特別青睞之人，卻對更廣泛的群體沒有傳遞任何資訊。

對於這件事，我和父親進行了一次開誠佈公的談話，讓我對他的宗教思想有了新的認識。我發現，父親總毫不遲疑地將自己的觀念推到邏輯上的極端。他不希望去評判，只提出反對意見，不承認一位論派[24]，他更喜歡用「索齊尼派」稱呼它，因為這樣才有可能得到救贖，但認為天主教的居民，沒有希望獲得永遠的救贖。我記得他談到了奧地利，他的原話是這麼說的：除了四處遍及的虔誠和極其無知的個體之外，如果一位奧地利臣民不清楚教皇權帶來的恐怖，

23 作者為英國的帕爾格雷夫，全書收入一百四十四位英美著名詩人，寫於十六世紀末葉至十九世紀末的抒情詩四百三十三首。

24 一位論派，是基督教的一個教派，反對三位一體說。

仍在謙卑地研究《聖經》，那麼，他是否有希望發現永恆的生活呢？他對此提出了質疑，認為相比於梵蒂岡的紅衣主教，普通的中國人民和斐濟的野蠻人，更有可能獲得救贖。即使在英國國教的牧師裡，他認為，雖然很多人得到了召喚，但真正為上帝所選中的卻寥寥無幾。

即使我當時見識淺薄，也無法對如此苛刻地理解上帝的仁慈表示贊同。我無心質疑，但我仍認為，如此意義深遠的神聖奧秘，居然只交付給普利茅斯弟兄會這一小型群體，卻對數以百萬計的無私而虔誠的宗教信徒隱瞞下來，簡直令人匪夷所思。歐洲基督教的領袖們是真誠的，父親對此並無異議。但他認為他們都錯了，偏離了方向，無論他們的生活多麼聖潔，無論他們的行為多麼具有自我犧牲精神，都會因為自己犯下的錯誤而遭受數不盡的折磨。他談到了一位年老的姐妹，這時，他的表情，嚴肅而自得，說她終生都在放棄和奉獻，卻在臨終時，「才終於發現了自己的錯誤所在」。

父親心地善良，無法忍受任何人的痛苦或不幸，無論這個人多麼令人厭惡、多麼令人不屑一顧。可是他卻默許這一信念：僅僅因為一個思想認識上的錯誤，上帝就會懲罰人類，就會對無數人類施以懲罰，叫他們永世不得翻身。

在我看來，父親這種思想認識的矛盾，似乎來源於他與眾不同的秉性。事實上，他將《聖經》的公正當成理所當然之事，所以才將自己悉心培養的科學精神，應用於解讀《聖經》，並用諸如可悲的成功等事例，扼殺想像力的作用，扼殺道德上的公正意識，扼殺他自己內心深切而本能的溫情。

我的心中突然湧起一種強烈的渴望，想知道其他教會傳遞的，到底是什麼樣的信條。我還希望瞭解羅馬教會的行為慣例，或至少瞭解一下坎特伯雷派的事情，盼望參加英國國教或羅馬教會的宗教儀式。但這幾乎是不可能的，父親是不會允許我，進入我們村裡那個漂亮的教區教堂的，也不會允許我進入羅馬教會剛剛在其旁邊建立的、莊嚴的普金[25]式的天主教堂。而且我知道，只要一參加這樣的儀式，就一定會被看見，就一定會有人告訴父親，他也一定會受到深深的傷害。

雖然已經十六歲了，雖然受到深深的寵愛，但我仍是一隻小鳥，只能在父親意願的羅網中拍打翅膀，卻無力自由飛翔。除了參加在我們的「禮拜堂」舉行的儀式外，我拒絕參加任何宗教儀式，但我認為，這種拒絕絕非終極定論。我躬身致敬了，但是在異教的廟堂前，我知道，自己註定無疑地要從中逃離出來。然而我所渴望或夢想的自由，僅僅是與基督教的外部世界共用聖餐儀式，而不是讓我放棄那純粹而簡單的信仰。

25 奧古斯塔斯．普金，是十九世紀初英國哥特復興運動的重要代表。

的確，我現在非常迫切地渴望自由。對自由的反思，喚醒了我更強烈的宗教熱情。這一感覺，我以前從未感受過，今後恐怕也再無法體驗得到。此時我們一門心思期盼上帝聖駕降臨，父親以及與他擁有同樣思想的人都認為，上帝會不期而至，至少不會給予警示。然後，上帝會帶上所有接受了救贖、並因此而打上不朽印記的人們，與他一起享受永恆的榮耀。通常這樣的人寥若晨星，而且我們認為，這個世界，在對這些消失得無影無蹤的人表示幾天驚訝之後，仍會恢復其慣常的生活，只是因為沒有了這些德行高尚之人，它會更快地沉淪下去。這種事情的發生與否，考驗的是預言，可父親卻認為它的發生近在咫尺。有時我們晚上告別時，他會雙眼閃爍著狂喜的光芒，對我說：「誰知道呢？也許我們下次見面是在天堂之上，和所有上帝的聖徒待在一起！」

我接受了他這一觀點，未加質疑。希望是出於純粹的天真，但也許帶著些許的小聰明，於是暑假結束時，我向他們提議說自己應該待在家裡。「我上學有什麼用呢？讓我們待在一起吧，這樣就可以一同在天堂裡與上帝相會！」對於這個提議，父親的回答簡單明瞭：將日常工作進行到底，是我們應盡的職責，因為我們不知道上帝何時會來，而且假如那一天來臨了，我們就會立刻相聚，無論我們身處何地。我心中一陣愧疚，他說的合情合理，而且事實會證明，這是明智的選擇。父親活了將近四分之三個世紀，從未失去「不去品味死亡」的希望。當人生最後的時刻降臨時，因自己長年堅定的信仰和耐心回報爹爹，他將會心存苦澀與失望。但如我所言，若將自己一生的工作，一直寄託於上帝即可降臨的期望之中，直到今天，我也許還在做著黃粱夢。[26]

因此，我帶著滿腦子的不和諧之音回到了學校，處於恩底彌翁[27]與《啟示錄》、約翰．衛斯理的讚美詩與《仲夏夜之夢》交織混雜的狀態。在我這個年齡段，我想，很少有孩子懷抱如此糾纏不清的稚嫩的印記和充滿矛盾的希望。

有時，我心無雜念、無比虔誠。而有時，我腦海中縈繞的全是美麗的誘惑，和對感官需求的渴望。在我發熱且愚昧的大腦中，耶穌和潘一起發號施令，如同在一座路邊的禮拜堂中，異教徒的儀式和基督教的儀式，惡作劇般地同時進行著，構成了一幅不甚協調的有趣畫面。但在目前階段，正如一組能惟妙惟肖地描述出我們雙重性格的、美妙的大合唱所唱的那樣：「伯利恒[28]之星」仍籠罩在上空。我變得越加虔誠起來。現在我開始寫詩了，模仿莎士比亞寫了一首悲情詩，關於《聖經》和福音書的；當然，手法稍顯蒼白。我還根據《解放了的普羅米修士》

26 《聖經．新約．路加福音》第十三章。
27 希臘神話中，月之女神所愛的英俊牧童。
28 耶穌降生地。

寫了一些頌歌，但頌揚的是主的降臨和聖徒們的狂喜。我那難說健康的興奮心情，以這種狂暴的方式，先是冒出氣泡，最終噴湧而出，水花四濺。

在一個夏日的午後，在門房的帶領下，同學們都出外散步去了。我沒有參加，於是就擁有了自己可以支配的自由時間。我曾讀過不少詩歌，在心中，已將阿波羅和巴克斯[29]賦予了崇高的基督教信念。我獨自一人，待在一間位於校舍頂層的房間裡，它是專為「正在備考」的孩子們準備的。我把沙發拽到了一扇大窗戶前，躺在沙發裡，凝視著迷宮般的花園一路下到海邊。大海離鎮裡的高塔不遠，正茫然地眨著眼睛。每個花園裡都有一幢別墅，但在我的下面，所有近距離的景致都沉浸在樹葉掩映之中。夕陽西下，漸行漸遠，放射著和煦的光芒，在樹蔭的襯托下，將寬闊的樹冠點綴得絢麗多彩。我的下面、我的周圍，一片寂靜，彷彿有疑惑籠罩在這裡，神奇地讓每根冒頂的樹枝都停止了擺動。

一股強烈的情感席捲了我的心靈。現在，當然是現在，偉大的結局即將來臨。我凝望色彩空濛的天空，情不自禁地脫口而出：「來吧，我主耶穌！」我大喊著，「來吧，帶走我，與您一起永駐天堂。我準備好了，我的內心已剔除罪惡，這個邪惡的世界再無我植根之處。噢，來吧，

29　希臘羅馬神話中的酒神。

就現在，在我還未熟諳人生的誘惑之前，在我必須趕赴倫敦、可怕的事情還未發生之前，帶走我吧！」我在沙發上站起身來，斜靠在窗臺之上，等待著榮耀的顯聖。

這是我宗教生涯的頂峰，也是我追求聖化的最狂熱階段。我等待著，留神觀察著，但過了一會兒，我卻因自己採取了這種表演式的方式而感到一絲羞愧，儘管當時只有我一人在場。我仍在等待著、期盼著。突然，空中泛起一陣微風，樹枝舞動起來。從我下面的路上，有聲音隱約傳了上來。不久，天色漸濃，夜晚來臨。從遠處，傳來回家的男孩們嘰嘰喳喳的聲音。這時晚茶的鈴聲響起來。凡塵的聲響，終於擊碎了我空幻的夢想。「上帝沒有來，上帝不會來了。」我喃喃自語著。在我的內心，負載著奢侈信念的人造大廈開始搖晃、崩塌。從那時起，雖然向父親、甚至向自己都成功地隱瞞了真相，但父親和我的靈魂已然分道揚鑣，「橫亙在我們中間的，是世界最擁擠之地」。

後記　我渴望純粹而簡單的信仰自由

雖然這裡講述的故事，不允許兒子在結尾的地方處於突出的前景，但若其有價值的話，其價值就在於，它用怎樣的光線，想方設法去揭示父親那獨特而高尚的品格。隨著歲月的更迭，這個人的特徵會變得越發稜角模糊，也越發局促逼仄。在與兒子的關係上，兒子還遠未成熟，就已離家去倫敦開啟新的生活，而父親繼續處於極度擔心的狀態，並隨著擔心的加劇，進而轉為失望和醒悟。但是他對人性弱點的苛求，卻絲毫沒有減弱。《聖經》就是他駕馭人性的韁繩，他將其緊緊握在手中，一刻未曾放鬆，雖然不斷有顛簸晃動，可他仍能讓沮喪的新教徒挺胸昂頭。

那位年輕人，脫離了父親的貼身看護，開始綻放人生之花，雖然開出的花朵粗獷而異樣，卻可以穿透包裝層，展現嶄新的人生閱歷，融入全新的思想境界。至於那位在西部家中苦惱的導師，他柔弱而馴服的內心，就是他焦慮的根源所在。他不惜一切代價，不顧任何生活法則，寧願為世界所忽視，也要將自己的內心，全部奉獻給服務上帝的事業。

剛在倫敦租借的房子裡安頓下來，父親的信件就尾隨而至，詢問我的情況，這令我感受到了一種折磨。對父親而言，他有充足的閒置時間，對兒子的擔心，令他一刻不得安寧，恨不得隨時寫信詢問。其實保持通信的流暢，根本沒有任何問題；雖然寫信花費時間，但它詢問的是正經事，還能帶來滿足感。但對我而言，幾乎每天都要面對這種勸誡的信件，裡面是一個接一個沒完沒了的問題，詢問我的行為舉止，還有對我發出的一系列警告，這些都讓來信變成了一種難以承載的重負，尤其是他要求我盡可能準時回信，並詳盡地回答問題，更讓我如坐針氈。

十七歲時，我在思想認識上出現了陰影，因此在外力的壓迫之下，對那些變化多端或難以捕捉的事物，準確地描繪出它們的輪廓，變成了一件可怕的事。在父親看來，我竟然遲遲不對那些必須回答且反復問及的問題，給出合乎情理的答案，似乎沒有任何理由可言。但在我看來，這種通信是一種折磨。當我婉轉地表示異議、懇請他留給自己一些空間時，自然而然，而且的的確確掀起了軒然大波，喚起了父親高度的警覺。

下樓吃早餐時，那封信，那封確定無疑會如期而至的信，總會放在桌上。當然，它也是我唯一的信件。雖然偶爾溫情而可愛的繼母，來了興致也會寫上一封愜意而親切的短信，談一些家常似的話題。比如，花園裡的玫瑰開花了，或者左鄰右舍的健康狀況。但另一封信，那唯一的一封信，它白的令我感覺害怕，上面用漂亮的鋼筆字寫著地址——它會一直放在那裡等我，它讓醃肉變得索然無味，讓香茶變得味如嚼蠟。

我可以蠻不在乎地對待它，也可以對它假裝視而不見，但它終究放在那裡。早操開始之前，我知道自己必須要讀它，而且更糟糕的是，要寫回信。費盡心思掩蓋信上的內容，沒有任何意義。像之前所有的信那樣，也像之後所有的信那樣，它裡面提出了各種各樣的請求，如同在我童年時一樣，一再反複強調，在所有的事情上，我都要「站在上帝一邊」。

我的回信，有時如其所願詳細地回答他提的問題；有時會避開提問，顧左右而言他；有時會對這個折磨我的人發出回擊，強烈要求他放開我敏感的青春。與父親直接、堅定而執著的力量進行抗爭，再如何示弱，都幾乎毫無意義。一旦發現我呼籲解除如此沒完沒了且一絲不苟的通信束縛，父親回信的速度往往讓我目瞪口呆：

「讓我解釋一下，你所抱怨的『一絲不苟』，不過是表達了一位父親脆弱而焦慮的心情。他唯一的兒子，剛剛走向社會，遠離父親的關注，他應該走在上帝之路上。想一下，現在的你，與你當初上學的時候不一樣了，那時我們五天就可以進行一次親密的交流。而現在，我們對你絕對一無所知，只有依靠你的來信獲悉你的情況。如果它們不能表明你精神上的成長，我們內心最深切的擔憂，就無法得到慰藉。但從今以後，我會努力信任你，將我的擔心置之一邊，因為我對你有信心；你自己的上帝，和你父親的上帝將會用右手將你高舉[1]。」

1 《聖經．新約．使徒行傳》第五章。

這樣的來信，可以毫無愧疚地說，常讓我痛哭流淚。在我一直抄寫的過去的來信中，常常有四十年前滴落的淚痕；這些淚水之中，有對自己軟弱的失望，有對自己意志薄弱的惱怒，有對父親直白而可憐的擔心產生的同情。他會「從今以後努力信任我的」，他說。天啊！這種「努力的信任」徒勞無益，只過了不到一兩天，在信誓旦旦地說只談其他事情不久，他就會舊事重提，又說起那些令人糾結的話題，觸及那些必不可少的問題，如救贖論和蒙恩之道，都是些老一套的焦慮和擔心，唯恐我向那些合得來的夥伴「給予」我的親密，因為他們不是「與我一樣信主的人」。於是在每封來信中，就一定會又出現情真意切的懇求，請求我走在灑滿明亮陽光的上帝的面前。

這些永無止境的勸誡，針對的不是行為，而是信仰。因當時的我對社會知之甚少，無法對其做出評價。但我現在認為，這種勸誡的確與眾不同。在本書的前面，我提過父親如何帶著冷峻的驕傲，蔑視並拒絕談及我行為上的缺點。上帝知道我有很多缺點，可以任意責備。但父親是位思想高尚的紳士，知道如何對待它們；而且縱然他本能地認為，人們會經常產生道德過失，但即使對上帝的選民，他也不願降低人格，做任何類似的監視之舉。

我非常感激他在這方面對我給予的深深信任。現在我獨自一人住在倫敦，正是人生的脆弱時刻，如人們所言，「暴露」於各種風險之下，如剛出巢的雛鳥一樣，毫無抵抗之力。然而父親將堂吉訶德式的精神昇華了，沒有恣意憑空想像我會犯下道德上的過失，而將他的全部擔心都集中到我的信仰之上。

「請再多告訴我一些你的內心之光[2]。上帝的蠟燭照耀到你的靈魂了嗎？」這樣的問題不會停止。或者，「你有年輕的精神夥伴嗎？上星期天，你一天都沒寫一個字，而這一天，是你一周中我最感興趣的。你發現行使上帝之道有趣嗎？至少它會讓你有所收穫吧？你讓自己的靈魂拜倒在上帝面前了嗎？上帝即將降臨了，請注意觀察和祈禱，這樣，人們就會認為你有資格站在人子[3]面前。」

從父親的信中摘錄諸如此類的段落，我並不想將他的迫切心情，與一個年輕人帶詭辯色彩的冷漠，和被激起的煩惱之間進行對比，以此尋找樂趣。對於這個年輕人而言，真實的世界向他提供了一幅，既令人困擾又令人激動的場景，其中充斥了獸性世界，也飽含著智慧人生。相反的，我摘錄的目的，就是要喚起同情，也許還有驚奇，驚奇於父親所展示的那種盲目的、羅馬式的堅定心態。

父親的願望，獨特而抽象。可當時的局勢卻是，革命席捲而至，推翻了所有清教主義思想；

2 基督教貴格會教徒等認為，上帝在人的靈魂中會產生指引力量。

3 指最後時刻的耶穌基督。

他也許已成為了清教主義思想最後的倖存者了。各種派別的宗教人士已聯合起來，將慈善行為、客觀態度置於最突出的位置。尤其令人矚目的是，這次革命波及廣泛，如果一個宗教派別不將自己的主觀信仰，與致力於造福他人的付出結合起來，這個宗教註定沒有可以立足社會的宗教基礎。

這種慈善宣傳，這種對改進那些一直為人所忽視的，群體的道德水準和健康狀況的持續關注，是現代宗教的主要特徵。表面看起來，它也的確構成了救世主的神聖天機的一部分。但是這並不被十七世紀的牧師所瞭解，無論是天主教的還是新教的。它對父親的吸引力似有似無，所以，父親不可能成為它的信徒。當波舒哀[4]希望他的聽眾，傾聽「響徹在我們周圍、將我們的心都融合了的悲慘的叫聲」[5]時，他開啟了神學世界的新紀元。即使我們可以從頭至尾搜索名聞遐邇的《聖潔生活的規律與儀式》，可能也不會發現傑里米．泰勒[6]曾經認為，任何教區的來訪者或姑娘們的募捐活動，都隸屬聖潔活動的範疇。

---

4 雅克—貝尼涅．波舒哀，或翻譯為雅克—貝尼涅．博須埃，一六二七—一七〇四年，法國主教和神學家，被認為是法國史上最偉大的演說家。

5 原文為法語。

6 一六一三—一六六七年，英格蘭基督教聖公會牧師和作家。

父親當時像位老聖人，把全部心思都集中在思考信仰的精神層面。他對我過度關注，認為如果我的思想不在這個年齡段被誘入歧途，如果我的思想專注於遵從上帝之愛，那我就將獲得恒久的幸福。他還確信，透過提升我的思想境界，可以強迫我的思想按照某一管道流淌。對於與他持同樣觀點的聖人來說，這種觀點是可悲的，因為他們還沒有接受教訓：「如果德行可以從一個人傳遞給另一個人，德行就不再是德行了。」雖然滿心不願，但父親已經意識到，聖潔不可遺傳，可他仍然希望聖潔是一種自覺自願的行為。他認為，我是「祈禱的孩子」，但絕不會承認，有些祈禱從來就沒有得到過回應。

現在與以往一樣，有效的萬能藥就是研究《聖經》，這是父親一刻也未停止過對我的教誨。他送給我一套阿福德[7]版的希臘版《新約》。他用純正的摩洛哥皮，將這部書包裝得非常精美，將它放在我那裝滿了廉價詩人作品的簡陋書架上，彷彿公爵夫人昂首立於牛奶女工中間。他讓我寫了一份承諾書：每天開始做事之前，都要翻譯並思考一些希臘文《聖經》。沒過多久，我就堅持不下去了，美好的意圖被難以克服的單調粉碎了。我隱藏起了自己的怠忽職守，但欺騙父親的這種感覺，像潰瘍一樣吞噬著我的良心。我現在面對一種進退維谷的境況：要麼在這種

7 亨利．阿福德，一八一〇—一八七一年，英國牧師、神學家、學者、詩人、聖詩作者和作家。

事情上欺騙父親，要麼麻木我的性格。

我對《聖經》日漸厭惡，而且，這種厭惡感開始佔據我的思想，帶給我的驚訝，不亞於它對我造成的中傷。我希望繼續從這些神聖的書頁中獲取愉快，因為我仍然對它懷有本能的崇敬之情。但我卻情不自禁地發現了一種天壤之別：看卡萊爾或羅斯金的詩集時，我滿懷熱情、廢寢忘食，他們有神奇的魅力，能先將他們自己展現給我。而拿起每天必讀的阿福德「文本」時，我卻感到日益增長的倦怠。當然，當時我並不知道這種區別，還將我的倦怠當成一種罪過。

直到現在，我才找到了真正的原因：我之所以認為《聖經》難讀，在於我對它的內容太熟悉了。一個故事如果讀上百遍，就變成了毫無色彩的陳詞濫調。我渴望新鮮的事物，那種能滿足好奇心和激發驚喜的事物。無論《聖經》中的故事和教義是真是假，都不是它不吸引我的原因，只因它過於頻繁地呈現在我的眼前，早已深深融入我的內心，如人所言，它「在靈魂的寢室中臥床不起」，已不能對我產生任何影響了。

父親終其一生或直到他臨終之時，仍對《聖經》百看不厭，這一現象令我驚奇不已，更令我百思不得其解。我早已說過，在中年之前，他實際上已將《聖經》熟稔在心，無論在《聖經》

的哪個地方起頭，他都可以繼續讀下去，即使是從《小先知書》[8]中間開始，只要他想讀，他都會不知疲倦的讀下去，任何時候都不可能為我談到的那種厭倦感所侵襲。不久我就意識到，這也許是一種性格上的差異。即使透過暗色玻璃看我的信件，也不可能欺騙父親鷹一般的眼睛，那只能讓他產生新一輪的猜疑，而且是變了味道的猜疑。他認為，我已經變成——或正在變成——「叛逆時代」的犧牲品。

在這種新的困境中，他鼓勵我讀一些現代文學。但即使最沒趣的《利未記》和《申命記》，與這些現代文學相比，也會令人精神一振的。他尤其強烈要求我看一本剛出版的書，叫《經文的延續》，作者為威廉．佩奇．伍德，後來當了哈瑟利區的大法官。這部由模範律師所寫的學術作品，其風格如流動的鋸屑，居然成功地喚醒東方豐富華麗的辭藻所不能喚醒的情感，其中原因真令我困惑不解。但佩奇．伍德先生當了三十年的主日學校教師，父親總為虔誠的律師們所具有的敏銳而過分打動。

隨著時間的流逝，我長大了，思想更獨立了。而父親對我的焦慮：「圈套和陷阱，從四面八方包圍著沒有思想且眼花繚亂的倫敦青年」，越發令他痛苦不堪。他私下裡總愛嘮叨這些「陷

8　又稱《十二先知書》，與《大先知書》相對，是基督教對《聖經．舊約》中篇幅較短的先知書之稱呼。

阱」，這讓我想起了在班揚一本舊書上，看到的一幅做工粗糙、內容滑稽的木刻畫：一個魔鬼在某個正滑入地底的盒子上跳躍。父親的突發奇想，讓他那個不幸的通信對象煩惱不已，因為那位通信人現在的確已落入「陷阱」，像腳上繫著絲線的小鳥一樣為筆墨所束縛著，想盡辦法也還是不能逃脫。

對於鳥兒的每次啄食或展翅，捕鳥人都會回答：「你指責我性情多疑，恐怕我無法否認你的這種指責。但我呼籲你那敏感而多慮的思想，做出巨大的寬容。我對你的愛，深切和親切；你年輕，沒有經驗，會盲目效仿其他年輕人。你遠離父母，無法得到我們的建議，除了你告訴我們的事情，我們對你的具體生活情況一無所知，這讓我們感到苦惱——如果你能設身處地為父母著想，就不會說我的猜忌是胡攪蠻纏了。

「我不得不欣喜地承認，據我所見，你正在追求一項高尚、執著並令人尊敬的事業。我的猜忌有一個好處，它會不時從你那裡帶給我信心，這令我精神振奮、心情舒爽。而且，它能以你的名義帶著我來到施恩的寶座。聖人約伯[9]就曾懷疑他的兒子犯下了罪過，並在心中詛咒過上帝。他的懷疑，難道與我的懷疑有區別嗎？我們都有著同樣的理由，也都獲得了同樣的結果。

9 《聖經》中的人物，是上帝的忠實僕人，以虔誠和忍耐著稱。

因為懷疑，曾驅使約伯尋求上帝的調解。我以前就引述過這位先知的例子，對於再次受到關注，我想他是能夠忍耐的。」

聖人約伯，的確仍在繼續受到人們的關注。而對於這位先知，我逐漸品味到的卻是一種仇恨，雖屬無中生有，卻也同樣惡毒。但十八歲的青年怎麼會願意與約伯的兒子們相提並論呢？實際上，我感覺自己更像蘭族巴拉迦的兒子以利戶[10]，那個總喜好無緣無故地發脾氣的人。

時間流逝，那種獨一無二的盤問帶來的緊張情緒已然鬆弛；而且對於篤信宗教的通信人，我需忍受的痛苦越來越少。但繃緊的神經是一刻不會安頓下來的。父親一如既往、毅然決然地開始投身於其他事務。他的蘭花、他的望遠鏡、他的生理學研究、他對語言的闡釋，都填補了他活躍而勤勉的生活。因為淡出了他的視線，雖說不是徹底地被他遺忘，但至少不再從始至終都處於痛苦的邊緣了。反複施加的焦慮，也許會讓他感覺一絲疲倦，卻早已讓我精疲力盡，發出了近乎絕望的呻吟，因為無論他對我的擔心，還是他對我的態度，其實都沒有絲毫的改變。

我已說過，他身上絕無神秘主義思想或不切實際的幻想。在某些時刻或某些方面，他迫切地希望，令基督教初期震驚並得到激勵的那類神跡天象，會再次被賜予降臨，但他卻從不假裝

10 《聖經·舊約·約伯記》第三十二章。

親眼看見了這種神跡，或對那些聲稱看見過神跡的人給予絲毫的信任。他經常慶倖，自己的思想雖如此關注於精神世界，卻從未背叛過自己，也從未停止對事物的理性思考。

信件的詰問放鬆了，可一旦回到德文郡，都要遭受父親條例清晰、環環相扣的好奇心的劇烈折磨，即使待的時間很短，又經常在暑期。他每天面對的都是農民，雄辯的牙齒無處施展。在他思想的阿夫季拉[11]，即使來了一位滿心不樂意的倫敦年輕人，也給了他一展身手的機會。他宣稱，自己已準備就緒，準確地說，他正躍躍欲試，想進行一番較量。他將思想的袖子捲起，採取了咄咄逼人的姿態，向我發起了挑戰，為實現上帝的施恩天機，要與我一決高下。他動作迅捷，令我害怕；他目標明確，擊打的與其說是生龍活虎的敵人，不如說是脾臟，當然也可能是枕頭。

我赤手空拳將他擊敗，的確不可想像。而他一身連環鎧甲，全因他採取了一種我過去認為、而且現在還認為極其不公平的策略。他聲稱對神的旨意心知肚明，卻對我的權宜之計，只報以「我敢以上帝的名義發誓」作為回應，要麼向更高的權威發出請求：「上帝在保羅的《腓力比書》中告訴了我什麼？」對於異議，他的信仰，賦予他特權去瞭解；而他的性格，也賦予他特權去

11　古希臘色雷斯沿海一城鎮。

征服。我彷彿夾在這兩個大磨之間，眨眼之間已被碾為齏粉。

這些「討論」，這種叫法真是滑稽，無一例外地以我的慘敗而告終。我很快被趕出了自己紙做的城堡，我的帆布圍牆，剛聽到父親的號角聲就開始抖動起來，敵人追擊著我闖過了耶利哥平原；最後，我不得不匍匐在地，羞恥地蒙上了臉。基拿拿的兒子西底家為激勵亞哈準備了鐵角，我似乎就為這種鐵角所抵觸。[12]

當我承認了失敗並呼叫求饒之時，父親卻興高采烈，我似乎聽見他發出了精力充沛的聲音，如此動人、如此溫暖，卻又讓我過分緊張的神經如此痛楚不堪。他帶著施恩的神情，在每次一邊倒的角逐結束後，都會脫口而出：「我在天父耶穌基督面前屈膝，求他按照豐盛的榮耀，藉著他的靈，叫你們心裡的力量剛強起來。使基督因你們的信，住在你們心裡，叫你們的愛心有根有基，能以和眾聖徒一同明白基督的愛是何等長闊高深！並知道這愛是超過於人所能測度的，便叫神一切所充滿的，充滿了你們。」[13]

即使是在普通的家庭聚會上，父親也會瞬間變得一本正經、嚴肅莊重，事先沒有任何預兆，如水盆中盛滿了隱形的水流，突然之間，就情感四溢般爆發出來。

---

12 《聖經．舊約．列王記上》第二十二章。

13 《聖經．舊約．以弗所書》第三章。

這部帶有自我憐惜色彩的回憶錄，有一點悖於常理的痕跡，但我真切地希望，這點痕跡不會玷污我的回憶錄，為其打上錯誤的印記。我再強調一下，父親除了對宗教感興趣外，他還有許多其他的愛好，尤其在這個階段，他開始喜歡上了在戶外畫水彩畫；而且他還開始重新研究植物學了。他不是瘋狂地只對一件事癡迷的人。然而在他所言所行之中，有一個中心目標永遠存在，他也坦然地接受了它。他坦誠道：「對我而言，每個問題都帶有神聖的立場，如果看不見耶穌的審判台，這個問題就無法得到徹底的回答。」

無論討論的是詩歌，還是社會，無論是普魯士與奧地利的戰爭，還是野花的雄蕊，這種立場都一直存在。這種堅持讓我精疲力竭，他自己也不只一次地意識到了它對我性情的影響，因此在冗長的教誨之後，他會突然合上《聖經》，抬起棕色的大眼睛，眼中閃現出一絲笑意，然後就開始引述屢試不爽的維吉爾名言：

關上水閘吧，青年人；青草已無力再暢飲。[14]

我早已系統地接受過福音傳道，所以對父親如此執著於宗教交流，感覺並不太難理解。但我想，對於他的這種做法，如果換一個人，哪怕這個人天生就懷有強烈的虔誠的心，也會難以

14 原文為拉丁語。

容忍，甚至會怒不可遏。對於我自己，我的內在信仰柔軟無力，它透過模仿而成型，現在卻正在衰竭，也因此給我帶來諸多的煩惱。天啊！如果可能的話，看見父親那可怕的話題正咄咄逼近時，我更傾向於拜倒在異教的廟前，或會為了分散父親的注意力而虛偽地假裝虔誠。一到這時，繼母就會插話打岔，替我解圍，盡可能轉移父親的注意力，其嫻熟程度不亞於魔術師，著實令我欽佩。而且我們之間往往會不謀而合。柔弱的我一旦需要她助上一臂之力時，她都會欣然而至。獨自和我在一起時，一提到父親，她就一臉敬佩，稱他為「一個號角沒有雜音的人」。她思想坦誠、為人正直，但她也是人，偶爾也會讓人感覺極其無聊。

有一種行為叫作謹慎，遇到事情時，它會知趣地轉開自己的目光，朝相反的方向望去，而父親恰恰就缺乏這種謹慎。有一種別出心裁的戲劇，它對每一種社會弊端都拱手歡迎。當然，它並不歡迎當劇中人「謊話連篇」時，他們自己居然還笑的出來的那種病態。可惜，當時這種戲劇還未誕生，所以幾乎無法想像還有一位叫易卜生[15]的人，他竟然比父親走的更遠。過了許久，當讀到《野鴨》[16]時，我便想起了自己幼年時的尷尬家庭，它幫助我理解了格瑞格斯．威爾和他的決心：從使生活變得可以容忍的每次妥協中，撕去幻想的面紗。

15 亨利克．約翰．易卜生，一八二八—一九〇六年，是一位影響深遠的挪威劇作家，被稱為「現代戲劇之父」。
16 易卜生作品。

我乖巧，說話招人喜歡，但絕不爭強好鬥。如果父親說服自己不再插手我的事情，如果他願意聽任我的託詞和解釋而不去過分計較，那麼，大家都會相安無事。

但對於二十歲青年和六十歲聖人之間性情上的差異，父親顯然並不清楚。對年輕人，他缺乏必不可少的同情。此外，所謂同情，對他也沒有任何吸引力而言。對於與不成熟相伴的那些弱點，他也沒有任何憐憫的心。他唯一擔心的是，在他精神旅程的終點，能與我一同待在房間眾多的大房子裡。至於在人生路上獲得榮耀與否，他卻並不在意。

這時父親非常喜歡明確自己的態度，也從未厭倦對我給予同樣的期望。他把自己當成主的忠誠僕人，主會隨時回來，要求一切都為其準備就緒。主就是上帝，父親莊重地認為，相比於那些獲許成為信徒的普通人，他與上帝的關係更為親密。他滿懷迫切的希望，等待著「主的降臨」，這是他自始至終都相信馬上就要發生的事情。透過查詢《聖經．新約》和《聖經．舊約》中的預言，他計算著發生這一事件的準確日期。如果日期已過，但他所期望的事情並未發生，他感覺的不僅僅是失望，還有憤怒，然後他會認為，一定是自己在計算上出現了偏差，於是又開始滿懷欣喜地期待著新的那一天的到來。

在做所有這些事情時，他把我當成他自卑的助手，就像負責任的管家使用童僕那樣使用我。我必須時刻關注著，至於我在不在做自己的事情，並不重要。我必須隨時聽從主人的召喚。父親絮絮叨叨地盤問，完全就像一位忐忑不安的僕人，唯恐忽視了某件雖微小卻至關重要的細節。

然而我的假期，以及我和父親的所有親密關係，卻全都被他的這種固執所擊毀。在他身邊時，我從未感覺過輕鬆自在，不知何時就要面對一系列無可迴避的問題。與此同時，在人生的舞臺上，我正在獲取自我獨立，開始學會尊重他人的意見，這些對於一個自己謀生並有著自己生活的年輕人而言，是再自然不過的事情了。但凡涉及宗教問題，父親對他人就不再懷有敬意，也不再為他人著想，可他卻永遠不會承認這一點。如果換成其他事情，他也許會另當別論。現在我第一次開始思考，在今後的幾年中，我也在不停地思考，帶著從未有過的傷心——要不是他苛刻的虔誠毀了這一切，他該是一位多麼可敬的夥伴、多麼可愛的家長、多麼彬彬有禮且魅力出眾的朋友啊！

在我獲得了長足的經驗之後，在我付出了足夠的耐心和容忍之後，我終於獲得了權利去抗議這種虛偽——真希望我可以用其他詞來描述它！福音宗教或其他任何形式的狂熱宗教，是對人類生活和健康寶貴而合理的補充，這種觀點是錯誤的。實際上，它讓心與心產生了分離，樹立了一種虛榮而空幻的理想。徒勞地追求這種理想，會讓所有溫柔、摯愛的情感，讓所有生活中友好的嬉戲，讓所有高雅的愉悅和對肉欲的淡漠，讓所有心靈的提升與平和，都轉化成了粗糲、空洞和消極。它鼓勵的是嚴厲而無知的責難情緒，使良心的健康運作全部失調；它生成的是貧瘠而殘酷的美德，發明了根本不是罪惡的罪惡，而這種罪惡仍會用徒勞而懊悔的烏雲，遮黑可盡享天倫之樂的天堂。一旦接受了它，其後果不堪設想，因為它的狂熱，雖然對可憐而短暫的人生無能為力，卻可以將人生變成逼仄的廳堂；它位於無人曾一探究竟的宮殿裡，我們對宮殿的結構佈局一無所知。當然，父親自認為他對這所宮殿的結構和陳設熟稔無比，也希望我心無雜念，一心只關注永久居住其中的好處。

終於，我的獨立思想，與那些對我的「觀點」接連不斷的員警般的盤問爆發了對抗。一天早晨，在家裡的花房裡，駐足於淡雅的蘭花之間，父親想起了年輕時在熱帶地區的事情。這時，我的忍耐力，或說我的膽怯，還令我表現的乖巧聽話。倦怠的空氣，融入到了令人陶醉的誘人花香之中，也許部分造成了我的情緒爆發。父親又一次開始了老一套的問題，問我「在與上帝緊密前行嗎」？我對救贖論的效果認識得清晰、健康嗎？《聖經》仍對我有至高無上的權威嗎？

終於，我給出了粗暴且歇斯底里般的回答。我記不清楚自己是怎樣回答的了，我多麼不希望再回想那些抱怨，可能包括懇求他不要再管我了，以及自己的強烈要求，希望獲得為自己思考的權利。另外我還駁斥了父親的觀點：他是本著對上帝負責的態度，探尋我內心的秘密和我最私密的信念。我從花香四溢卻熱如熔爐的花房中跑出來，將自己的臉埋在草坪上冰冷的綠草之中。我回德文郡的探親之旅，雖快接近尾聲，卻仍不得不戛然而止。還沒等我回到倫敦，一封怒氣衝衝的來信，像埋入我心中的一支利箭，追逐著我這個逃亡者飛一般而至：

「當你聖潔的母親去逝時，她不僅深情地將你託付給了上帝，也莊重地交付給了我，讓你在主的培育和感化下成長。對於這一責任，我一直將它置於任何事情之上，我可以問心無愧地說，我永遠將它置於任何事情之上：在選擇管家時，在選擇學校時，在預定你的假期時，在選擇第二任妻子時，在為你選擇住所時，還有在處理其他眾多瑣碎之事時……我所尋求的，就是為你做些事情，不只為你的今世，更是為了你的來生。

「你童年結束前，我們的用心似乎得到了上帝明白無誤的祝福，因為你好像徹底悔改了。在莊嚴的洗禮儀式上，你承認，自己已死去，但你又與耶穌一起復活了，作為一個由死而復活之人，帶著喜樂進入了上帝的懷抱。

「每當想到你，我的心中就充滿感激和喜樂——我的心，還會有其他所求嗎？在那個陰鬱的冬夜，當我將你留在倫敦時，我的心，悲喜交織，無以排解，只能這麼想：你是基督羊群中的一隻羔羊，按照上帝的形象，受了聖靈的印記，成為神之民，你的心已恢復神聖。

「有一段時間，似乎一切安然順利；的確，針對你提及的宗教事宜，我們渴望發現更多新的真諦，但你表現的情感，卻是真摯而虔敬的；你的行為，就目前所見，是有德行的，也是恰當的。你與信仰上帝的人結交為友，不時會談及上帝的律法帶來的快樂和收穫，你盡己所能奉獻給了上帝。

「但最近，尤其是過去的一年，你向罪惡滑落的速度太明顯了（現在，我必須懇求你停下來，過一會兒再讀信。再次求助於上帝的恩典，按照它去衡量我馬上要說的話，否則會惹起天怒）。

「你夏天過來看我們時，我遭受了結結實實的沉重一擊。我發現，你距離上帝已經很遠了。這不是因為你屈從了澎湃的青春熱血，成為了肉欲的受害者。如果那樣的話，你覺醒的良心將會發出吶喊，幫助你重新找回洗滌罪惡的那腔熱血，還有那謙卑的懺悔、自卑和寬容，再次與上帝合一。不是這些原因，是更為邪惡的原因，是因為那可怕而陰險的背叛，早已培育了恐怖的力量，在你的思想和靈魂中作祟。哎，更為糟糕的是，它正在啃噬著你信仰的根基，雖然那裡寄託了所有至高無上的神聖，以及所有名正言順的宗教。

「似乎沒有什麼事情值得我懇求了。我發現，我們已無共同語言了。《聖經》再無權威，你已教會了自己逃避它的教誨。上帝任何特定的神諭施壓於你，你都會輕描淡寫地一走了之。即使上帝的形象，你都會拿來在你墮落的天平上進行衡量，然後恣意塑造。因此在沒有任何權威的指引下，你正駕馭著湍急的時間之流駛向永恆，只可惜是你自己打造的鐵砧[17]，只可惜你的前景撲朔迷離。

「不要以為我在感情用事，說的都是些沒有保證的狠話。如果《聖經》不是絕對的權威，那麼我們怎樣瞭解上帝呢？從周圍模糊而無語的現象裡，我們又能推斷，或者說猜測出像那些有思想的異教徒，如柏拉圖、蘇格拉底和西塞羅那樣的教會？我們如何瞭解來世？如何瞭解我們與上帝的關係？特別是如何瞭解罪人與上帝的關係？如何知道怎樣與神和好[18]？怎樣瞭解人生的首要問題——完美無瑕、品行聖潔的上帝會怎樣對待我，一個墮落的罪人，因為我早已踐踏了他的律法，即使這些律法是寫在我的良心之上……

「對於你可怕的行為，在多次禱告之後，我打算不再追究，但鑒於你情真意切地追問我悲痛的原因，這讓我想徹底探究一下問題的根源所在，但這封信是無法將所有的事情都解釋清楚的。發這封信時，我是痛苦的，卻並不憤怒，只希望你能接受勸告，面對上帝回顧一下事情的前因後果。而這封信，僅僅是其中的一段插曲。如果上帝賜恩典於你，噢，我會欣喜若狂，我會埋葬所有的過去，再次與我可愛的兒子恢復甜蜜的友誼，一如既往！」

17 《聖經．哥林多前書》第十二章。

18 《聖經．羅馬書》第五章。

親愛的讀者，如果您一直追隨著我，賞光讀完這兩種性格衝突的故事，一定會理解我剛才引用那封長信的特殊用意所在。這封信用最嚴謹的邏輯關係，總結了整件事的來龍去脈，所以，我決定用它留作我這本薄書的後記。

我還要指出的是，對於一個具有正常衝動的二十一歲的青年人，如果他既有思想又誠實的話，當面對叛逆精神的挑戰時，就只有兩種選擇了：要麼放棄考慮自己，要麼立即確認自我的人格獨立，喚起人們對宗教獨立必然性的關注。

顯而易見，鬥爭的雙方既沒有達成妥協，又未接受任何和解的建議；這是一種「要麼徹底接受、要麼全盤拒絕」的局面。面對不計後果的挑戰，年輕人終於喚醒了良知，勇敢地擺脫了「奉獻上帝」的思想束縛。另外，作者對父親充滿敬意，所以他的所做所為，既無炫耀示威之意，更無公然對抗之為，他只不過利用了人類的特有權利，開始為自己塑造獨立的精神世界。

致謝

在本書的翻譯過程中，得到了筆者的一些同學和朋友的幫助，他們是潘淼淼、劉壯麗、曾光、張子悅、孟輝、張凱、郭瑩等，在此一併表示感謝。尤其感謝筆者的校友，獨立出版人孔寧先生，為本書付梓出版所付出的努力！

國家圖書館出版品預行編目資料

父與子：信仰與偏見 / 艾德蒙・戈斯著；王少凱翻譯 . --
初版 . -- 新北市：華夏出版有限公司，2024.04
面；　公分 . --（人文經典；003）
譯自：Father and son：biographical recollections
ISBN 978-626-7296-89-9（平裝）
1.CST：戈斯（Gosse, Edmund, 1849-1928）
2.CST：戈斯（Gosse, Philip Henry, 1810-1888）
3.CST：傳記 4.CST：家庭關係 5.CST：英國

784.18　　　112015370

人文經典 003
父與子：信仰與偏見

著　作　艾德蒙・戈斯
翻　譯　王少凱
出　版　華夏出版有限公司
220 新北市板橋區縣民大道 3 段 93 巷 30 弄 25 號 1 樓
電話：02-32343788　傳真：02-22234544
E-mail：pftwsdom@ms7.hinet.net
印　刷　百通科技股份有限公司
電話：02-86926066 傳真：02-86926016
總 經 銷　貿騰發賣股份有限公司
新北市 235 中和區立德街 136 號 6 樓
電話：02-82275988　傳真：02-82275989
網址：www.namode.com
版　次　2024 年 4 月初版一刷
特　價　新台幣 450 元（缺頁或破損的書，請寄回更換）

ISBN-13：978-626-7296-89-9